HNK
한중상용한자능력시험

(사)한중문자교류협회 연구소 편저

다락원

중국교육부 국가한판

HNK
한중상용한자능력시험 공식교재

사단법인 한중문자교류협회 연구소는
한자와 중국어 교육의 효율성과 실용성을 높이는
교수·학습법 및 평가 방법을 연찬하고 선도합니다.

연구소장 황미라
연구위원 김순금 진효혜 황덕은 여연임
최유정 김순희 김종선 이정오

신나는 한자 4II급

지은이 (사)한중문자교류협회 연구소
펴낸이 정규도
펴낸곳 (주)다락원

초판 1쇄 인쇄 2019년 3월 5일
초판 1쇄 발행 2019년 3월 10일

총괄편집 이후춘
책임편집 김민지

디자인 정현석, 김희정

다락원 경기도 파주시 문발로 211
내용 및 구입문의: (02)736-2031 내선 297
Fax: (02)732-2037
출판등록 1977년 9월 16일 제406-2008-000007호

정가 15,000원

ISBN 978-89-277-7106-7 13720

홈페이지 및 문의처

시험 접수: **www.hnktest.com** (02)736-2031(내선 295, 297, 290~293)
장학 연수: **www.hskhnk.com** 1577-9645

>>> 우리는 한자 공부를 왜 하는 것일까요?

우리는 한자 공부를 왜 하는 것일까요?

한자를 학습하는 것은

첫째, 우리말의 뜻을 제대로 알기 위함입니다.

한자를 제대로 학습하면 학년이 올라갈수록 어려워지는 학습용어를 쉽게 이해할 수 있게 되므로 공부에 흥미가 더해질 것입니다.

둘째, 중국어 학습의 기본을 다지기 위함입니다.

한글을 받아쓰고, 영어의 알파벳을 익혔듯, 한자를 익히는 것도 중국어를 공부하는 데 있어 기본적으로 필요한 과정입니다. 그런데 중국에서는 우리나라에서 쓰는 한자와는 다른 낯선 글자인 간체자를 씁니다. 따라서 한국 한자는 물론 간체자를 익히는 것도 중요합니다.

여러분!

자! 지금부터

한자 공부 제대로 해서

중국에서 공인한 한자시험인 '한자능력고시(汉字能力考试)'에 도전해 봅시다!

〈이 책을 통해〉

하나, 각 급별 한중상용한자의 훈과 음을 밝히고, 번체자와 간체자까지 함께 익힐 수 있습니다.

둘, 단계별 학업 성취를 느끼며 반복 학습할 수 있습니다.

셋, 한자의 기본 실력뿐 아니라 중국어 어휘의 기초를 다질 수 있습니다.

넷, 다양한 예문을 통해 한국사·과학·사회 등 교과 학습용어의 이해를 높일 수 있습니다.

다섯, 모의고사를 통해 국제공인 한자자격증을 취득을 준비할 수 있습니다.

사단법인 한중문자교류협회 연구소

>>> 이런 내용이 들어있어요!

부록

HNK 4Ⅱ급 시험 대비 모의고사

>>> 이렇게 구성되어 있어요!

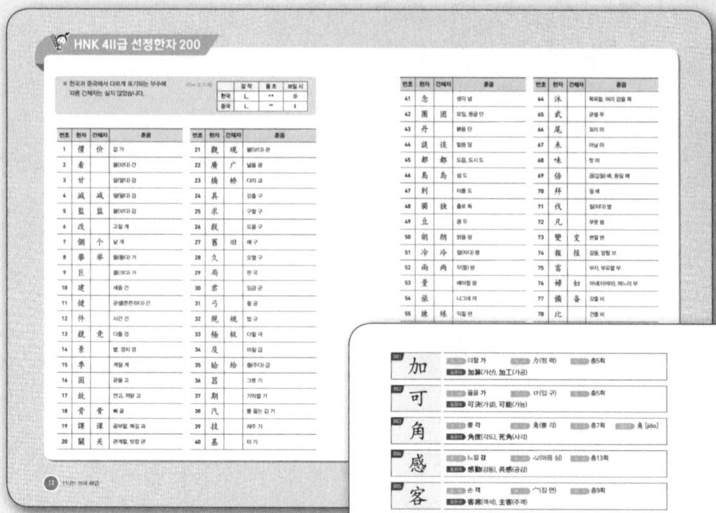

● 4II급 선정한자 200자를 미리 한눈에 익혀보세요.

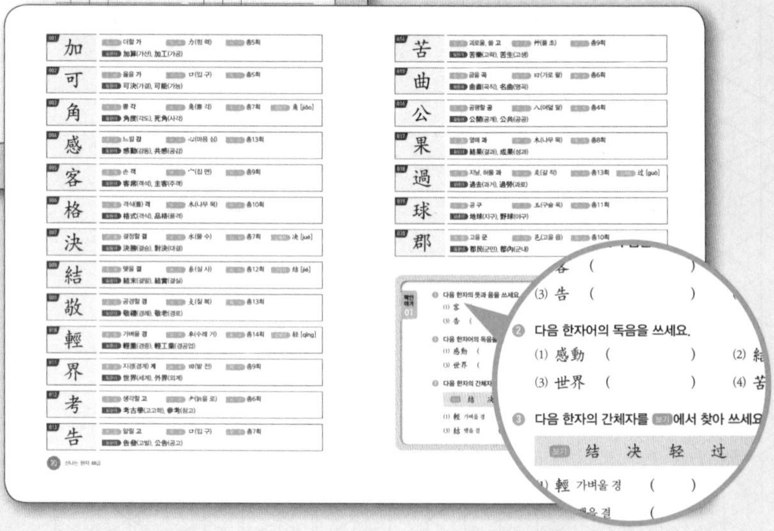

● 5급 선정한자 150자를 다시 한번 복습해보고 확인하기를 통해 실력을 점검해 보세요.

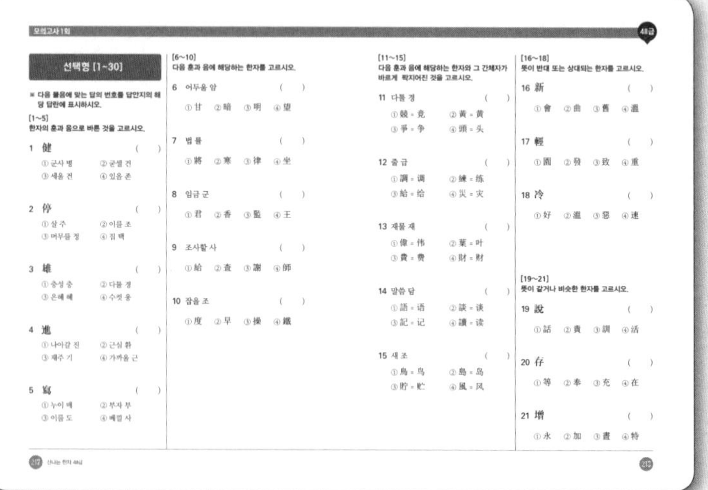

● HNK 4II급 시험대비 모의고사를 풀어보고 합격에 도전하세요.

● 4II급 선정한자의 간체자도 따라 써 보세요.

● 4II급 선정한자의 음, 훈, 총획, 부수, 필순, 활용어, 유의어, 한자성어를 익혀보세요.

● 한중 한자어 비교를 통해 중국어에 대한 이해를 높일 수 있어요.

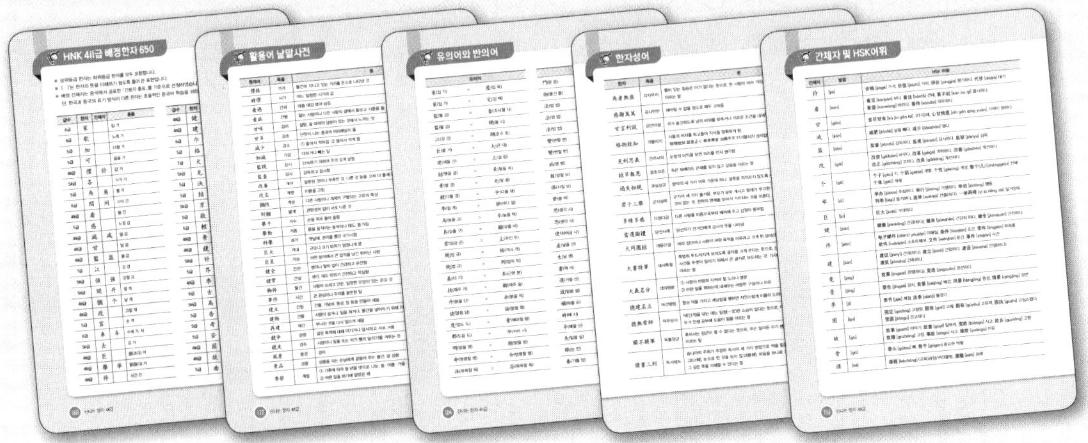

● 8급부터 4II급까지의 배정한자 650자를 모아보기

● 활용어 낱말사전

● 유의어와 반의어

● 한자성어

● 간체자 및 HSK어휘 등을 익혀 보세요.

HNK Hànzì nénglì kǎoshì 汉字能力考试이란?

중국교육부 국가한판(国家汉办, HANBAN)에서 공인한 글로벌 한자능력시험입니다.

1. HNK의 특징

한자의 이해와 활용도가 높은 한자시험

- 교과서에 나오는 주요개념과 용어를 정확하게 이해하고 활용하게 합니다.
  따라서 표현력과 사고력, 논리력은 물론 학과 성적도 쑥쑥 올라가게 합니다.

중국어 공부가 훨씬 쉬워지는 한자시험

- 간체자 동시학습으로 중국어 능력을 향상시킵니다.
  중국 상품 설명서나 중국어 어휘와 문장의 뜻을 해독할 수 있는 능력이 길러집니다.

2. HNK의 혜택

성적 우수자 및 지도교사 중국 국비 장학 연수

- 중국內 체류비용 (학비, 기숙사비, 문화탐방비 혜택) 지원
- 기간 : 하계/동계 방학 중 1주~2주 이내
- 장소 : 북경어언대학, 하문대학, 남개대학, 귀주대학 外
- 대상 : 초등학생~성인

3. HNK의 활용

한국 소재 대학(원) 및 특목고 입학 자료
중국 정부장학생 선발 기준
공자아카데미 장학생 선발 기준
중국 대학(원) 입학 시 추천 자료
각급 업체 및 기관의 채용 · 승진 평가 자료

4. HNK 자격증 견본

常用汉字能力鉴定证书
CERTIFICATE OF PROFICIENCY IN SIMPLIFIED CHINESE

金兌恩
HANBAN
系 韩国 人 Beijing,China
于2013 年 12 月 21 日参加 Jan.21 , 2014
韩中常用汉字能力考试，获得常用汉字能力 Let it be known that KIM TAE EUN
6 级认定证书。 from Korea
took the Simplified Chinese Proficiency Test(HNK)
国家汉办 administered on Dec.21 , 2013 ,obtaining
主 任： a score of 6 level and is hereby awarded
this certificate of proficiency in Simplified Chinese.
证书号码：HNK13126000168 2014年 01 月 21 日 No. HNK13126000168
中国 北京 Director Xu Lin

国际公认 资格证
성 명 : 김 태 은
주민등록번호 : 993515 - *******
종 목 : 韩中常用汉字能力
등 급 : 6 级
유효기간 : 平生
사단법인 한중문자교류협회 이사장

HNK 한중상용한자능력시험 안내

한중상용한자는 간체자를 포함한 한국과 중국에서 일상적으로 사용하는 한자를 뜻하며, 세계 표준 한자의 이해를 지향하는 학습용어입니다.

1. 검정과목

• 8급에서 1급까지 총 11개 급수, 본회 선정 급수별 한중상용한자에 대한 능력검정시험입니다.

2. 배정한자 수 및 응시료

급수	8급	7급	6급	5Ⅱ급	5급	4Ⅱ급	4급	3Ⅱ급	3급	2급	1급
배정한자	50 (2)	100 (6)	200 (30)	300 (57)	450 (105)	650 (197)	850 (272)	1,050 (353)	1,870 (738)	2,670 (1,000)	3,800 (1,428)
응시료	20,000원		22,000원			24,000원			35,000원	45,000원	55,000원

※배정한자의 ( )는 간체자 수를 표기한 것임.
※상위 등급 배정한자는 하위 등급 선정한자를 모두 포함함.

3. 출제문항 수 및 합격기준

급수	8급	7급	6급	5Ⅱ급	5급	4Ⅱ급	4급	3Ⅱ급	3급	2급	1급
출제문항 수	40	50	80	100	100	100	100	100	150	150	180
합격문항 수	28	35	56	70					105		144
시험시간(분)	40(분)		60(분)						90(분)		100(분)

4. 출제유형

출제영역 \ 급수(문항수)	8급 (40)	7급 (50)	6급 (80)	5Ⅱ급 (100)	5급 (100)	4Ⅱ급 (100)	4급 (100)	3Ⅱ급 (100)	3급 (150)	2급 (150)	1급 (180)
1. 한중상용한자 훈과 음	13	15	20	30	30	30	30	30	30	30	20
2. 한중상용한자어 독음	15	20	20	30	30	30	30	30	35	35	25
3. 한중상용한자(어)의 뜻풀이	5	8	9	9	9	9	9	9	15	15	15
4. 반의자(어)	2	2	3	3	3	3	3	3	5	5	5
5. 유의자(어)			3	3	3	3	3	3	5	5	5
6. 한자성어(고사성어)			3	3	3	3	3	3	5	5	5
7. 훈과 음에 맞는 간체자·번체자			5	5	5	5	5	5			
8. 부수			2	2	2	2	2	2			
9. 번체자를 간체자로 바꿔 쓰기			5	5	5	5	5	5	15	15	20
10. 간체자를 번체자로 바꿔 쓰기			5	5	5	5	5	5	15	15	20
11. 한중상용한자(어) 쓰기			5	5	5	5	5	5	10	10	40
12. 그림보고 한자 유추하기	5	5									
13. 한자어 같은 뜻, 다른 표현(동음이의어, 이음동의어)									10	10	10
14. 국제시사용어/외래어 표현									5	5	10
15. 한중상용한자어 활용											5

※한중상용한자 쓰기는 급수별 배정한자를 반영, 6급부터 다루고 있습니다.
※4급 배정한자에는 한·중·일 공용한자(808자)가 모두 포함되어 있습니다.
※HNK는 '한자능력시험'이므로 중국어 발음은 출제 범위에 포함되지 않습니다.

5. 응시원서 접수 방법

- **인터넷 접수:** 홈페이지 www.hnktest.com 접속 ➡ 회원가입(로그인) ➡ 회차 선택 ➡ 급수선택
  개인정보 입력 및 사진 업로드 ➡ 고사장 선택 ➡ 응시료 결제 및 수험표 출력
- **방 문 접 수:** 각 지역본부 및 지사, 접수처 (증명사진 2매, 응시생 인적사항, 응시료 준비)
  응시원서는 홈페이지에서 다운로드 가능하며, 접수처에서 배부합니다.

사진규격 및 규정

- 인터넷 접수 시 jpg파일만 가능
  파일 크기– 50KB 이상 100KB 이하(100KB를 초과할 경우 업로드가 안됨)
  jpg파일 사이즈– 3×4cm(177×236픽셀)/스캔해상도 : 150dpi
- 사진은 최근 6개월 이내 촬영한 상반신 정면 컬러사진으로 접수
- 일반 스냅 사진, 핸드폰 및 디지털 카메라로 찍은 셀프사진, 측면 사진, 배경이 있는 사진, 모자착용 및 규격사이즈 미달 사진은 불가

시험 당일 준비사항

- 수험표, 신분증(주민등록증, 청소년증, 학생증, 여권 중 택1)
- 필기도구 – 검정 펜, 수정 테이프, 2B 연필 등

응시자가 지켜야 할 사항

- 시험시작 10분 전까지 입실해야 합니다.
- 시험 중간 휴식 시간은 없으며, 시험 중 퇴실할 수 없습니다.
  만일 특별한 사유로 중도 퇴실을 원할 경우, 반드시 감독관의 동의를 얻어야 합니다.
- 시험규정과 고사장 수칙을 반드시 준수해야 하며, 위반 시 부정행위처리, 자격제한 등의 처벌을 받을 수 있습니다.
- 시험과 무관한 물건은 시험 시 휴대할 수 없습니다. 휴대폰, 전자사전 등은 전원을 끄고 배터리를 분리하여 지정된 장소에 옮겨 놓습니다. 만일 시험과 무관한 물품을 소지하여 발각될 경우 즉시 부정행위자로 처리됩니다.

합격 조회

- 시험일로부터 1개월 후 www.hnktest.com에서 조회 가능합니다.
- 문의 : 02–736–2031(내선 297)
  직통 070–4707–6915

>>> 나라마다 모양이 다른 한자 번체자와 간체자

한 가지의 일로 두 가지의 이익을 보는 것을 '일거양득'이라고 합니다.

일거양득을 한자로 쓸 때,

한국에서는 一擧兩得(일 거 양 득), 중국에서는 一举两得으로 쓰지요.

이처럼 한자에는 같은 뜻을 나타내지만 나라마다 모양이 조금씩 다른 것이 있어요.

지금, 중국에서는 옛날부터 사용해온 복잡하고 번거로운 한자인 번체자를 대신하여 글자의 획을 간단하게 줄여서 쓴 간체자를 사용하고 있답니다.

우리도 이제, 한자를 공부할 때 이렇게 모양이 다른 간체자까지 함께 배우면 어렵고 멀게만 느껴지던 중국어가 쉬워지겠지요.

이것이 바로, 도랑 치고 가재잡고, 일석이조, 일거양득이지요.

그럼, 번체자와 간체자가 어떻게 다른지 살펴볼까요?

	한(하나) 일	들(들다) 거	두(둘) 량	얻을(얻다) 득
한국식 한자 (번체자)	一	擧	兩	得
중국식 한자 (간체자)	一	举	两	得
일본식 한자 (약자)	一	挙	両	得

HNK 4II급
汉字能力考试

HNK 4Ⅱ급

선정한자 200 모아보기

HNK 4II급 선정한자 200

※ 한국과 중국에서 다르게 표기되는 부수에 따른 간체자는 싣지 않았습니다.

〈부수 표기 예〉

	갈 착	풀 초	보일 시
한국	辶	艹	示
중국	辶	艹	礻

번호	한자	간체자	훈음
1	價	价	값 가
2	看		볼(보다) 간
3	甘		달(달다) 감
4	減	减	덜(덜다) 감
5	監	监	볼(보다) 감
6	改		고칠 개
7	個	个	낱 개
8	擧	举	들(들다) 거
9	巨		클(크다) 거
10	建		세울 건
11	健		굳셀(튼튼하다) 건
12	件		사건 건
13	競	竞	다툴 경
14	景		볕, 경치 경
15	季		계절 계
16	固		굳을 고
17	故		연고, 까닭 고
18	骨	骨	뼈 골
19	課	课	공부할, 매길 과
20	關	关	관계할, 빗장 관

번호	한자	간체자	훈음
21	觀	观	볼(보다) 관
22	廣	广	넓을 광
23	橋	桥	다리 교
24	具		갖출 구
25	求		구할 구
26	救		도울 구
27	舊	旧	예 구
28	久		오랠 구
29	局		판 국
30	君		임금 군
31	弓		활 궁
32	規	规	법 규
33	極	极	다할 극
34	及		미칠 급
35	給	给	줄(주다) 급
36	器		그릇 기
37	期		기약할 기
38	汽		물 끓는 김 기
39	技		재주 기
40	基		터 기

번호	한자	간체자	훈음
41	念		생각 념
42	團	团	모일, 둥글 단
43	丹		붉을 단
44	談	谈	말씀 담
45	都	都	도읍, 도시 도
46	島	岛	섬 도
47	到		이를 도
48	獨	独	홀로 독
49	豆		콩 두
50	朗	朗	밝을 랑
51	冷	冷	찰(차다) 랭
52	兩	两	두(둘) 량
53	量		헤아릴 량
54	旅		나그네 려
55	練	练	익힐 련
56	領	领	옷깃, 거느릴 령
57	令	令	명령할 령
58	料		헤아릴 료
59	類	类	무리 류
60	陸	陆	뭍(땅) 륙
61	律		법률 률
62	望		바랄 망
63	妹		손아래 누이 매

번호	한자	간체자	훈음
64	沐		목욕할, 머리 감을 목
65	武		굳셀 무
66	尾		꼬리 미
67	未		아닐 미
68	味		맛 미
69	倍		곱(갑절) 배, 등질 패
70	拜		절 배
71	伐		칠(치다) 벌
72	凡		무릇 범
73	變	变	변할 변
74	報	报	갚을, 알릴 보
75	富		부자, 부유할 부
76	婦	妇	아내(지어미), 며느리 부
77	備	备	갖출 비
78	比		견줄 비
79	費	费	쓸(쓰다) 비
80	非		아닐 비
81	鼻		코 비
82	貧	贫	가난할 빈
83	寫	写	베낄 사
84	謝	谢	사례할 사
85	師	师	스승 사
86	查		조사할 사

HNK 4II급 선정한자 200

번호	한자	간체자	훈음
87	產	产	낳을 산
88	賞	赏	상줄 상
89	商		장사 상
90	常		항상, 떳떳할 상
91	序		차례 서
92	選	选	가릴 선
93	鮮	鲜	고울 선
94	船		배 선
95	仙		신선 선
96	善		착할, 잘할 선
97	說	说	말씀 설
98	舌		혀 설
99	星		별 성
100	聖	圣	성스러울 성
101	盛		성할 성
102	城		성(재) 성
103	誠	诚	정성 성
104	勢	势	형세 세
105	歲	岁	해 세
106	束		묶을 속
107	送	送	보낼 송
108	守		지킬 수
109	視	视	볼(보다) 시
110	試	试	시험 시

번호	한자	간체자	훈음
111	是		옳을 시
112	辛		매울 신
113	氏		성씨 씨
114	惡	恶	나쁠 악, 미워할 오
115	眼		눈 안
116	案		책상, 생각 안
117	暗		어두울 암
118	若		만약 약, 반야 야
119	約	约	맺을, 묶을 약
120	養	养	기를 양
121	熱	热	더울 열
122	葉	叶	잎 엽
123	屋		집 옥
124	完		완전할 완
125	往		갈(가다) 왕
126	浴		목욕할 욕
127	雨		비 우
128	雄		수컷, 씩씩할 웅
129	願	愿	원할 원
130	偉	伟	클, 훌륭할 위
131	爲	为	할(하다) 위
132	恩		은혜 은
133	義	义	옳을 의
134	引		끌(끌다) 인

번호	한자	간체자	훈음
135	仁		어질 인
136	姉	姊	손위 누이 자
137	將	将	장수, 장차 장
138	財	财	재물 재
139	災	灾	재앙 재
140	爭	争	다툴 쟁
141	低	低	낮을 저
142	貯	贮	쌓을 저
143	敵	敌	원수 적
144	傳	传	전할 전
145	節	节	마디 절
146	店		가게 점
147	情	情	뜻 정
148	停		머무를 정
149	丁		장정 정
150	精	精	자세할 정
151	政		정사, 정치 정
152	祭		제사 제
153	調	调	고를, 조사할 조
154	助		도울 조
155	鳥	鸟	새 조
156	早		이를 조
157	操		잡을 조
158	存		있을 존

번호	한자	간체자	훈음
159	終	终	마칠 종
160	種	种	씨 종
161	坐		앉을 좌
162	走		달릴 주
163	週	周	돌(돌다) 주
164	增	增	더할 증
165	志		뜻 지
166	至		이를 지
167	支		지탱할, 가를 지
168	進	进	나아갈 진
169	眞	真	참 진
170	質	质	바탕 질
171	次		버금(둘째) 차
172	冊	册	책 책
173	處	处	곳, 살(살다) 처
174	鐵	铁	쇠 철
175	最		가장 최
176	祝	祝	빌(빌다) 축
177	蟲	虫	벌레 충
178	忠		충성 충
179	致		이를 치
180	齒	齿	이(이빨) 치
181	則	则	법칙 칙
182	他		다를 타

HNK 4II급 선정한자 200

번호	한자	간체자	훈음
183	打		칠(치다) 타
184	卓		높을 탁
185	宅		집 택, 댁
186	統	统	거느릴 통
187	退		물러날 퇴
188	波		물결 파
189	敗	败	패할, 무너질 패
190	片		조각 편
191	筆	笔	붓 필

번호	한자	간체자	훈음
192	寒		찰(차다) 한
193	害		해칠 해
194	香		향기 향
195	許	许	허락할 허
196	惠		은혜 혜
197	戶	户	집, 지게문 호
198	湖		호수 호
199	患		근심, 걱정 환
200	回		돌(돌다) 회

UNIT 00

- 5급 선정한자 150
- 확인하기

001 **加**
훈음 더할 **가** 부수 力(힘 력) 획수 총5획
활용어 **加算**(가산), **加工**(가공)

002 **可**
훈음 옳을 **가** 부수 口(입 구) 획수 총5획
활용어 **可決**(가결), **可能**(가능)

003 **角**
훈음 뿔 **각** 부수 角(뿔 각) 획수 총7획 간체자 角 [jiǎo]
활용어 **角度**(각도), **死角**(사각)

004 **感**
훈음 느낄 **감** 부수 心(마음 심) 획수 총13획
활용어 **感動**(감동), **共感**(공감)

005 **客**
훈음 손 **객** 부수 宀(집 면) 획수 총9획
활용어 **客席**(객석), **主客**(주객)

006 **格**
훈음 격식(틀) **격** 부수 木(나무 목) 획수 총10획
활용어 **格式**(격식), **品格**(품격)

007 **決**
훈음 결정할 **결** 부수 水(물 수) 획수 총7획 간체자 决 [jué]
활용어 **決勝**(결승), **對決**(대결)

008 **結**
훈음 맺을 **결** 부수 糸(실 사) 획수 총12획 간체자 结 [jié]
활용어 **結末**(결말), **結實**(결실)

009 **敬**
훈음 공경할 **경** 부수 攴(칠 복) 획수 총13획
활용어 **敬禮**(경례), **敬老**(경로)

010 **輕**
훈음 가벼울 **경** 부수 車(수레 거) 획수 총14획 간체자 轻 [qīng]
활용어 **輕重**(경중), **輕工業**(경공업)

011 **界**
훈음 지경(경계) **계** 부수 田(밭 전) 획수 총9획
활용어 **世界**(세계), **外界**(외계)

012 **考**
훈음 생각할 **고** 부수 耂(늙을 로) 획수 총6획
활용어 **考古學**(고고학), **參考**(참고)

013 **告**
훈음 알릴 **고** 부수 口(입 구) 획수 총7획
활용어 **告發**(고발), **公告**(공고)

014 苦

훈 음 괴로울, 쓸 **고** 부 수 艸(풀 초) 획 수 총9획

활용어 **苦樂**(고락), **苦生**(고생)

015 曲

훈 음 굽을 **곡** 부 수 曰(가로 왈) 획 수 총6획

활용어 **曲直**(곡직), **名曲**(명곡)

016 公

훈 음 공평할 **공** 부 수 八(여덟 팔) 획 수 총4획

활용어 **公開**(공개), **公共**(공공)

017 果

훈 음 열매 **과** 부 수 木(나무 목) 획 수 총8획

활용어 **結果**(결과), **成果**(성과)

018 過

훈 음 지날, 허물 **과** 부 수 辵(갈 착) 획 수 총13획 간체자 过 [guò]

활용어 **過去**(과거), **過勞**(과로)

019 球

훈 음 공 **구** 부 수 玉(구슬 옥) 획 수 총11획

활용어 **地球**(지구), **野球**(야구)

020 郡

훈 음 고을 **군** 부 수 邑(고을 읍) 획 수 총10획

활용어 **郡民**(군민), **郡內**(군내)

확인하기 01

❶ 다음 한자의 뜻과 음을 쓰세요.

(1) 客 (　　　　) (2) 敬 (　　　　)

(3) 告 (　　　　) (4) 果 (　　　　)

❷ 다음 한자어의 독음을 쓰세요.

(1) 感動 (　　　　) (2) 結實 (　　　　)

(3) 世界 (　　　　) (4) 苦生 (　　　　)

❸ 다음 한자의 간체자를 보기에서 찾아 쓰세요.

보기 结 决 轻 过 角 书

(1) 輕 가벼울 경 (　　) (2) 過 지날, 허물 과 (　　)

(3) 結 맺을 결 (　　) (4) 決 결정할 결 (　　)

021 貴
훈음 귀할 **귀** | 부수 貝(조개 패) | 획수 총12획 | 간체자 贵 [guì]
활용어 **貴族**(귀족), **高貴**(고귀)

022 根
훈음 뿌리 **근** | 부수 木(나무 목) | 획수 총10획
활용어 **根本**(근본), **根性**(근성)

023 級
훈음 등급 **급** | 부수 糸(실 사) | 획수 총10획 | 간체자 级 [jí]
활용어 **級訓**(급훈), **等級**(등급)

024 吉
훈음 길할(좋을) **길** | 부수 口(입 구) | 획수 총6획
활용어 **吉日**(길일), **吉凶**(길흉)

025 能
훈음 능할(할 수 있는) **능** | 부수 肉(고기 육) | 획수 총10획
활용어 **能動**(능동), **才能**(재능)

026 堂
훈음 집 **당** | 부수 土(흙 토) | 획수 총11획
활용어 **堂堂**(당당), **書堂**(서당)

027 待
훈음 기다릴 **대** | 부수 彳(조금 걸을 척) | 획수 총9획
활용어 **待合室**(대합실), **苦待**(고대)

028 德
훈음 덕 **덕** | 부수 彳(조금 걸을 척) | 획수 총15획
활용어 **德分**(덕분), **道德**(도덕)

029 度
훈음 법도 **도** | 부수 广(집 엄) | 획수 총9획
활용어 **溫度**(온도), **速度**(속도)

030 動
훈음 움직일 **동** | 부수 力(힘 력) | 획수 총11획 | 간체자 动 [dòng]
활용어 **動物**(동물), **運動**(운동)

031 童
훈음 아이 **동** | 부수 立(설 립) | 획수 총12획
활용어 **童心**(동심), **童詩**(동시)

032 落
훈음 떨어질 **락** | 부수 艸(풀 초) | 획수 총13획
활용어 **落後**(낙후), **當落**(당락)

033 良
훈음 어질 **량** | 부수 艮(그칠 간) | 획수 총7획
활용어 **良心**(양심), **不良**(불량)

034 **歷**

훈음 지낼 **력** 부수 止(그칠 지) 획수 총16획 간체자 历 [lì]

활용어 **歷史**(역사), **來歷**(내력)

035 **例**

훈음 본보기(법식) **례** 부수 人(사람 인) 획수 총8획

활용어 **例外**(예외), **事例**(사례)

036 **路**

훈음 길 **로** 부수 足(발 족) 획수 총13획

활용어 **路線**(노선), **道路**(도로)

037 **勞**

훈음 일할 **로** 부수 力(힘 력) 획수 총12획 간체자 劳 [láo]

활용어 **勞使**(노사), **勞苦**(노고)

038 **綠**

훈음 푸를 **록** 부수 糸(실 사) 획수 총14획 간체자 绿 [lǜ], [lù]

활용어 **綠地**(녹지), **草綠**(초록)

039 **流**

훈음 흐를 **류** 부수 水(물 수) 획수 총10획

활용어 **流通**(유통), **交流**(교류)

040 **李**

훈음 오얏(자두) **리** 부수 木(나무 목) 획수 총7획

활용어 **李花** (이화)

확인하기 02

❶ 다음 한자의 뜻과 음을 쓰세요.

(1) 根 (　　　　) (2) 堂 (　　　　)

(3) 度 (　　　　) (4) 落 (　　　　)

❷ 다음 한자어의 독음을 쓰세요.

(1) 流通 (　　　　) (2) 勞使 (　　　　)

(3) 良心 (　　　　) (4) 道德 (　　　　)

❸ 다음 한자의 간체자를 보기에서 찾아 쓰세요.

보기 贵 级 动 历 劳 绿

(1) 貴 귀할 귀 (　　) (2) 動 움직일 동 (　　)

(3) 歷 지낼 력 (　　) (4) 勞 일할 로 (　　)

041 媽
훈음 엄마 **마** | 부수 女(여자 녀) | 획수 총13획 | 간체자 妈 [mā]
*妈妈[mama] 엄마

042 亡
훈음 망할 **망** | 부수 亠(머리 부분 두) | 획수 총3획
활용어 **亡身**(망신), **死亡**(사망)

043 買
훈음 살(사다) **매** | 부수 貝(조개 패) | 획수 총12획 | 간체자 买 [mǎi]
활용어 **買食**(매식), **買入**(매입)

044 賣
훈음 팔(팔다) **매** | 부수 貝(조개 패) | 획수 총15획 | 간체자 卖 [mài]
활용어 **賣出**(매출), **賣買**(매매)

045 美
훈음 아름다울 **미** | 부수 羊(양 양) | 획수 총9획
활용어 **美德**(미덕), **美術**(미술)

046 朴
훈음 순박할 **박** | 부수 木(나무 목) | 획수 총6획
활용어 **質朴**(질박), **朴氏傳**(박씨전)

047 反
훈음 돌이킬 **반** | 부수 又(또 우) | 획수 총4획
활용어 **反對**(반대), **反感**(반감)

048 發
훈음 필(피다) **발** | 부수 癶(걸을 발) | 획수 총12획 | 간체자 发 [fā]
활용어 **發見**(발견), **發明**(발명)

049 法
훈음 법 **법** | 부수 水(물 수) | 획수 총8획
활용어 **法度**(법도), **法定**(법정)

050 兵
훈음 군사, 병사 **병** | 부수 八(여덟 팔) | 획수 총7획
활용어 **兵卒**(병졸), **海兵**(해병)

051 病
훈음 병 **병** | 부수 疒(병들 녁) | 획수 총10획
활용어 **病院**(병원), **發病**(발병)

052 服
훈음 옷, 다스릴 **복** | 부수 月(달 월) | 획수 총8획
활용어 **服用**(복용), **衣服**(의복)

053 福
훈음 복 **복** | 부수 示(보일 시) | 획수 총14획 | 간체자 福 [fú]
활용어 **福利**(복리), **多福**(다복)

054 **奉**
훈음 받들 **봉** 부수 大(큰 대) 획수 총8획
활용어 **奉安**(봉안), **信奉**(신봉)

055 **氷**
훈음 얼음 **빙** 부수 水(물 수) 획수 총5획 간체자 冰 [bīng]
활용어 **氷水**(빙수), **結氷**(결빙)

056 **仕**
훈음 벼슬, 섬길 **사** 부수 人(사람 인) 획수 총5획
활용어 **奉仕**(봉사), **出仕**(출사)

057 **史**
훈음 역사, 사기 **사** 부수 口(입 구) 획수 총5획
활용어 **史記**(사기), **史學家**(사학가)

058 **使**
훈음 하여금, 부릴 **사** 부수 人(사람 인) 획수 총8획
활용어 **使臣**(사신), **使命**(사명)

059 **思**
훈음 생각 **사** 부수 心(마음 심) 획수 총9획
활용어 **思考**(사고), **意思**(의사)

060 **算**
훈음 셈 **산** 부수 竹(대 죽) 획수 총14획
활용어 **算出**(산출), **計算**(계산)

확인하기 03

❶ 다음 한자의 뜻과 음을 쓰세요.

(1) 買 (　　　　) (2) 美 (　　　　)
(3) 法 (　　　　) (4) 福 (　　　　)

❷ 다음 한자어의 독음을 쓰세요.

(1) 計算 (　　　　) (2) 使臣 (　　　　)
(3) 史記 (　　　　) (4) 衣服 (　　　　)

❸ 다음 한자의 간체자를 보기에서 찾아 쓰세요.

보기 妈 买 卖 发 冰 福

(1) 發 필(피다) 발 (　　) (2) 賣 팔(팔다) 매 (　　)
(3) 福 복 복 (　　) (4) 氷 얼음 빙 (　　)

061 相

훈음 서로 **상** 부수 目(눈 목) 획수 총9획

활용어 **相反**(상반), **相對的**(상대적)

062 席

훈음 자리 **석** 부수 巾(수건 건) 획수 총10획

활용어 **首席**(수석), **出席**(출석)

063 雪

훈음 눈 **설** 부수 雨(비 우) 획수 총11획

활용어 **雪原**(설원), **白雪**(백설)

064 省

훈음 살필 **성**, 줄일 **생** 부수 目(눈 목) 획수 총9획

활용어 **反省**(반성), **自省**(자성)

065 洗

훈음 씻을 **세** 부수 水(물 수) 획수 총9획

활용어 **洗禮**(세례), **洗車**(세차)

066 消

훈음 사라질 **소** 부수 水(물 수) 획수 총10획

활용어 **消失**(소실), **消化**(소화)

067 速

훈음 빠를 **속** 부수 辵(쉬엄쉬엄 갈 착) 획수 총11획

활용어 **過速**(과속), **急速**(급속)

068 孫

훈음 손자 **손** 부수 子(아들 자) 획수 총10획 간체자 孙 [sūn]

활용어 **孫子**(손자), **子孫**(자손)

069 數

훈음 셈 **수** 부수 攴(칠 복) 획수 총15획 간체자 数 [shǔ], [shù]

활용어 **數學**(수학), **多數**(다수),

070 樹

훈음 나무 **수** 부수 木(나무 목) 획수 총16획 간체자 树 [shù]

활용어 **樹木**(수목), **樹立**(수립)

071 宿

훈음 잠잘 **숙** 부수 宀(집 면) 획수 총11획

활용어 **宿題**(숙제), **宿食**(숙식)

072 順

훈음 순할 **순** 부수 頁(머리 혈) 획수 총12획 간체자 顺 [shùn]

활용어 **順理**(순리), **順位**(순위)

073 術

훈음 재주 **술** 부수 行(다닐 행) 획수 총11획 간체자 术 [shù]

활용어 **術數**(술수), **手術**(수술)

074 **習**

훈음 익힐 **습** 부수 羽(깃 우) 획수 총11획 간체자 习 [xí]

활용어 **習**作(습작), 學**習**(학습)

075 **勝**

훈음 이길 **승** 부수 力(힘 력) 획수 총12획 간체자 胜 [shèng]

활용어 **勝**利(승리), 名**勝**地(명승지)

076 **始**

훈음 처음, 비로소 **시** 부수 女(여자 녀) 획수 총8획

활용어 **始**作(시작), 原**始**(원시)

077 **式**

훈음 법 **식** 부수 弋(주살 익) 획수 총6획

활용어 **式**順(식순), 格**式**(격식)

078 **臣**

훈음 신하 **신** 부수 臣(신하 신) 획수 총6획

활용어 **臣**下(신하), 功**臣**(공신)

079 **失**

훈음 잃을 **실** 부수 大(큰 대) 획수 총5획

활용어 **失**手(실수), **失**業(실업)

080 **實**

훈음 열매 **실** 부수 宀(집 면) 획수 총14획 간체자 实 [shí]

활용어 **實**在(실재), 現**實**(현실)

확인하기 04

❶ 다음 한자의 뜻과 음을 쓰세요.

(1) 相 (   ) (2) 雪 (   )

(3) 速 (   ) (4) 數 (   )

❷ 다음 한자어의 독음을 쓰세요.

(1) 失手 (   ) (2) 臣下 (   )

(3) 始作 (   ) (4) 勝利 (   )

❸ 다음 한자의 간체자를 보기에서 찾아 쓰세요.

보기 孙 顺 术 习 胜 实

(1) 樹 나무 수 (   ) (2) 術 재주 술 (   )

(3) 實 열매 실 (   ) (4) 勝 이길 승 (   )

081 **兒**

훈 음 아이 **아** | 부 수 儿(걷는 사람 인) | 획 수 총8획 | 간체자 儿 [ér]

활용어 **兒童**(아동), **小兒**(소아)

082 **愛**

훈 음 사랑 **애** | 부 수 心(마음 심) | 획 수 총13획 | 간체자 爱 [ài]

활용어 **愛好**(애호), **友愛**(우애)

083 **野**

훈 음 들 **야** | 부 수 里(마을 리) | 획 수 총11획

활용어 **野外**(야외), **分野**(분야)

084 **藥**

훈 음 약 **약** | 부 수 艸(풀 초) | 획 수 총19획 | 간체자 药 [yào]

활용어 **藥草**(약초), **農藥**(농약)

085 **洋**

훈 음 큰 바다 **양** | 부 수 水(물 수) | 획 수 총9획

활용어 **海洋**(해양), **遠洋**(원양)

086 **陽**

훈 음 볕 **양** | 부 수 阜(언덕 부) | 획 수 총12획 | 간체자 阳 [yáng]

활용어 **陽地**(양지), **太陽**(태양)

087 **漁**

훈 음 고기 잡을 **어** | 부 수 水(물 수) | 획 수 총14획 | 간체자 渔 [yú]

활용어 **漁夫**(어부), **農漁村**(농어촌)

088 **億**

훈 음 억 **억** | 부 수 人(사람 인) | 획 수 총15획 | 간체자 亿 [yì]

활용어 **億萬**(억만)

089 **業**

훈 음 일, 업 **업** | 부 수 木(나무 목) | 획 수 총13획 | 간체자 业 [yè]

활용어 **業體**(업체), **事業**(사업)

090 **如**

훈 음 같을 **여** | 부 수 女(여자 녀 | 획 수 총6획

활용어 **如前**(여전), **如意**(여의)

091 **然**

훈 음 그러할 **연** | 부 수 火(불 화) | 획 수 총12획

활용어 **自然**(자연), **果然**(과연)

092 **溫**

훈 음 따뜻할 **온** | 부 수 水(물 수) | 획 수 총13획 | 간체자 温 [wēn]

활용어 **溫和**(온화), **氣溫**(기온)

093 **要**

훈 음 구할 **요** | 부 수 襾(덮을 아) | 획 수 총9획

활용어 **要因**(요인), **必要**(필요)

094 **勇**

훈 음 날랠 **용** 부 수 力(힘 력) 획 수 총9획

활용어 **勇氣**(용기), **勇士**(용사)

095 **雲**

훈 음 구름 **운** 부 수 雨(비 우) 획 수 총12획 간체자 云 [yún]

활용어 **雲集**(운집), **風雲**(풍운)

096 **院**

훈 음 집 **원** 부 수 阜(언덕 부) 획 수 총10획

활용어 **學院**(학원), **入院**(입원)

097 **源**

훈 음 근원 원 부 수 水(물 수) 획 수 총13획

활용어 **字源**(자원) , **根源**(근원)

098 **園**

훈 음 동산 **원** 부 수 口(에울 위) 획 수 총13획 간체자 园 [yuán]

활용어 **花園**(화원), **果樹園**(과수원)

099 **由**

훈 음 말미암을 **유** 부 수 田(밭 전) 획 수 총5획

활용어 **由來**(유래), **理由**(이유)

100 **油**

훈 음 기름 **유** 부 수 水(물 수) 획 수 총8획

활용어 **油田**(유전) , **原油**(원유)

확인하기 05

❶ 다음 한자의 뜻과 음을 쓰세요.

(1) 愛 (   ) (2) 藥 (   )

(3) 陽 (   ) (4) 如 (   )

❷ 다음 한자어의 독음을 쓰세요.

(1) 油田 (   ) (2) 勇氣 (   )

(3) 花園 (   ) (4) 自然 (   )

❸ 다음 한자의 간체자를 보기에서 찾아 쓰세요.

보기 儿 爱 阳 亿 业 云

(1) 兒 아이 아 (   ) (2) 業 일, 업 업 (   )

(3) 雲 구름 운 (   ) (4) 億 억 억 (   )

번호	한자	훈음	부수	획수	간체자	활용어
101	飮	마실 **음**	食(먹을 식)	총13획	饮 [yǐn]	**飮食**(음식), **米飮**(미음)
102	醫	의원 **의**	酉(닭 유)	총18획	医 [yī]	**醫術**(의술), **醫院**(의원)
103	以	써 **이**	人(사람 인)	총5획		**以上**(이상), **以外**(이외)
104	因	인할(까닭) **인**	口(둘레 위)	총6획		**因果**(인과), **原因**(원인)
105	任	맡길 **임**	人(사람 인)	총6획		**任命**(임명), **任用**(임용)
106	者	사람 **자**	耂(늙을 로)	총9획	者 [zhě]	**記者**(기자), **學者**(학자)
107	昨	어제 **작**	日(날 일)	총9획		**昨年**(작년), **昨今**(작금)
108	章	글 **장**	立(설 립)	총11획		**文章**(문장), **圖章**(도장)
109	再	두, 다시 **재**	冂(멀 경)	총6획		**再會**(재회), **再現**(재현)
110	在	있을 **재**	土(흙 토)	총6획		**在任**(재임), **內在**(내재)
111	材	재목 **재**	木(나무 목)	총7획		**材木**(재목), **人材**(인재)
112	赤	붉을 **적**	赤(붉을 적)	총7획		**赤字**(적자), **赤色**(적색)
113	的	과녁 **적**	白(흰 백)	총8획		**的中**(적중), **目的**(목적)

114 **典**

훈음 법, 책 **전** 부수 八(여덟 팔) 획수 총8획

활용어 **古典**(고전), **字典**(자전)

115 **展**

훈음 펼(펴다) **전** 부수 尸(주검 시) 획수 총10획

활용어 **發展**(발전), **展示會**(전시회)

116 **戰**

훈음 싸움 **전** 부수 戈(창 과) 획수 총16획 간체자 战 [zhàn]

활용어 **戰術**(전술), **作戰**(작전)

117 **定**

훈음 정할 **정** 부수 宀(집 면) 획수 총8획

활용어 **安定**(안정), **一定**(일정)

118 **庭**

훈음 뜰 **정** 부수 广(집 엄) 획수 총10획

활용어 **庭園**(정원), **法庭**(법정)

119 **第**

훈음 차례 **제** 부수 竹(대 죽) 획수 총11획

활용어 **第一**(제일), **落第**(낙제)

120 **題**

훈음 제목 **제** 부수 頁(머리 혈) 획수 총18획 간체자 题 [tí]

활용어 **題目**(제목, **問題**(문제)

확인하기 06

❶ 다음 한자의 뜻과 음을 쓰세요.

(1) 任 (　　　) (2) 昨 (　　　)

(3) 再 (　　　) (4) 材 (　　　)

❷ 다음 한자어의 독음을 쓰세요.

(1) 原因 (　　　) (2) 學者 (　　　)

(3) 內在 (　　　) (4) 作戰 (　　　)

❸ 다음 한자의 간체자를 보기에서 찾아 쓰세요.

보기 饮 战 医 者 题 页

(1) 醫 의원 의 (　　) (2) 戰 싸움 전 (　　)

(3) 題 제목 제 (　　) (4) 飲 마실 음 (　　)

121 **族**

훈 음 겨레 **족** 부 수 方(모 방) 획 수 총11획
활용어 **家族**(가족), **部族**(부족)

122 **卒**

훈 음 병사, 마칠 **졸** 부 수 十(열 십) 획 수 총8획
활용어 **卒業**(졸업), **卒兵**(졸병)

123 **州**

훈 음 고을 **주** 부 수 巛(내 천) 획 수 총6획
활용어 **全州**(전주), **光州**(광주)

124 **注**

훈 음 물댈, 부을 **주** 부 수 水(물 수) 획 수 총8획
활용어 **注入**(주입), **注意**(주의)

125 **止**

훈 음 그칠 **지** 부 수 止(그칠 지) 획 수 총4획
활용어 **止血**(지혈), **中止**(중지)

126 **知**

훈 음 알(알다) **지** 부 수 矢(화살 시) 획 수 총8획
활용어 **知能**(지능), **感知**(감지)

127 **紙**

훈 음 종이 **지** 부 수 糸(실 사) 획 수 총10획 간체자 纸 [zhǐ]
활용어 **紙面**(지면), **便紙**(편지)

128 **集**

훈 음 모일 **집** 부 수 隹(새 추) 획 수 총12획
활용어 **集中**(집중), **集大成**(집대성)

129 **參**

훈 음 참여할 **참** 부 수 厶(사사 사) 획 수 총11획 간체자 参 [cān]
활용어 **參加**(참가), **參見**(참견)

130 **窓**

훈 음 창문 **창** 부 수 穴(굴 혈) 획 수 총12획 간체자 窗 [chuāng]
활용어 **窓門**(창문), **同窓**(동창)

131 **責**

훈 음 꾸짖을 **책** 부 수 貝(조개 패) 획 수 총11획 간체자 责 [zé]
활용어 **責任**(책임), **自責**(자책)

132 **淸**

훈 음 맑을 **청** 부 수 水(물 수) 획 수 총11획 간체자 清 [qīng]
활용어 **淸明**(청명), **淸算**(청산)

133 **體**

훈 음 몸 **체** 부 수 骨(뼈 골) 획 수 총23획 간체자 体 [tǐ]
활용어 **體育**(체육), **身體**(신체)

134 **初**

훈 음 처음 **초** 부 수 刀(칼 도) 획 수 총7획

활용어 **初步**(초보), **始初**(시초)

135 **充**

훈 음 채울 **충** 부 수 儿(걷는 사람 인) 획 수 총6획

활용어 **充實**(충실), **充足**(충족)

136 **特**

훈 음 특별할 **특** 부 수 牛(소 우) 획 수 총10획

활용어 **特別**(특별), **特定**(특정)

137 **爸**

훈 음 아빠 **파** 부 수 父(아버지 부) 획 수 총8획

*爸爸[bāba] 아빠

138 **表**

훈 음 겉 표 부 수 衣(옷 의) 획 수 총8획

활용어 **表示**(표시), **發表**(발표)

139 **品**

훈 음 물건 **품** 부 수 口(입 구) 획 수 총9획

활용어 **名品**(명품), **醫藥品**(의약품)

140 **必**

훈 음 반드시 **필** 부 수 心(마음 심) 획 수 총5획

활용어 **必勝**(필승), **生必品**(생필품)

확인하기 07

❶ 다음 한자의 뜻과 음을 쓰세요.

(1) 族 ( ) (2) 州 ( )

(3) 知 ( ) (4) 初 ( )

❷ 다음 한자어의 독음을 쓰세요.

(1) 名品 ( ) (2) 充實 ( )

(3) 始初 ( ) (4) 清明 ( )

❸ 다음 한자의 간체자를 보기에서 찾아 쓰세요.

보기 纸 参 窗 责 清 体

(1) 參 참여할 참 ( ) (2) 窓 창문 창 ( )

(3) 體 몸 체 ( ) (4) 紙 종이 지 ( )

141 河

훈 음 물(강 이름) **하** 부 수 水(물 수) 획 수 총8획

활용어 **河川**(하천), **山河**(산하)

142 幸

훈 음 다행 **행** 부 수 干(방패 간) 획 수 총8획

활용어 **幸福**(행복), **多幸**(다행)

143 現

훈 음 나타날 **현** 부 수 玉(구슬 옥) 획 수 총11획 간체자 现 [xiàn]

활용어 **現在**(현재), **表現**(표현)

144 號

훈 음 부르짖을, 이름 **호** 부 수 虍(범 호) 획 수 총13획 간체자 号 [háo], [hào]

활용어 **番號**(번호), **信號**(신호)

145 化

훈 음 될(되다) **화** 부 수 匕(비수 비) 획 수 총4획

활용어 **化石**(화석), **强化**(강화)

146 畫

훈 음 그림 **화**, 그을 **획** 부 수 田(밭 전) 획 수 총12획 간체자 画 [huà]

활용어 **畫室**(화실), **畫家**(화가)

확인하기 08

❶ 다음 한자의 뜻과 음을 쓰세요.

(1) 河 (　　　　) (2) 現 (　　　　)

(3) 化 (　　　　) (4) 訓 (　　　　)

❷ 다음 한자어의 독음을 쓰세요.

(1) 多幸 (　　　　) (2) 現在 (　　　　)

(3) 番號 (　　　　) (4) 化石 (　　　　)

❸ 다음 한자의 간체자를 보기에서 찾아 쓰세요.

보기 现 参 号 画 清 训

(1) 號 부르짖을 호 (　　) (2) 訓 가르칠 훈 (　　)

(3) 畫 그림 화 (　　) (4) 現 나타날 현 (　　)

147 訓

훈음 가르칠 **훈** 부수 言(말씀 언) 획수 총10획 간체자 训 [xùn]

활용어 **教訓**(교훈), **家訓**(가훈)

148 凶

훈음 흉할 **흉** 부수 凵(입벌릴 감) 획수 총4획

활용어 **凶年**(흉년), **凶物**(흉물)

149 黑

훈음 검을 **흑** 부수 黑(검을 흑) 획수 총12획

활용어 **黑白**(흑백), **黑字**(흑자)

150 很

훈음 매우 **흔** 부수 彳(조금 걸을 척) 획수 총9획

*很은 중국어에서 상용되는 한자입니다.

확인하기 정답

확인하기 01

1. (1) 손 객 (2) 공경할 경 (3) 알릴 고 (4) 열매 과
2. (1) 감동 (2) 결실 (3) 세계 (4) 고생
3. (1) 轻 (2) 过 (3) 结 (4) 决

확인하기 02

1. (1) 뿌리 근 (2) 집 당 (3) 법도 도 (4) 떨어질 락
2. (1) 유통 (2) 노사 (3) 양심 (4) 도덕
3. (1) 贵 (2) 动 (3) 历 (4) 劳

확인하기 03

1. (1) 살(사다) 매 (2) 아름다울 미 (3) 법 법 (4) 복 복
2. (1) 계산 (2) 사신 (3) 사기 (4) 의복
3. (1) 发 (2) 卖 (3) 福 (4) 冰

확인하기 04

1. (1) 서로 상 (2) 눈 설 (3) 빠를 속 (4) 셈 수
2. (1) 실수 (2) 신하 (3) 시작 (4) 승리
3. (1) 树 (2) 术 (3) 实 (4) 胜

확인하기 05

1. (1) 사랑 애 (2) 약 약 (3) 볕 양 (4) 같을 여
2. (1) 유전 (2) 용기 (3) 화원 (4) 자연
3. (1) 儿 (2) 业 (3) 云 (4) 亿

확인하기 06

1. (1) 맡길 임 (2) 어제 작 (3) 두, 다시 재 (4) 재목 재
2. (1) 원인 (2) 학자 (3) 내재 (4) 작전
3. (1) 医 (2) 战 (3) 题 (4) 饮

확인하기 07

1. (1) 겨레 족 (2) 고을 주 (3) 알 (알다) 지 (4) 처음 초
2. (1) 명품 (2) 충실 (3) 시초 (4) 청명
3. (1) 参 (2) 窗 (3) 体 (4) 纸

확인하기 08

1. (1) 물(강 이름) 하 (2) 나타날 현 (3) 될 (되다) 화 (4) 가르칠 훈
2. (1) 다행 (2) 현재 (3) 번호 (4) 화석
3. (1) 号 (2) 训 (3) 画 (4) 现

UNIT 01

4II급

- 한자 1~20
- 복습하기

1 價

값 가

부 亻(人, 사람 인)

획 총15획

'장사', '값'을 나타내기 위해, 뜻부분인 '亻(사람 인)'에 음부분인 '賈(값 가)'를 더해 만든 글자이다. '값', '가치'라는 뜻으로 널리 쓰이고 있다.

활용어 **價格**(가격), **時價**(시가)

한자쓰기

간체자 价 jià, jie 값, 가격 / 총6획

간체자쓰기

2 看

볼(보다) 간

부 目(눈 목)

획 총9획

'바라보다'라는 뜻을 나타내기 위해, '手(손 수)'와 '目(눈 목)'을 합해 만든 글자이다. 눈 위에 손을 대고 멀리 바라보는 모습이다. 본뜻에서 확대되어 '돌봐주다'라는 뜻으로도 쓰인다.

활용어 **看過**(간과), **看病**(간병)

한자 성어 **走馬看山**(주마간산)

한자쓰기

한중한자어 비교

한 **看病** 간병 : 아픈 사람을 돌봄

중 **看病** kànbìng : 문병하다, 진찰하다, 치료하다

3

甘

달(달다) 감

부 甘(달 감)

획 총5획

한자쓰기

'달다'라는 뜻을 나타내기 위하여, 입(口)속에 맛있는 음식이 들어있는 모습을 나타낸 글자이다. '달다', '달게 여기다'라는 뜻으로 쓰인다.

활용어 甘味(감미), 甘草(감초)

유의어 樂(즐길 락)

반의어 苦(쓸 고)

한자 성어 甘言利說(감언이설), 甘呑苦吐(감탄고토)

一 十 廿 廿 甘

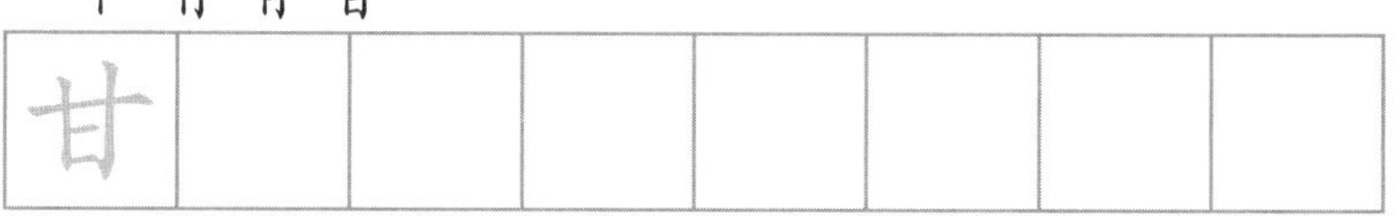

4

減

덜(덜다) 감

부 氵(水, 물 수)

획 총12획

한자쓰기

'물이 줄다'라는 뜻을 나타내기 위해, 뜻부분인 '氵(물 수)'에 음부분인 '咸(다 함)'을 더해 만든 글자이다. '빼다', '덜다'라는 뜻으로 확대되어 쓰인다.

활용어 減少(감소), 加減(가감)

유의어 省(줄일 생)

반의어 加(더할 가), 增(더할 증)

丶 冫 氵 氵 汇 汇 沂 泝 泝 減 減 減

減

간체자 减 jiǎn 덜다, 줄다 / 총11획

간체자쓰기

丶 冫 冫 冫 冫 冫 冫 冫 减 减 减

减

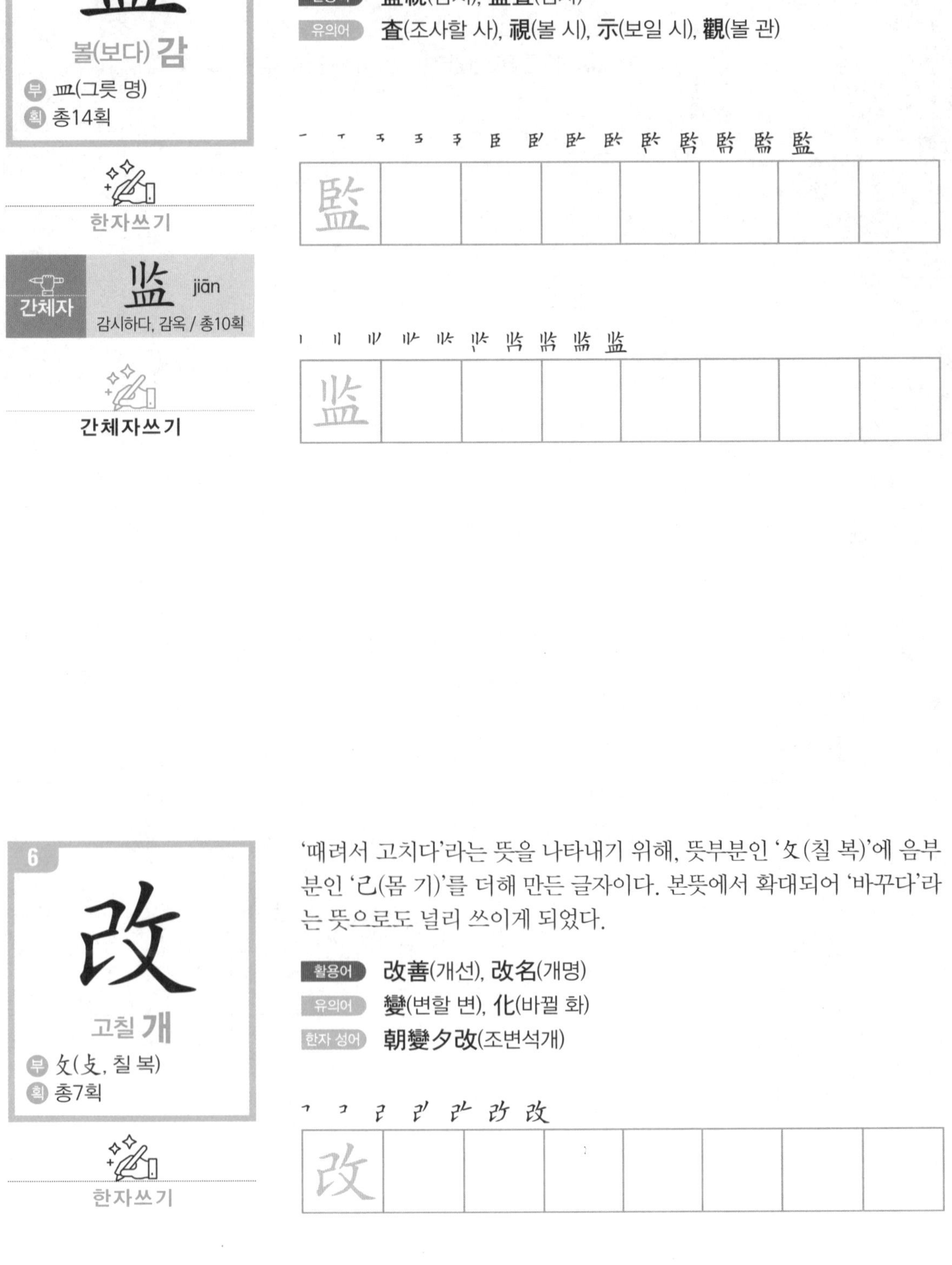

5

監

볼(보다) **감**

부 皿(그릇 명)

획 총14획

'대야에 얼굴을 비쳐보다'라는 뜻을 나타내기 위해, '皿(그릇 명)', '臣(신하 신, 크게 뜬 눈)'과 '人(사람)', '丶(앉은 모습)'을 합해 만든 글자이다. 본뜻 이외에 '살피다'라는 뜻으로도 쓰이고 있다.

활용어 **監視**(감시), **監査**(감사)

유의어 **査**(조사할 사), **視**(볼 시), **示**(보일 시), **觀**(볼 관)

한자쓰기

監

간체자 监 jiān 감시하다, 감옥 / 총10획

간체자쓰기

监

6

改

고칠 **개**

부 攵(攴, 칠 복)

획 총7획

'때려서 고치다'라는 뜻을 나타내기 위해, 뜻부분인 '攵(칠 복)'에 음부분인 '己(몸 기)'를 더해 만든 글자이다. 본뜻에서 확대되어 '바꾸다'라는 뜻으로도 널리 쓰이게 되었다.

활용어 **改善**(개선), **改名**(개명)

유의어 **變**(변할 변), **化**(바뀔 화)

한자 성어 **朝變夕改**(조변석개)

한자쓰기

改

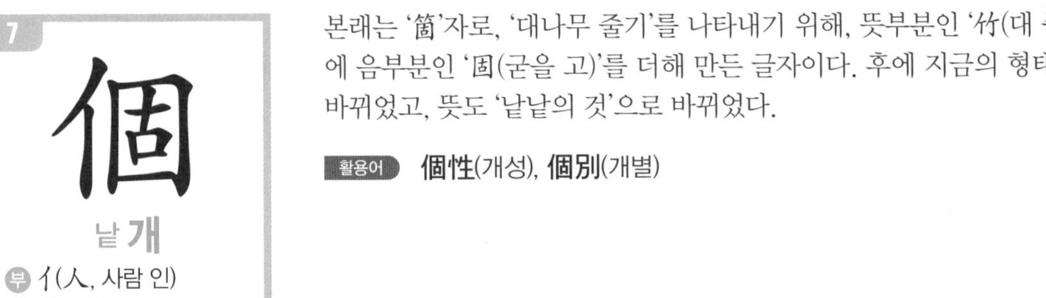

7

個

낱 **개**

부 亻(人, 사람 인)

획 총10획

본래는 '箇'자로, '대나무 줄기'를 나타내기 위해, 뜻부분인 '竹(대 죽)'에 음부분인 '固(굳을 고)'를 더해 만든 글자이다. 후에 지금의 형태로 바뀌었고, 뜻도 '낱낱의 것'으로 바뀌었다.

활용어 **個性**(개성), **個別**(개별)

한자쓰기

丿 亻 亻 们 们 佣 倜 倜 個 個

個							

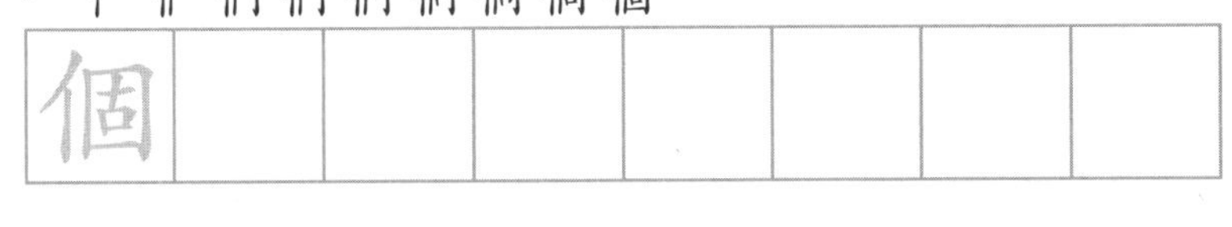

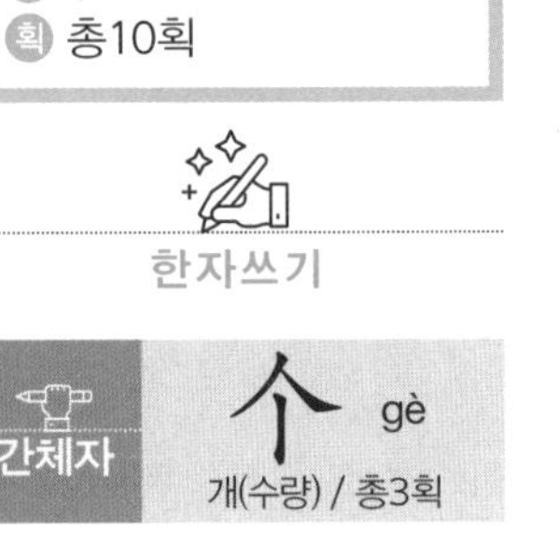

간체자 **个** gè 개(수량) / 총3획

간체자쓰기

丿 人 个

个							

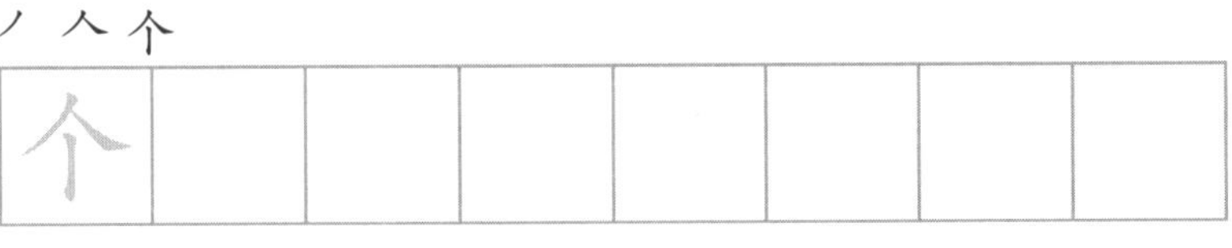

8

擧

들(들다) **거**

부 扌(手, 손 수)

획 총18획

'손을 들다'라는 뜻을 나타내기 위해 '手(손 수)'와 '與(줄 여)'를 합해 만든 글자이다. '들어 올리다', '일으키다', '모두'라는 뜻으로 쓰인다.

활용어 **擧手**(거수), **科擧**(과거), **一擧**(일거), **行動擧止**(행동거지)

한자쓰기

(획순 18단계) … 與 與 與 舉 擧 擧

擧							

간체자 **举** jǔ 들다, 행동 / 총9획

간체자쓰기

丶 丷 丷 兴 兴 兴 兴 兴 举

举							

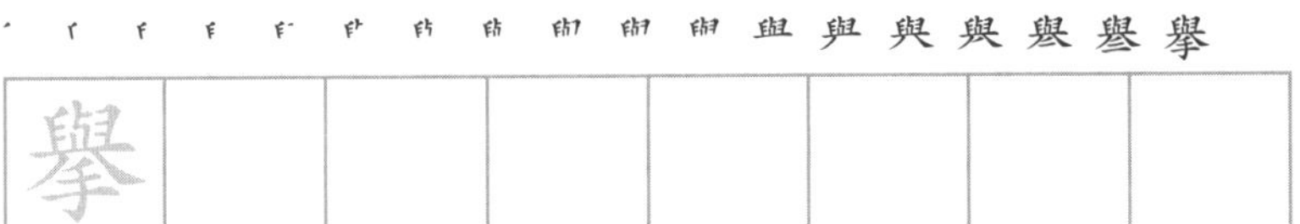

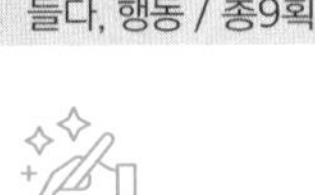

9

巨

클(크다) **거**

부 工(장인 공)
획 총5획

한자쓰기

길이를 재는 기구인 '자'를 나타내기 위해, 장인이 자를 들고 있는 모습을 본떠 만든 글자이다. 여기서 뜻이 확대되어 '크다'라는 뜻으로 쓰이게 되었다.

활용어 **巨大**(거대), **巨星**(거성)
유의어 **大**(큰 대), **偉**(클 위)
반의어 **小**(작을 소)
한자 성어 **名門巨族**(명문거족)

一 厂 戶 戶 巨

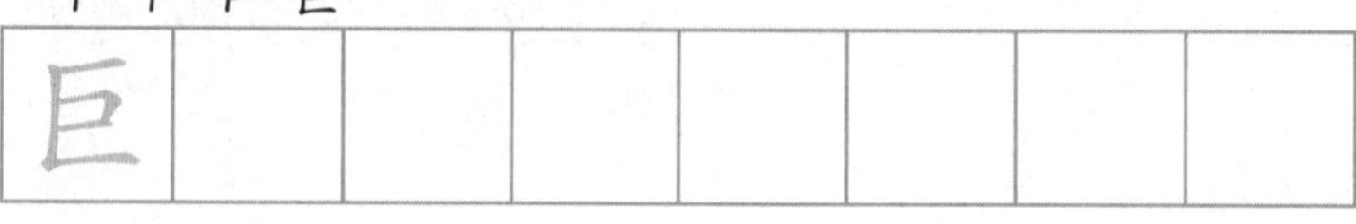

‘분해하다’라는 뜻을 나타내기 위해, ‘亻(사람 인)’과 ‘牛(소 우)’를 합해 만든 글자이다. 소를 잡아 부위별로 나누는 행동에서 낱낱으로 ‘구분하다’, ‘물건’, ‘세는 단위’ 등의 뜻으로 확대되어 쓰이게 되었다.

활용어 **物件**(물건), **事件**(사건)
유의어 **品**(물건 품), **物**(물건 물)
한자 성어 **事事件件**(사사건건)

丿 亻 亻 仁 仁 件

11

建

세울 **건**

부 廴(길게 걸을 인)
획 총9획

‘도로를 설계하다’라는 뜻을 나타내기 위해, ‘聿(붓 률)’과 ‘廴(길게 걸을 인)’을 합해 만든 글자이다. 본뜻에서 확대되어 ‘세우다’, ‘일으키다’라는 뜻으로 널리 쓰이게 되었다.

활용어 **建立**(건립), **再建**(재건)

한자 성어 **德建名立**(덕건명립)

한자쓰기

12

健

굳셀, 튼튼 **건**

부 亻(人, 사람 인)
획 총11획

‘몸이 튼튼하고 씩씩한 사람’을 나타내기 위해, 뜻부분인 ‘亻(사람 인)’에 음부분인 ‘建(세울 건)’을 더해 만든 글자이다. ‘튼튼하다’, ‘굳세다’라는 뜻으로 쓰인다.

활용어 **健全**(건전), **健康**(건강), **健實**(건실)

한자쓰기

13

競

다툴 **경**

부 立(설 립)
획 총20획

'겨루다'라는 뜻을 나타내기 위해 두 사람이 머리 꼭대기에 물건을 이고 달리는 모습을 본떠 만든 글자이다. 본뜻에서 확대되어 '다투다'라는 뜻으로 쓰인다.

활용어 **競技**(경기), **競走**(경주)
유의어 **爭**(다툴 쟁)

한자쓰기

競							

간체자 **竞** jìng 다투다 / 총10획

간체자쓰기

竞							

14

景

별, 경치 **경**

부 日(날 일)
획 총12획

'햇빛'을 나타내기 위해, 뜻부분인 '日(해 일)'에 음부분인 '京(서울 경)'을 더해 만든 글자이다. 본뜻에서 확대되어 '경치'라는 뜻으로도 쓰인다.

활용어 **景品**(경품), **風景**(풍경)
유의어 **光**(빛 광)

한자쓰기

景							

15

季

계절 **계**

부 子(아들 자)

획 총8획

한자쓰기

'어린 벼'를 나타내기 위해, '禾(벼 화)'와 '子(아들 자, 어린 아이)'를 합해 만든 글자이다. 본뜻인 '어리다', '막내'의 뜻에서 확대되어 '끝', 계절', '철' 등의 뜻으로 쓰인다.

활용어 **季節**(계절), **四季**(사계)

유의어 **節**(마디 절)

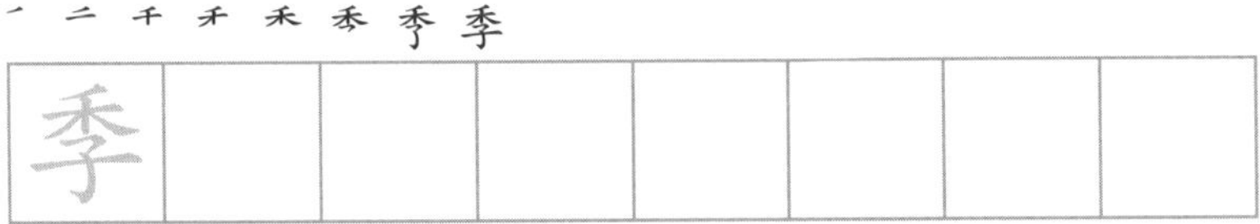

16

固

굳을 **고**

부 囗(에울 위)

획 총8획

한자쓰기

'요새가 튼튼하다'라는 뜻을 나타내기 위해, 사방에 높은 산이 둘러싸여 있는 모습을 나타낸 '囗(에울 위)'에 음부분인 '古(예 고)'를 더해 만든 글자이다. 본뜻에서 확대되어 '굳다', '완고하다'라는 뜻으로 널리 쓰인다.

활용어 **固體**(고체), **固定**(고정)

17 故

연고, 까닭 **고**

부 攵(攴, 칠 복)

획 총9획

'어떤 일의 원인이나 근원'을 나타내기 위해, 뜻부분인 '攵(칠 복)'에 음부분인 '古(고)'를 더해 만든 글자이다. 본뜻 이외에도 '옛'이라는 뜻으로 널리 쓰인다.

활용어 **故事**(고사), **事故**(사고)

한자쓰기

18 骨

뼈 **골**

부 骨(뼈 골)

획 총10획

'뼈'를 나타내기 위해, '月(肉, 고기 육)'과 '歹(뼈 앙상할 알)'을 합해 만든 글자이다. '뼈', '사물의 중심' 등의 뜻으로 쓰인다.

활용어 **骨格**(골격), **骨肉**(골육)

반의어 **肉**(고기 육)

한자 성어 **言中有骨**(언중유골)

한자쓰기

간체자 骨 gǔ 뼈 / 총9획

간체자쓰기

19

課

공부할, 매길 **과**

부 言(말씀 언)

획 총15획

‘말로 결과를 시험하다’라는 뜻을 나타내기 위해, 뜻부분인 ‘言(말씀 언)’에 음부분인 ‘果(열매 과)’를 더해 만든 글자이다. 본뜻에서 확대되어 ‘공부하다’, ‘매기다’라는 뜻으로 널리 쓰인다.

활용어 **課題**(과제), **課外**(과외)

한자쓰기

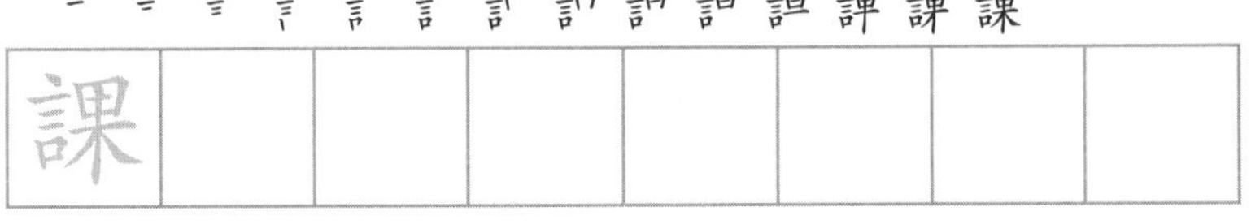

간체자 **课** kè

수업, 강의 / 총10획

간체자쓰기

20

關

관계할, 빗장 **관**

부 門(문 문)

획 총19획

‘대문의 빗장’을 나타내기 위해, 뜻부분인 ‘門(문 문)’과 ‘빗장’을 나타내는 가운데 부분에 음부분인 ‘丱(쌍상투 관)’을 더해 만든 글자이다. 본뜻 이외에도 ‘관문’, ‘닫다’라는 뜻으로도 쓰인다.

활용어 **關心**(관심), **相關**(상관)

한자 성어 **關東八景**(관동팔경)

한자쓰기

간체자 **关** guān

닫다, 가두다 / 총6획

간체자쓰기

복습하기 01

1 다음 한자의 뜻과 음을 쓰세요.

(1) 價 (　　　　)　(2) 看 (　　　　)

(3) 甘 (　　　　)　(4) 改 (　　　　)

(5) 健 (　　　　)　(6) 建 (　　　　)

(7) 季 (　　　　)　(8) 固 (　　　　)

2 다음 한자어의 독음을 쓰세요.

(1) 巨大 (　　　　)　(2) 風景 (　　　　)

(3) 事件 (　　　　)　(4) 骨肉 (　　　　)

3 다음 한자의 간체자를 보기 에서 골라 쓰세요.

보기　价　个　举　竞　课　关

(1) 個 (　　　　)　(2) 擧 (　　　　)

(3) 競 (　　　　)　(4) 關 (　　　　)

4 다음 뜻을 가진 사자성어를 보기 에서 골라 그 독음을 쓰세요.

보기　德建名立　天長地久　走馬看山

(1) 말을 타고 달리며 산천을 구경한다는 뜻으로, 자세히 살피지 아니하고 대충대충 보고 지나감을 이르는 말.

(2) 항상 덕을 가지고 세상일을 행하면 자연스럽게 이름이 드러나게 됨.

UNIT 02

4II급

- 한자 21~40
- 복습하기

21 觀

볼(보다) **관**

부 見(볼 견)
획 총25획

'자세히 살펴보다'라는 뜻을 나타내기 위해, 뜻부분인 '見(볼 견)'에 음부분인 '雚(황새 관)'을 더해 만든 글자이다.

활용어 **觀光**(관광), **客觀**(객관), **可觀**(가관)

유의어 **監**(볼 감), **視**(볼 시), **見**(볼 견)

한자 성어 **明若觀火**(명약관화)

한자쓰기

간체자 **观** guān
구경하다, 경치 / 총6획

간체자쓰기

22 廣

넓을 **광**

부 广(집 엄)
획 총15획

사방에 기둥이 넓게 박힌 '큰 집'을 나타내기 위해, 뜻부분인 '广(집 엄)'에 음부분인 '黃(누를 황)'을 더해 만든 글자이다. 후에 본뜻에서 확대되어 '넓다'라는 뜻으로 널리 쓰이게 되었다.

활용어 **廣告**(광고), **廣場**(광장)

한자쓰기

간체자 **广** guǎng
폭(너비), 넓다 / 총3획

간체자쓰기

23 橋

다리 교

부 木(나무 목)

획 총16획

'나무로 만든 다리'를 나타내기 위해, 뜻부분인 '木(나무 목)'에 음부분인 '喬(높을 교)'를 더해 만든 글자이다.

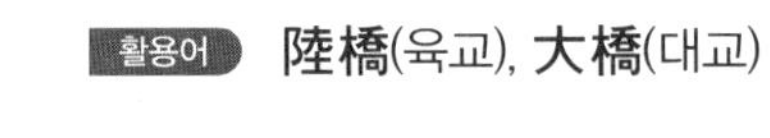

활용어 **陸橋**(육교), **大橋**(대교)

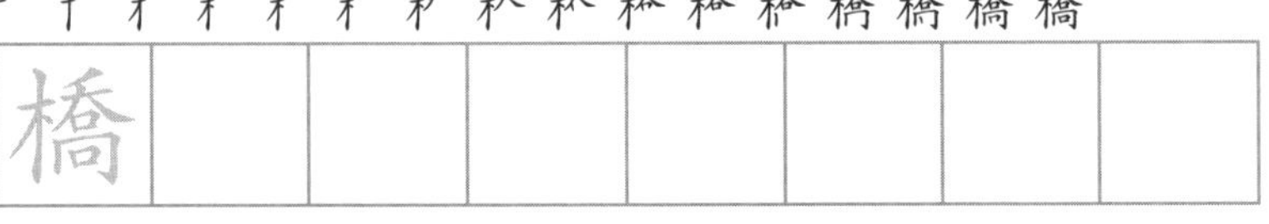

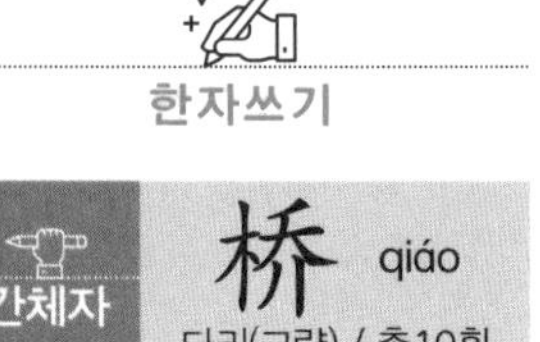

한자쓰기

간체자 桥 qiáo

다리(교량) / 총10획

간체자쓰기

24 具

갖출 구

부 八(여덟 팔)

획 총8획

'들다'라는 뜻을 나타내기 위해, '鼎(솥 정)'과 '廾(받들 공)'을 합해 만든 글자이다. 본뜻에서 확대되어 '갖추다', '도구'라는 뜻으로 널리 쓰이게 되었다.

활용어 **具備**(구비), **具現**(구현), **道具**(도구)

유의어 **備**(갖출 비)

한자쓰기

25

求

구할 **구**

부 氵(水, 물 수)
획 총7획

한자쓰기

'짐승의 가죽으로 만든 옷'을 나타내기 위해, 그 모양을 본떠 만든 글자이다. 여기서 뜻이 확대되어 '탐내다', '구하다', '필요한 것을 찾다'라는 뜻으로 쓰이게 되었다.

• 본래 뜻인 '가죽옷'이라는 뜻은 '衣(옷 의)'를 더한 '裘(가죽옷 구)'를 만들어 나타냈다.

활용어 **求愛**(구애), **要求**(요구)

한자 성어 **實事求是**(실사구시), **上山求魚**(상산구어)

一 寸 寸 才 求 求 求

求							

26

救

도울 **구**

부 攵(攴, 칠 복)
획 총11획

한자쓰기

'금지하다, 못 하게 하다'라는 뜻을 나타내기 위해, 뜻부분인 '攵(칠 복)'에 음부분인 '求(구할 구)'를 더해 만든 글자이다. 본뜻보다는 '구원하다', '건지다', '돕다'라는 뜻으로 널리 쓰이고 있다.

활용어 **救急**(구급), **救出**(구출)

一 寸 寸 才 求 求 求 求' 求' 救 救

救							

27

舊

예(옛) 구

부 臼(절구 구)

획 총18획

'수리부엉이'를 나타내기 위해, 뜻부분인 '萑(물억새 환)'에 음부분인 '臼(절구 구)'를 더해 만든 글자이다. 본뜻보다는 '오래', '옛'이라는 뜻으로 널리 쓰이고 있다.

활용어 **舊式**(구식), **新舊**(신구)

반의어 **新**(새 신)

한자 성어 **新舊交代**(신구교대), **同行親舊**(동행친구)

한자쓰기

舊							

간체자 **旧** jiù 옛날의, 낡은 / 총5획

간체자쓰기

旧							

28

오랠 구

부 丿(삐침 별)

획 총3획

'붙들고 못 하게 말리다'는 뜻을 나타내기 위해, 사람의 뒤에서 잡아끄는 모양을 본떠 만든 글자이다. '만류하다'라는 본뜻에서 확대되어 '길다', '오래되다'는 뜻으로 널리 쓰이게 되었다.

활용어 **久久**(구구), **永久**(영구)

한자 성어 **天長地久**(천장지구)

한자쓰기

ノ ク 久

久							

29

局

판 **국**

부 尸(주검 시)
획 총7획

'구속하다', '제한하다'라는 뜻을 나타내기 위해, '尺(자 척)'과 '口(입 구)'를 합해 만든 글자이다. 본뜻에서 확대되어 '형세', '장기나 바둑의 판', '부분', '단위의 명칭' 등의 뜻으로 쓰이게 되었다.

활용어 **局限**(국한), **藥局**(약국)

한자쓰기

ㄱ ㅋ 尸 月 局 局 局

局							

30

君

임금 **군**

부 口(입 구)
획 총7획

'임금'을 나타내기 위해, 손에 지휘봉을 든 모습을 본뜬 '尹(다스릴 윤)'과 '口(입 구)'를 합해 만든 글자이다. 본뜻에서 확대되어 '어진 사람', '남편', '그대, 자네'라는 뜻으로 쓰인다.

활용어 **君子**(군자), **君臣**(군신)
유의어 **主**(주인 주)
반의어 **民**(백성 민), **臣**(신하 신)
한자 성어 **君子三樂**(군자삼락), **事君以忠**(사군이충)

한자쓰기

ㄱ ㅋ ㅋ 尹 尹 君 君

君							

31

弓

활 **궁**

부 弓(활 궁)

획 총3획

한자쓰기

가운데가 불룩하게 굽은 활의 모양을 본떠 만든 글자이다. '활', '활 모양으로 굽음', '활을 쏘는 동작' 등과 관련되어 쓰인다. 부수자이다.

활용어 **弓**術(궁술), 洋**弓**(양궁)

반의어 **矢**(화살 시)

ㄱ ㄱ 弓

弓							

32

規

법 **규**

부 見(볼 견)

획 총11획

한자쓰기

'컴퍼스'를 나타내기 위해, 컴퍼스 모양을 나타낸 '夫(사내 부)'와 이를 바라보는 모습을 뜻하는 '見(볼 견)'을 합해 만든 글자이다. 본뜻에서 확대되어 '법칙', '동그라미', '바로잡다', '본뜨다'라는 뜻으로 쓰이게 되었다.

활용어 **規**則(규칙), 法**規**(법규)

유의어 **格**(격식 격), **則**(법칙 칙)

한자 성어 **過失相規**(과실상규)

一 二 ⺩ 夫 夫 规 規 規 規 規 規

規							

간체자 **规** guī

컴퍼스, 규칙 / 총8획

一 二 ⺩ 夫 夫 规 规 规

간체자쓰기

规							

33

極

다할 **극**

부 木(나무 목)
획 총13획

한자쓰기

간체자 极 jí
정점, 극점 / 총7획

간체자쓰기

'굵은 나무로 만든 대들보'를 나타내기 위해, 뜻부분인 '木(나무 목)'에 음부분인 '亟(빠를 극)'을 더해 만든 글자이다. 본뜻에서 확대되어 '가장', '지극히'라는 뜻으로 널리 쓰이게 되었다.

활용어 **極致**(극치), **南極**(남극)
유의어 **至**(이를 지)
한자 성어 **至極**(지극), **極樂往生**(극락왕생)

一 十 才 木 朾 朾 朾 杇 柯 柯 極 極 極

極							

一 十 才 木 杉 极 极

极							

34

及

미칠 **급**

부 又(또 우)
획 총4획

한자쓰기

'따라잡다'라는 뜻을 나타내기 위해, 앞에서 달아나는 사람을 뜻하는 '人(사람 인)'과 그를 붙잡은 손을 나타내는 '又(또 우)'를 합해 만든 글자이다. 본뜻에서 확대되어 '미치다', '이르다'라는 뜻으로 쓰이게 되었다.

활용어 **及第**(급제), **言及**(언급)
반의어 **落**(떨어질 락)

丿 乃 乃 及

及							

35

給

줄(주다) 급

부 糸(실 사)

획 총12획

'실이 충분하다'라는 뜻을 나타내기 위해, 뜻부분인 '糸(실 사)'에 음부분인 '合(합할 합)'을 더해 만든 글자이다. 본뜻에서 확대되어 '충분하도록 주다', '공급하다'라는 뜻으로 쓰이게 되었다.

활용어 **給食**(급식), **支給**(지급)

한자 성어 **自給自足**(자급자족)

한자쓰기

간체자 **给** gěi, jǐ

주다, ~에게 / 총9획

간체자쓰기

36

器

그릇 기

부 口(입 구)

획 총16획

'그릇'을 뜻하기 위해, 진열된 그릇을 나타내는 '口(입 구)'와 이를 지키는 개의 모습을 나타내는 '犬(개 견)'을 합해 만든 글자이다. '그릇', '기구'라는 뜻으로 쓰인다.

활용어 **器具**(기구), **土器**(토기)

한자쓰기

한자쓰기

'만나다'라는 뜻을 나타내기 위해, 뜻부분인 '月(달 월)'에 음부분인 '其(그 기)'를 더해 만든 글자이다. 후에 '일정한 때', '희망', '기약하다'라는 뜻으로 확대되어 쓰이게 되었다.

활용어 **期約**(기약), **期間**(기간)

유의어 **約**(맺을 약)

한자 성어 **一期一會**(일기일회)

一 十 卄 廾 甘 苴 其 其 期 期 期 期

期							

38

汽

물 끓는 김 **기**

부 氵(水, 물 수)

획 총7획

한자쓰기

'수증기', '김'을 나타내기 위해, 뜻부분인 '氵(물 수)'에 음부분인 '气(기운 기)'를 더해 만든 글자이다.

활용어 **汽車**(기차), **汽船**(기선)

丶 冫 氵 氵 汁 汽 汽

汽							

39

技

재주 **기**

부 扌(手, 손 수)
획 총7획

한자쓰기

'손재주'를 나타내기 위해, 뜻부분인 '扌(손 수)'에 음부분인 '支(지탱할 지)'를 더해 만든 글자이다. 본뜻에서 확대되어 '재주'라는 뜻으로 널리 쓰이고 있다.

활용어 **技術**(기술), **競技**(경기)

유의어 **術**(재주 술)

一 十 扌 扌 扌 技 技

技

40

基

터 **기**

부 土(흙 토)
획 총11획

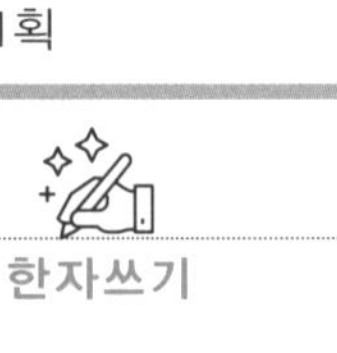

한자쓰기

'흙담의 밑부분'을 나타내기 위해, 뜻부분인 '土(흙 토)'에 음부분인 '其(그 기)'를 더해 만든 글자이다. 본뜻에서 확대되어 '터', '밑바탕' 등으로 널리 쓰인다.

활용어 **基本**(기본), **基地**(기지)

유의어 **本**(근본 본)

一 十 卄 廾 甘 甘 甘 其 其 基 基

基

복습하기 02

❶ 다음 한자의 뜻과 음을 쓰세요.

(1) 具 (　　　　　　)　(2) 求 (　　　　　　)

(3) 久 (　　　　　　)　(4) 君 (　　　　　　)

(5) 弓 (　　　　　　)　(6) 及 (　　　　　　)

(7) 期 (　　　　　　)　(8) 汽 (　　　　　　)

❷ 다음 한자어의 독음을 쓰세요.

(1) 觀光 (　　　　　　)　(2) 藥局 (　　　　　　)

(3) 救出 (　　　　　　)　(4) 土器 (　　　　　　)

❸ 다음 한자의 간체자를 보기 에서 골라 쓰세요.

보기　旧　给　广　观　规　极

(1) 廣 (　　　　　　)　(2) 舊 (　　　　　　)

(3) 規 (　　　　　　)　(4) 極 (　　　　　　)

❹ 다음 뜻을 가진 사자성어를 보기 에서 골라 그 독음을 쓰세요.

보기　實事求是　明若觀火　自給自足

(1) 불을 보는 것 같이 밝게 보인다는 뜻으로, 더 말할 나위 없이 명백함.

(2) 사실에 토대를 두어 진리를 탐구하는 일.

UNIT 03

4II급

- 한자 41~60
- 복습하기

41

念

생각 **념**

부 心(마음 심)

획 총8획

한자쓰기

'마음속에 품고 있는 생각'을 나타내기 위해, 뜻부분인 '心(마음 심)'에 음부분인 '今(이제 금)'을 더해 만든 글자이다. '마음에 두다', '소리 내어 읽다'라는 뜻으로도 널리 쓰이고 있다.

활용어 **念頭**(염두), **記念**(기념)

한자 성어 **一夕千念**(일석천념)

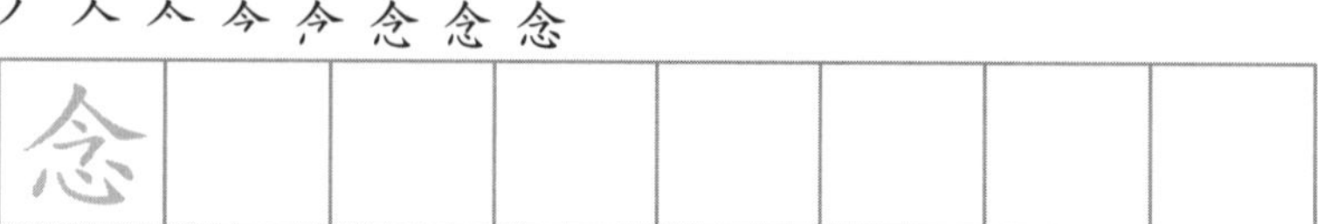

42

團

모일, 둥글 **단**

부 口(에울 위)

획 총14획

한자쓰기

'둥글다'라는 뜻을 나타내기 위해, 뜻부분인 '口(에울 위)'에 음부분인 '專(오로지 전)'을 더해 만든 글자이다. 본뜻 외에 '모이다', '조직체'라는 뜻으로도 쓰인다.

활용어 **團結**(단결), **團束**(단속), **團體**(단체)

유의어 **集**(모을 집), **會**(모일 회), **束**(묶을 속)

반의어 **一致團結**(일치단결), **大同團結**(대동단결)

간체자 团 tuán

둥글다, 덩어리 / 총6획

간체자쓰기

43

丹

붉을 **단**

부 丶(점 주)

획 총4획

한자쓰기

'붉다'라는 뜻을 나타내기 위해, 굴에서 붉은 광물을 캐내는 모습에 '불똥'을 뜻하는 '丶(점 주)'를 더해 만든 글자이다. '붉다'라는 뜻 외에 '변치 않는 마음'으로도 확대되어 쓰인다.

활용어 **丹青**(단청), **丹田**(단전)

유의어 **赤**(붉을 적)

한자 성어 **一片丹心**(일편단심)

丿 冂 月 丹

丹							

44

談

말씀 **담**

부 言(말씀 언)

획 총15획

한자쓰기

'서로 주고받는 말'을 나타내기 위해, 뜻부분인 '言(말씀 언)'에 음부분인 '炎(불꽃 염/아름다울 담)'을 더해 만든 글자이다. 후에 '이야기'라는 뜻으로 쓰이게 되었다.

활용어 **談話**(담화), **美談**(미담)

유의어 **說**(말씀 설), **語**(말씀 어), **言**(말씀 언), **話**(말씀 화)

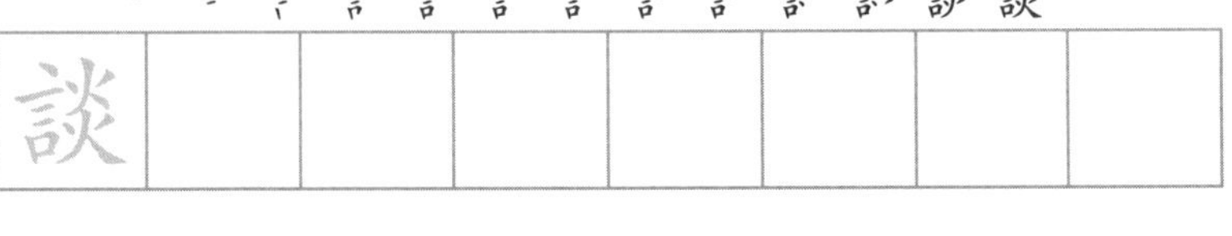

간체자 谈 tán

말하다, 언론 / 총10획

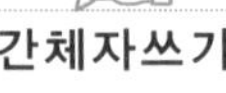

간체자쓰기

45

都

도읍, 모두 **도**

부 阝(邑, 고을 읍)

획 총12획

'물가에 사람이 모여 사는 큰 마을'을 나타내기 위해, 뜻부분인 '阝(고을 읍)'에 음부분인 '者(사람 자)'를 더해 만든 글자이다. '도시', '모두'라는 뜻으로 쓰인다.

활용어 **都市**(도시), **首都**(수도)

유의어 **市**(저자 시), **京**(서울 경)

반의어 **農**(농사 농)

한자쓰기

간체자 都 dū, dōu 도시, 모두 / 총10획

간체자쓰기

46

島

섬 **도**

부 山(산 산)

획 총10획

'섬'을 나타내기 위해, 뜻부분인 '山(산 산)'과 음부분인 '鳥(새 조)'를 더해 만든 글자이다.

활용어 **獨島**(독도), **韓半島**(한반도)

한자쓰기

간체자 岛 dǎo 섬 / 총7획

간체자쓰기

'도착하다'라는 뜻을 나타내기 위해, 뜻부분인 '至(이를 지)'에 음부분인 '刂(칼 도)'를 더해 만든 글자이다. '이르다', '닿다'라는 뜻으로 쓰이고 있다.

활용어 **到處**(도처), **到來**(도래)

유의어 **至**(이를지), **致**(이를 치)

한자 성어 **讀書三到**(독서삼도), **水到魚行**(수도어행)

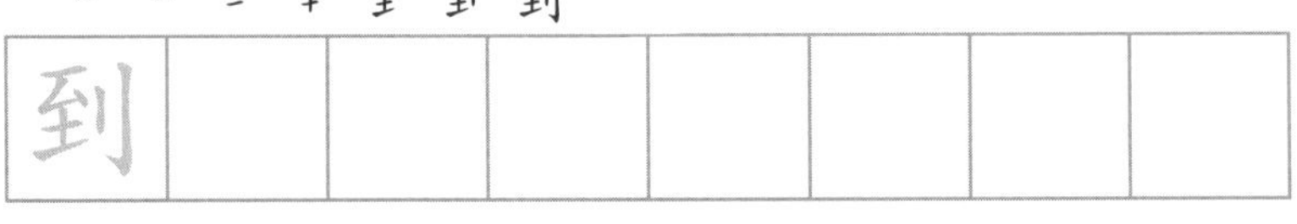

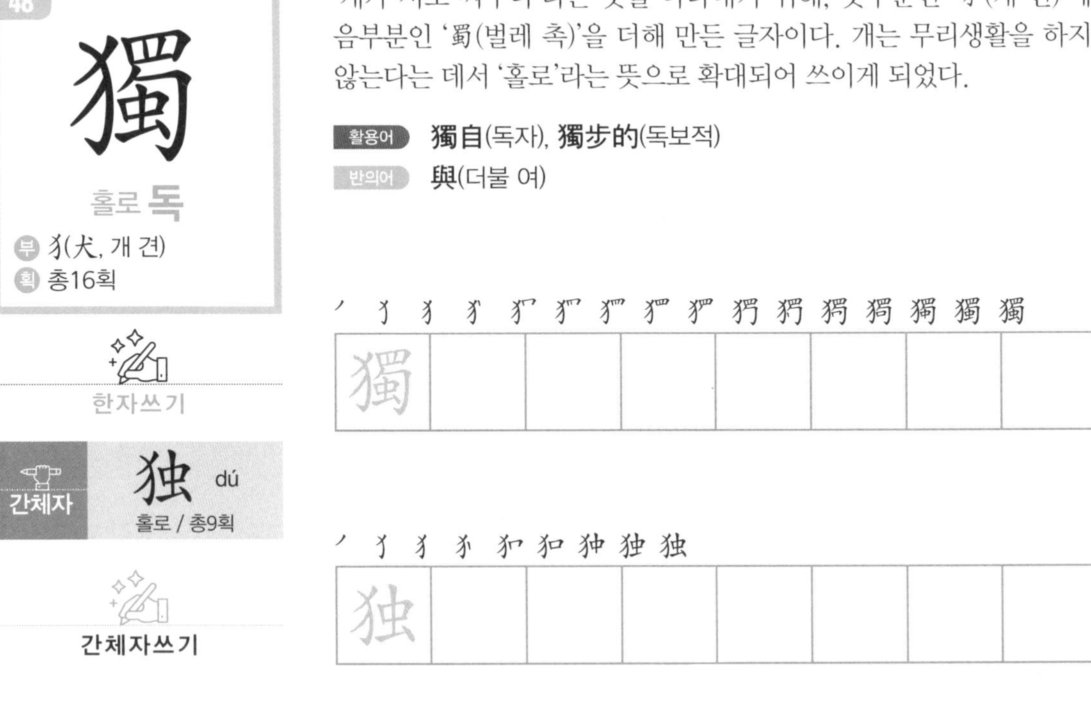

'개가 서로 싸우다'라는 뜻을 나타내기 위해, 뜻부분인 '犭(개 견)'에 음부분인 '蜀(벌레 촉)'을 더해 만든 글자이다. 개는 무리생활을 하지 않는다는 데서 '홀로'라는 뜻으로 확대되어 쓰이게 되었다.

활용어 **獨自**(독자), **獨步的**(독보적)

반의어 **與**(더불 여)

49

豆

콩 **두**

부 豆(콩 두)

획 총7획

한자쓰기

'제사용 그릇'을 나타내기 위해, 제사 때 쓰는 굽 높은 그릇 모양을 본떠 만든 글자이다. 점점 '콩'을 뜻하는 말로 더 널리 쓰이면서 지금까지 '콩'을 뜻하게 되었다. 부수자로도 쓰이는데, 이때는 여전히 '그릇'이라는 뜻으로 쓰인다.

활용어 **大豆**(대두), **綠豆**(녹두)

한자 성어 **種豆得豆**(종두득두)

豆							

50

朗

밝을 **랑**

부 月(달 월)

획 총11획

한자쓰기

간체자 朗 lǎng 밝다 / 총10획

간체자쓰기

'달이 밝다'라는 뜻을 나타내기 위해, 뜻부분인 '月(달 월)'에 음부분인 '良(어질 량)'을 더해 만든 글자이다. 후에 '마음이 밝다', '소리가 맑다'라는 뜻으로 확대되어 쓰이게 되었다.

활용어 **朗報**(낭보), **明朗**(명랑)

유의어 **明**(밝을 명)

朗							

朗							

51 冷

찰(차다) **랭**

부 冫(얼음 빙)
획 총7획

'차다'라는 뜻을 나타내기 위해, 뜻부분인 '冫(얼음 빙)'에 음부분인 '令(하여금 령)'을 더해 만든 글자이다.

활용어 **冷水**(냉수), **溫冷**(온랭), **寒冷**(한랭)

유의어 **寒**(찰 한)

반의어 **熱**(더울 열), **溫**(따뜻할 온)

한자쓰기

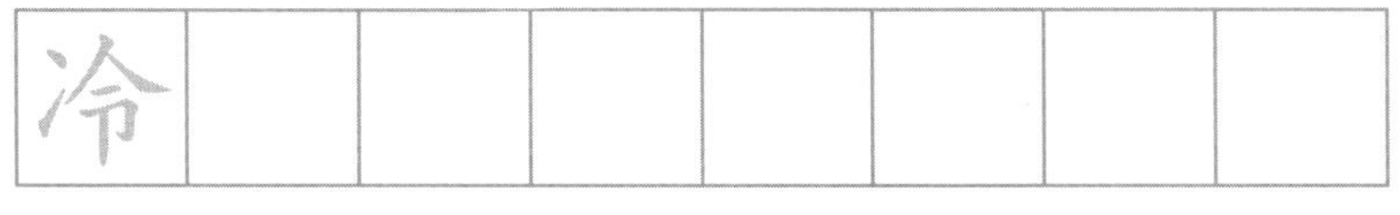

간체자 **冷** lěng
차다, 춥다 / 총7획

간체자쓰기

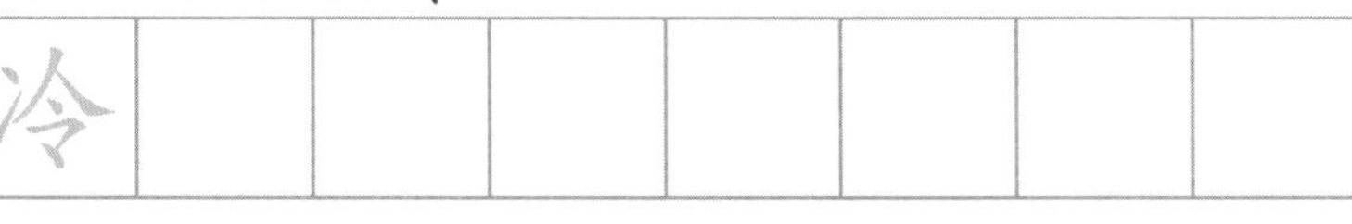

52 兩

두(둘) **량**

부 入(들 입)
획 총8획

'둘', '한 쌍'을 나타내기 위해, 저울추 두 개가 나란히 매달려 있는 모양을 본뜬 글자이다(두 개의 솥을 본뜬 글자로 보는 견해도 있다). 숫자 '둘'이라는 뜻외에도, '무게 단위', '돈을 세는 단위'를 나타낼 때도 쓰인다.

활용어 **兩班**(양반), **兩親**(양친), **兩極化**(양극화)

한자 성어 **一擧兩得**(일거양득), **物心兩面**(물심양면)

한자쓰기

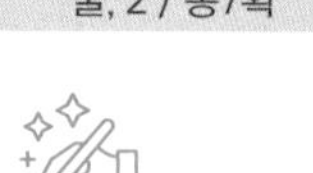

간체자 **两** liǎng
둘, 2 / 총7획

간체자쓰기

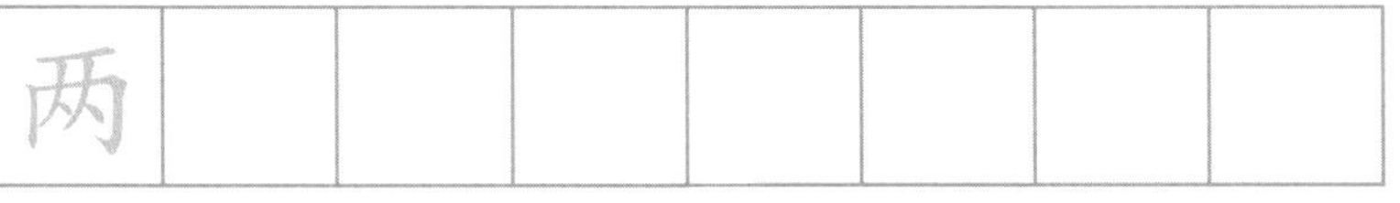

53

量

헤아릴 **량**

부 里(마을 리)
획 총12획

'재다'라는 뜻을 나타내기 위해, '日(날 일)'과 '重(→ 里, 무거울 중)'을 합해 만든 글자이다. '되질하다'라는 뜻에서 확대되어, '헤아리다', '분량'의 뜻으로 쓰이고 있다.

활용어 **量産**(양산), **減量**(감량), **度量**(도량)
유의어 **料**(헤아릴 료)
한자 성어 **多聞多讀多商量**(다문다독다상량)

한자쓰기

量

54

旅

나그네 **려**

부 方(모 방)
획 총10획

'한 부대의 군사'를 나타내기 위해, '㫃(깃발/나부낄 언)'과 '㐺(무리 중)'을 합해 만든 글자이다. 본뜻인 '군대'에서 확대되어 '나그네'라는 뜻으로 쓰이게 되었다.

활용어 **旅行**(여행), **旅團**(여단), **海外旅行**(해외여행)
유의어 **客**(손 객), **軍**(군사 군)

한자쓰기

旅

55 練

익힐 **련**

부 糸(실 사)
획 총15획

'새 옷감을 삶아 희고 부드럽게 하다'라는 뜻을 나타내기 위해, 뜻부분인 '糸(실 사)'에 음부분인 '柬(가릴 간)'을 더해 만든 글자이다. 후에 본뜻은 거의 쓰이지 않고 '익히다', '연습하다'라는 뜻으로 널리 쓰이게 되었다.

활용어 **練習**(연습), **訓練**(훈련)
유의어 **習**(익힐 습), **學**(배울 학)
반의어 **訓**(가르칠 훈), **教**(가르칠 교)

한자쓰기

練

간체자 **练** liàn 연습하다 / 총8획

간체자쓰기

练

56 領

옷깃, 거느릴 **령**

부 頁(머리 혈)
획 총14획

본래는 '목'을 나타내기 위해, 뜻부분인 '頁(머리 혈)'에 음부분인 '令(하여금 령)'을 더해 만든 글자이다. 본뜻 이외에도 '거느리다', '다스리다' 등으로 더 널리 쓰이게 되었다.

활용어 **要領**(요령), **大統領**(대통령)
유의어 **統**(거느릴 통)

한자쓰기

領

간체자 **领** lǐng 목, 통솔하다 / 총11획

간체자쓰기

领

57

令

명령할 **령**

부 亻(人, 사람 인)

획 총5획

'~하게 하다'라는 뜻을 나타내기 위해, '집'을 나타내는 '亼(모을 집)'과 무릎을 꿇고 앉아 있는 모습을 나타내는 '卩(병부 절)'을 합해 만든 글자이다. '명령', '시키다'라는 뜻으로 쓰인다.

활용어 **命令**(명령), **口令**(구령)

유의어 **使**(하여금 사)

한자 성어 **至上命令**(지상명령)

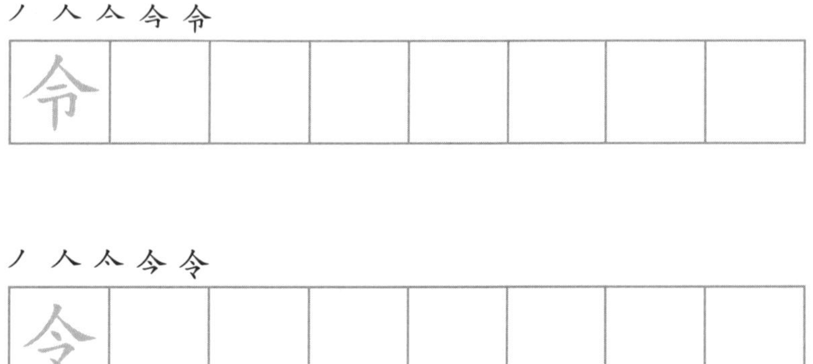

한자쓰기

丿 人 亼 今 令

간체자 **令** lìng 명령(하다) / 총5획

간체자쓰기

丿 人 亼 今 令

58

料

헤아릴 **료**

부 斗(말 두)

획 총10획

'곡식을 되질하다'라는 뜻을 나타내기 위해, '米(쌀 미)'와 '斗(말 두)'를 합해 만든 글자이다. '헤아리다'라는 본뜻에서 확대되어, '재료'라는 뜻으로도 쓰인다.

활용어 **材料**(재료), **料理**(요리)

유의어 **量**(헤아릴 량)

한자쓰기

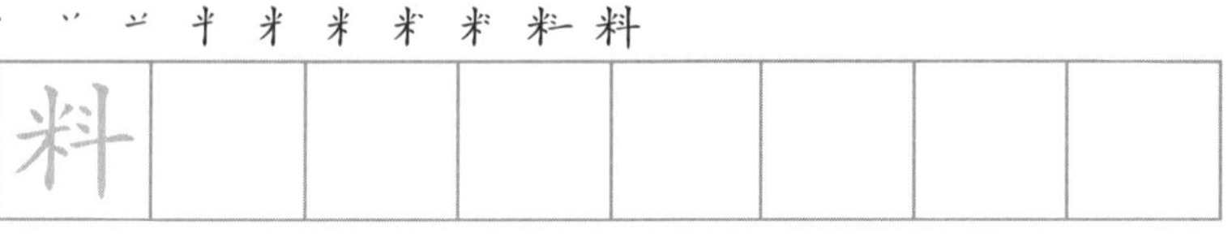

59 類

무리 **류**

부 頁(머리 혈)
획 총19획

'비슷한 것끼리 모이다'라는 뜻을 나타내기 위해, 뜻부분인 '犬(개 견)'에 음부분인 '頪(엇비슷할 뢰)'를 더해 만든 글자이다. 본뜻에서 확대되어 '비슷하다', '무리'라는 뜻으로 쓰이게 되었다.

활용어 **分類**(분류), **同類**(동류)

한자 성어 **有教無類**(유교무류)

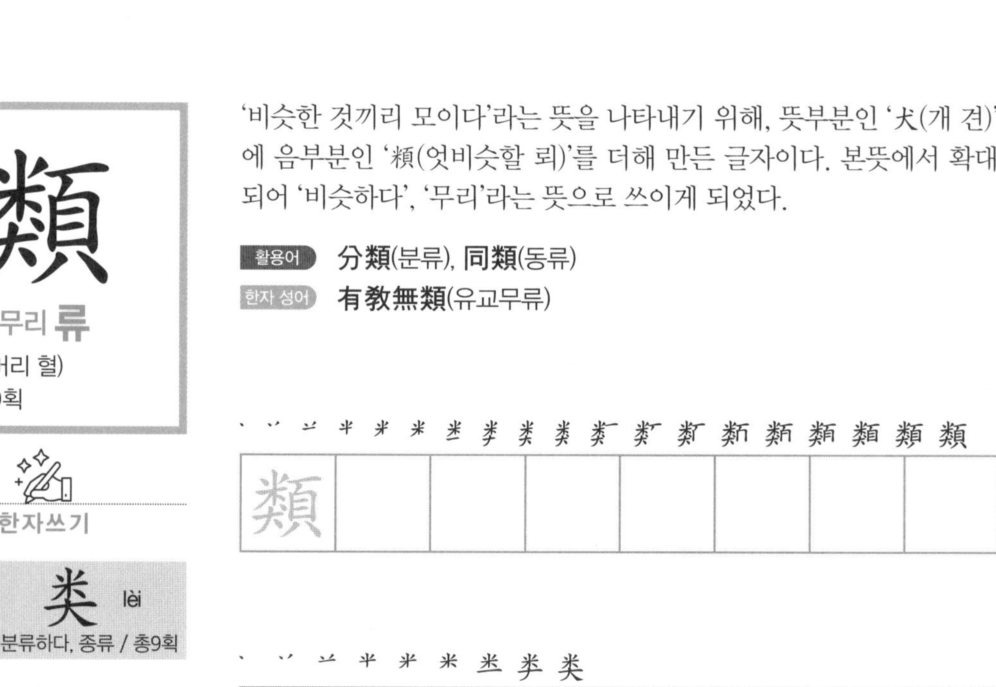

한자쓰기

간체자 **类** lèi
분류하다, 종류 / 총9획

간체자쓰기

60 陸

뭍(땅) **륙**

부 阝(阜, 언덕 부)
획 총11획

'수면(水面)보다 높아진 땅'을 나타내기 위해, 뜻부분인 '阝(언덕 부)'에 음부분인 '坴(언덕 륙)'을 더해 만든 글자이다. '뭍', '물에 잠기지 않은 땅'이라는 뜻으로 널리 쓰이고 있다.

활용어 **陸軍**(육군), **內陸**(내륙)

유의어 **地**(땅 지)

한자 성어 **水陸萬里**(수륙만리)

한자쓰기

간체자 **陆** lù
땅, 육지 / 총7획

간체자쓰기

복습하기 03

1 다음 한자의 뜻과 음을 쓰세요.

(1) 念 (　　　　　)　(2) 丹 (　　　　　)

(3) 都 (　　　　　)　(4) 到 (　　　　　)

(5) 朗 (　　　　　)　(6) 冷 (　　　　　)

(7) 量 (　　　　　)　(8) 旅 (　　　　　)

2 다음 한자어의 독음을 쓰세요.

(1) 談話 (　　　　　)　(2) 韓半島 (　　　　　)

(3) 訓練 (　　　　　)　(4) 雨極化 (　　　　　)

3 다음 한자의 간체자를 보기 에서 골라 쓰세요.

보기　岛　类　独　练　团　陆

(1) 獨 (　　　　　)　(2) 團 (　　　　　)

(3) 類 (　　　　　)　(4) 陸 (　　　　　)

4 다음 뜻을 가진 사자성어를 보기 에서 골라 그 독음을 쓰세요.

보기　見利思義　大義名分　一夕千念

(1) 하루 저녁에 천 가지 생각을 한다는 뜻으로, 잠시 동안 아주 많은 것을 생각함.

____

(2) 눈앞의 이익을 보면 의리를 먼저 생각함.

____

UNIT 04

4II급

- 한자 61~80
- 복습하기

61

律

법률, 법칙 **률**

부 彳(조금 걸을 척)

획 총9획

‘법칙’, ‘규칙’을 뜻하기 위해, 붓을 쥔 손을 뜻하는 ‘聿(붓 율)’과 ‘彳(조금 걸을 척)’을 합해 만든 글자이다. 이때 ‘聿(율)’은 음부분도 겸하고 있다. 지금도 ‘법칙’, ‘규칙’이라는 뜻으로 쓰인다.

활용어 **法律**(법률), **自律**(자율)

유의어 **法**(법 법), **規**(법 규), **則**(법 칙),

한자쓰기

律

62

望

바랄 **망**

부 月(달 월)

획 총11획

‘멀리 바라보다’라는 뜻을 나타내기 위해, 발꿈치를 들고 서있는 사람의 모습을 본뜬 ‘亻(→ 壬, 사람 인)’과 ‘目(→ 月, 눈 목)’을 합해 만든 글자이다. 후에, 음부분을 강조하기 위해 ‘亡(망)’을 더한 모양으로 바뀌었다. ‘바라보다’라는 뜻 외에 ‘바라다’라는 뜻으로도 널리 쓰인다. 날짜를 나타낼 때는 음력 15일, ‘보름’을 뜻한다.

활용어 **失望**(실망), **所望**(소망), **希望**(희망)

유의어 **願**(원할 원), **希**(바랄 희)

한자 성어 **望百**(망백)

한자쓰기

望

63 妹

손아래 누이 **매**

부 女(여자 녀)
획 총8획

'손아래 누이'를 나타내기 위해, 뜻부분인 '女(여자 녀)'에 음부분인 '未(아닐 미)'를 더해 만든 글자이다. 지금도 '여동생'을 뜻한다.

활용어 **妹弟**(매제), **男妹**(남매)

한자쓰기

妹							

64 沐

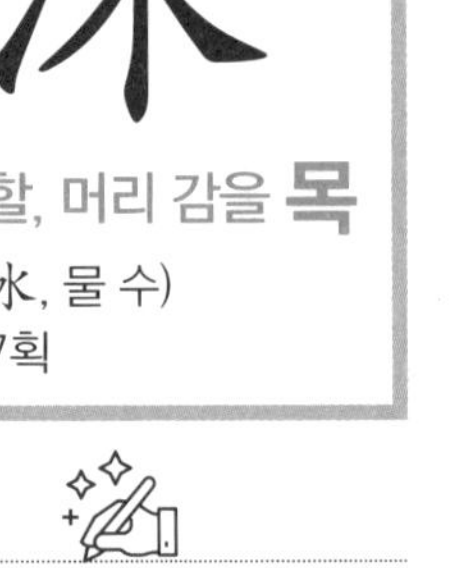

목욕할, 머리 감을 **목**

부 氵(水, 물 수)
획 총7획

'머리를 감다'라는 뜻을 나타내기 위해, 뜻부분인 '氵(물 수)'에 음부분인 '木(나무 목)'을 더해 만든 글자이다. '浴(목욕할 욕)'과 함께 '목욕하다'라는 뜻으로 쓰인다.

활용어 **沐浴**(목욕), **沐間**(목간)

유의어 **浴**(목욕할 욕)

한자쓰기

沐							

65

武

굳셀 **무**

부 止(그칠 지)

획 총8획

'창을 메고 전쟁터에 나가는 모습'을 나타내기 위해, '戈(창 과)'와 '止(발자국 지)'를 합해 만든 글자이다. 본뜻에서 확대되어 '굳세다'라는 뜻으로 쓰인다.

활용어 **武器**(무기), **武勇談**(무용담), **文武**(문무)

반의어 **文**(글월 문)

한자쓰기

一 二 亍 亍 亍 正 武 武

武							

66

尾

꼬리 **미**

부 尸(주검 시)

획 총7획

'꼬리'를 나타내기 위해, '엉덩이'를 나타내는 '尸(주검 시)'와 '毛(털 모)'를 합해 만든 글자이다. 본뜻에서 확대되어 '뒤', '끝'이라는 뜻으로도 쓰이게 되었다.

활용어 **尾行**(미행), **大尾**(대미)

유의어 **末**(끝 말)

반의어 **頭**(머리 두), **首**(머리 수)

한자쓰기

ㄱ ㅋ 尸 尸 尸 尸 尾

尾							

67 未

아닐, 여덟째 지지 **미**

부 木(나무 목)

획 총5획

한자쓰기

'초목이 무성하다'라는 뜻을 나타내기 위해, 가지 끝에 나뭇잎이 무성한 모습을 본떠 만든 글자이다. 후에, '아직 아니다'라는 뜻으로 더 널리 쓰이게 되었다. 이외에 '여덟 번째 지지'나 그에 해당하는 동물인 '양'을 나타낼 때도 쓰인다.

활용어 **未練**(미련), **未來**(미래)

한자 성어 **前代未聞**(전대미문)

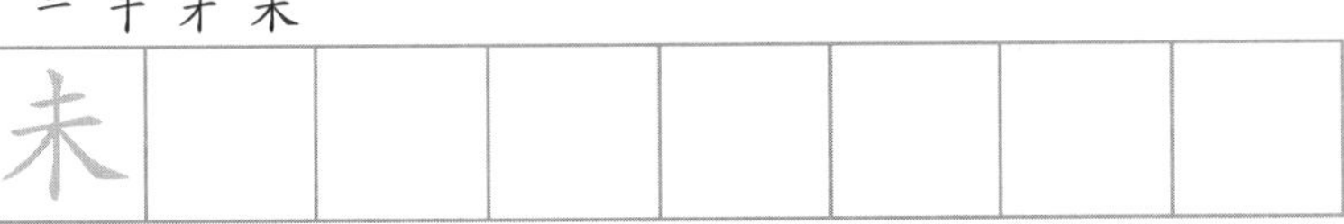

68 味

맛 **미**

부 口(입 구)

획 총8획

한자쓰기

'입맛에 맞는 맛'을 나타내기 위해, 뜻부분인 '口(입 구)'에 음부분인 '未(미)'를 더해 만든 글자이다. 본뜻에서 확대되어 일반적인 '맛'을 가리키게 되었다.

활용어 **風味**(풍미), **意味**(의미)

69

곱(갑절) **배**, 등질 **패**

부 亻(人, 사람 인)

획 총10획

한자쓰기

'등지고 돌아서다', '반대'라는 뜻을 나타내기 위해, 뜻부분인 '亻(사람 인)'에 음부분인 '咅(침뱉을 부/투)'를 더해 만든 글자이다. '등지고 맞서는 것'은 반드시 양면이 있기에 후에 본래의 수가 대등하게 증가한 수인 '곱'을 나타낼 때 더 널리 쓰이게 되었다.

활용어 **倍加**(배가), **倍數**(배수)

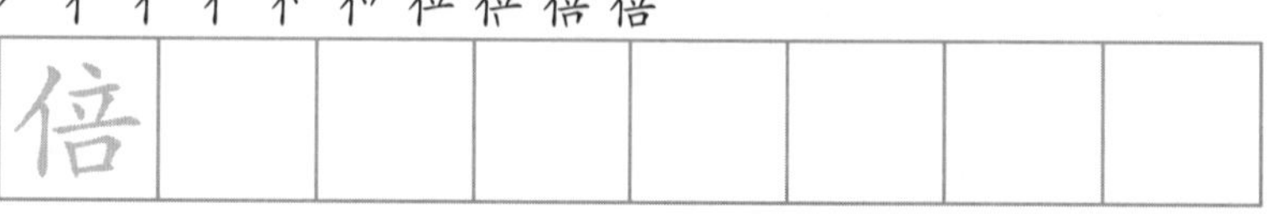

70

절 **배**

부 扌(手, 손 수)

획 총9획

한자쓰기

'풀을 뽑는 손 모양'에서, 후에 양손과 나머지 부분을 합해 만든 글자이다. '뽑다'라는 본뜻에서 확대되어 '절하다(남에게 공경하는 뜻으로 몸을 굽혀 하는 인사)', '공경하다'라는 뜻으로 쓰이고 있다.

활용어 **參拜**(참배), **禮拜**(예배)

한자 성어 **百拜謝禮**(백배사례)

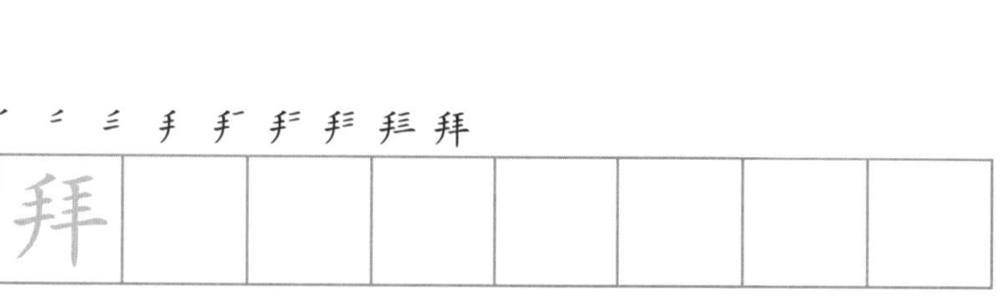

71

칠(치다) **벌**

부 亻(人, 사람 인)

획 총6획

'목을 베다'라는 뜻을 나타내기 위해, '戈(창 과)'와 '亻(사람 인)'을 합해 만든 글자이다. 본뜻에서 확대되어 '치다', '공격'이라는 뜻으로 쓰이게 되었다.

활용어 **伐草**(벌초), **伐木**(벌목), **討伐**(토벌)

유의어 **討**(칠 토)

한자쓰기

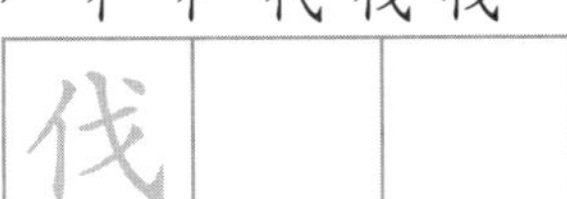

72

凡

무릇 **범**

부 几(안석 궤)

획 총3획

'돛'을 나타내기 위해, 쪽배에 달아놓은 돛 모양을 본떠 만든 글자이다. 후에 '대체로 보아', '평범하다'라는 뜻으로 더 널리 쓰이게 되었다.

• 본래 뜻인 '돛'은 '巾(수건 건)'을 덧붙여 '帆(돛 범)'을 만들어 나타냈다.

활용어 **凡常**(범상), **平凡**(평범)

한자쓰기

丿 几 凡

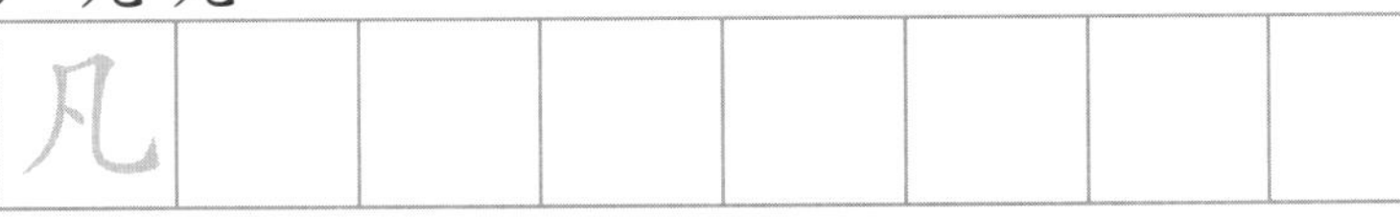

73 變

變

변할 **변**

부 言(말씀 언)

획 총23획

'바뀌다'라는 뜻을 나타내기 위해, 뜻부분인 '攵(攴, 칠 복)'에 음부분인 '䜌(어지러울 련)'을 더해 만든 글자이다.

활용어 **變形**(변형), **變動**(변동)

유의어 **改**(고칠 개), **化**(될 화)

한자 성어 **朝變夕改**(조변석개), **天災地變**(천재지변)

한자쓰기

變							

간체자 **变** biàn 변하다 / 총8획

丶 亠 亣 亦 亦 亦 变 变

간체자쓰기

变							

74 報

報

갚을, 알릴 **보**

부 土(흙 토)

획 총12획

'죄인을 심판하여 알리다'라는 뜻을 나타내기 위해 '죄인이 찬 차꼬'를 뜻하는 '幸(다행 행)'과 무릎 꿇은 죄인을 뜻하는 '卩(병부 절)', '손'을 뜻하는 '又(또 우)'를 합해 만든 글자이다. '갚다', '알리다'라는 뜻으로 더 널리 쓰이고 있다.

활용어 **報答**(보답), **報道**(보도)

유의어 **告**(알릴 고)

한자 성어 **結草報恩**(결초보은), **果報**(과보)

一 十 土 キ 击 幸 幸 幸 幸 郣 報 報

한자쓰기

報							

간체자 **报** bào 알리다, 보답하다 / 총7획

一 扌 扌 扌 扌 抠 报

간체자쓰기

报							

75 富

부자, 부유할 **부**

부 宀(집 면)

획 총12획

'집에 필요한 설비를 갖추다'라는 뜻을 나타내기 위해, 뜻부분인 '宀(집 면)'에 음부분인 '畐(가득할 복)'을 더해 만든 글자이다. 본뜻에서 확대되어 '부자', '넉넉하다'라는 뜻으로 널리 쓰이게 되었다.

활용어 **富貴**(부귀), **巨富**(거부), **貧富**(빈부)

반의어 **貧**(가난할 빈)

한자 성어 **富貴功名**(부귀공명), **富國强兵**(부국강병)

한자쓰기

76 婦

아내(지어미), 며느리 **부**

부 女(여자 녀)

획 총11획

'아내'라는 뜻을 나타내기 위해, '帚(비 추)'와 '女(여자 녀)'를 합해 만든 글자이다. 시집와서 빗자루를 들고 집안을 청소하는 여자를 통해 '아내', '며느리'를 표현한 것이다.

활용어 **夫婦**(부부), **主婦**(주부)

반의어 **夫**(남편 부)

한자쓰기

婦

간체자 妇 fù 부인 / 총6획

간체자쓰기

妇

77

備

갖출 **비**

부 亻(人, 사람 인)
획 총12획

사냥 나갈 채비를 '갖추다'라는 뜻을 나타내기 위해, 등에 맨 화살 통에 화살을 넣어놓은 모습을 본떠 '**葡**'로 만들어 사용했다. 후에 뜻부분을 강조하기 위해 '亻(사람 인)'을 더해 지금의 글자 모양이 되었다.

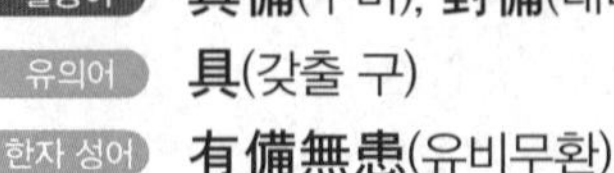

활용어 **具備**(구비), **對備**(대비), **常備藥**(상비약)

유의어 **具**(갖출 구)

한자 성어 **有備無患**(유비무환)

한자쓰기

간체자 备 bèi 준비하다 / 총8획

간체자쓰기

78

比

견줄 **비**

부 比(견줄 비)
획 총4획

'나란히 늘어놓다'라는 뜻을 나타내기 위해, 연이어 있는 두 사람의 모습을 본떠 만든 글자이다. 후에 '견주다', '가지런하다'라는 뜻으로 더 널리 쓰이게 되었다. 부수자이다.

활용어 **比重**(비중), **比例**(비례)

한자 성어 **强大無比**(강대무비)

一 𠂉 比 比

한자쓰기

'돈을 쓰다'라는 뜻을 나타내기 위해, '재물'을 나타내는 뜻부분인 '貝(조개 패)'에 음부분인 '弗(아닐 불)'를 더해 만든 글자이다.

활용어 **費用**(비용), **學費**(학비), **教育費**(교육비)

유의어 **用**(쓸 용)

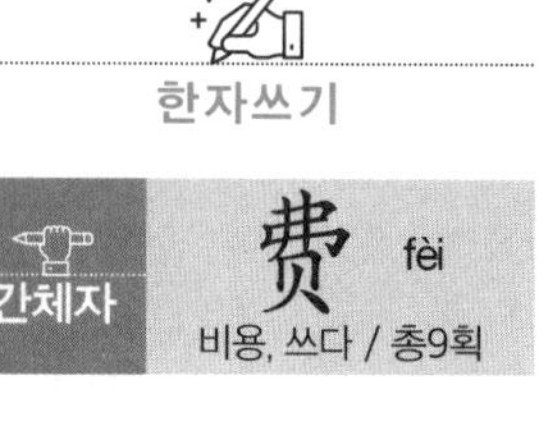

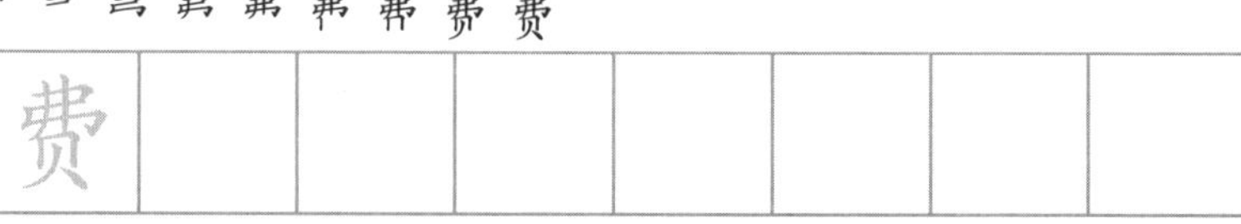

'서로 어긋나다'라는 뜻을 나타내기 위해, 새의 날개짓이 서로 다른 방향을 향하고 있는 모습을 본떠 만든 글자이다. 후에 '아니다'라는 뜻으로 더 널리 쓰이게 되었다. 부수자이다.

활용어 **非理**(비리), **是非**(시비)

유의어 **不**(아닐 불), **未**(아닐 미)

반의어 **是**(옳을 시)

한자 성어 **非一非再**(비일비재), **是是非非**(시시비비)

丿 丿 丬 丬 非 非 非 非

非							

한자쓰기

복습하기 04

1 다음 한자의 뜻과 음을 쓰세요.

(1) 望 (　　　　　　)　(2) 妹 (　　　　　　)

(3) 沐 (　　　　　　)　(4) 武 (　　　　　　)

(5) 尾 (　　　　　　)　(6) 未 (　　　　　　)

(7) 倍 (　　　　　　)　(8) 拜 (　　　　　　)

2 다음 한자어의 독음을 쓰세요.

(1) 法律 (　　　　　　)　(2) 學費 (　　　　　　)

(3) 意味 (　　　　　　)　(4) 富貴 (　　　　　　)

3 다음 한자의 간체자를 보기 에서 골라 쓰세요.

보기	报	妇	陆	备	变	费

(1) 變 (　　　　　　)　(2) 報 (　　　　　　)

(3) 婦 (　　　　　　)　(4) 備 (　　　　　　)

4 다음 뜻을 가진 사자성어를 보기 에서 골라 그 독음을 쓰세요.

보기	前代未聞	朝變夕改	結草報恩

(1) 이제까지 들어 본 적이 없음.

✎ ____________________

(2) 아침저녁으로 뜯어고친다는 뜻으로, 계획이나 결정 따위를 일관성이 없이 자주 고침을 이르는 말.

✎ ____________________

UNIT 05

4II급

- 한자 81~100
- 복습하기

'코'를 뜻하기 위해 만들었던 '自'가 '스스로', '저절로', '자기' 등의 뜻으로 더 많이 쓰이게 되자, 음부분인 '畀(줄 비)'를 덧붙여 지금의 글자 모양이 되었다.

활용어 **鼻音**(비음), **耳目口鼻**(이목구비)

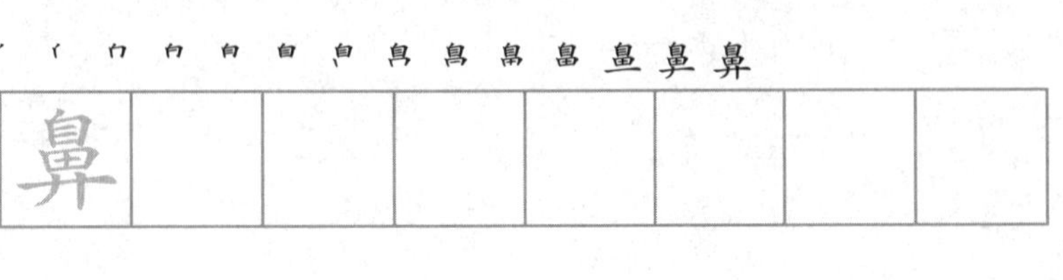

'줄어서 적어지다'라는 뜻을 나타내기 위해, '貝(조개 패)'와 '分(나눌 분)'을 합해 만든 글자이다. '가난하다', '모자라다'라는 뜻으로 쓰인다.

활용어 **貧富**(빈부), **貧血**(빈혈)

반의어 **富**(부유할 부)

한자 성어 **安貧樂道**(안빈낙도), **外華內貧**(외화내빈)

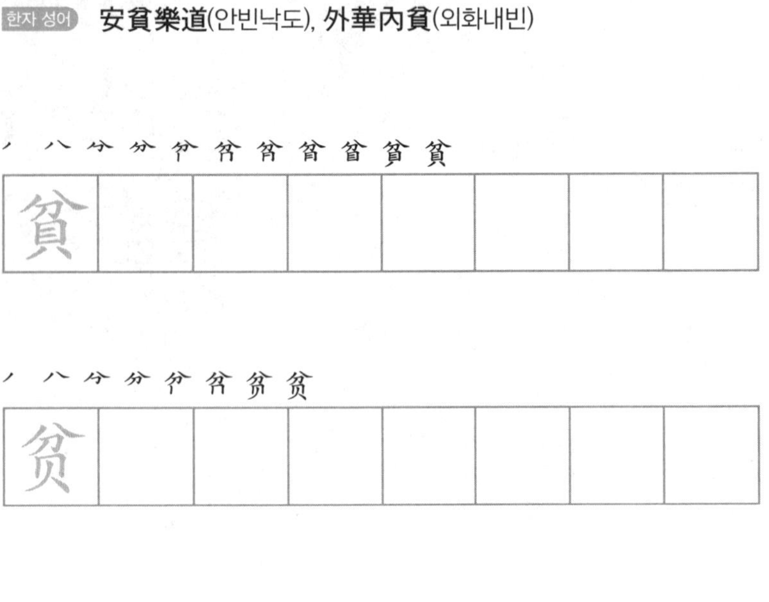

83

寫

베낄 **사**

부 宀(집 면)

획 총15획

본래는 '물건을 집안으로 옮겨놓다'라는 뜻을 나타내기 위해, 뜻부분인 '宀(집 면)'에 음부분인 '舃(까치 작)'을 더해 만든 글자이다. 후에 본뜻에서 뜻이 크게 달라져서 '글로 쓰다', '그리다', '베끼다'라는 뜻으로 널리 쓰이게 되었다.

활용어 **寫本**(사본), **寫眞**(사진)

한자쓰기

간체자 写 xiě 쓰다 / 총5획

간체자쓰기

84

謝

사례할 **사**

부 言(말씀 언)

획 총17획

'관직에서 물러나다'라는 뜻을 나타내기 위해, 뜻부분인 '言(말씀 언)'에 음부분인 '射(쏠 사)'를 더해 만든 글자이다. 후에 '인사의 말을 하다', '거절하다', '용서를 빌다'라는 뜻으로 확대되어 쓰이게 되었다.

활용어 **謝禮**(사례), **感謝**(감사)

한자 성어 **感謝萬萬**(감사만만), **百拜謝禮**(백배사례)

한자쓰기

간체자 谢 xiè 감사하다 / 총12획

간체자쓰기

85

師

스승 **사**

부 巾(수건 건)
획 총10획

'언덕을 빙 둘러싸고 주둔하고 있는 군대'를 나타내기 위해, '𠂤(←阜, 언덕 부)'와 '帀(두를 잡)'를 합해 만든 글자이다. 본뜻 외에 '군대의 편제 단위', '스승', '스승으로 삼다'라는 뜻으로 쓰인다.

활용어 **師弟**(사제), **師團**(사단)
반의어 **弟**(제자 제)
한자 성어 **德無常師**(덕무상사), **君師父一體**(군사부일체)

한자쓰기

師

간체자 师 shī
스승 / 총6획

간체자쓰기

师

86

査

조사할 **사**

부 木(나무 목)
획 총9획

'뗏목'을 나타내기 위해 '木(나무 목)'과 '旦(아침 단)'을 합해 만든 글자이다. 본뜻에서 확대되어 '살피다', '조사하다'라는 뜻으로 널리 쓰이게 되었다.

• 본래 뜻인 '뗏목'은 '木(나무 목)'을 덧붙여 '楂(뗏목 사)'를 만들어 나타냈다.

활용어 **調査**(조사), **査定**(사정)
유의어 **監**(볼 감), **視**(볼 시)

한자쓰기

査

간체자 查 chá
조사하다 / 총9획

간체자쓰기

查

87 産

낳을 **산**

부 生(날 생)
획 총11획

'낳다'라는 뜻을 나타내기 위해, 뜻부분인 '生(날 생)'에 음부분인 '彦(선비 언)'을 더해 만든 글자이다. 본뜻에서 확대되어 '만들어 내다', '생산물'의 뜻으로 널리 쓰이고 있다.

활용어 **産業**(산업), **財産**(재산)

유의어 **出**(날 출), **生**(날 생)

한자쓰기

丶 亠 亣 亣 立 产 产 产 彦 產 産

産							

간체자 产 chǎn 생산하다 / 총6획

간체자쓰기

丶 亠 亣 亣 立 产

产							

한중한자어 비교

한 **不動産** 부동산 : 움직여 옮길 수 없는 재산. 토지나 건물, 수목 따위이다.
중 **房地产** fángdìchǎn : (토지·가옥 따위의) 부동산.

88 賞

상줄 **상**

부 貝(조개 패)
획 총15획

'공을 세운 사람에게 재물을 주다'라는 뜻을 나타내기 위해, 뜻부분인 '貝(조개 패)'에 음부분인 '尙(높일 상)'을 더해 만든 글자이다. 본뜻에서 확대되어 '상을 주다', '칭찬하다', '즐기다'라는 뜻으로 널리 쓰이고 있다.

활용어 **賞品**(상품), **受賞**(수상), **賞春客**(상춘객)

한자 성어 **信賞必罰**(신상필벌), **論功行賞**(논공행상)

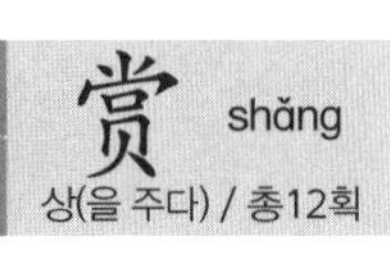

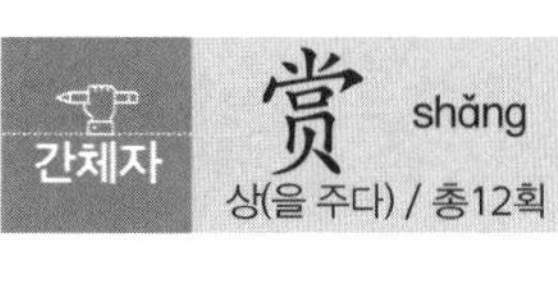

한자쓰기

賞							

간체자 赏 shǎng 상(을 주다) / 총12획

간체자쓰기

赏							

89

商

장사 **상**

부 口(입 구)

획 총11획

한자쓰기

사물의 정황을 '예측하다'라는 뜻을 나타내기 위해, '冏(밝을 경)'과 '章(밝을 창)'을 더해 만든 글자이다. '헤아리다', '장사(이익을 얻으려고 물건을 사서 파는 일)'라는 뜻으로 쓰인다.

활용어 **商品**(상품), **通商**(통상), **商去來**(상거래)

한자 성어 **士農工商**(사농공상)

丶 亠 亠 产 产 产 商 商 商 商 商

商							

90

常

항상, 떳떳할 **상**

부 巾(수건 건)

획 총11획

한자쓰기

'치마'라는 뜻을 나타내기 위해, 뜻부분인 '巾(수건 건)'에 음부분인 '尙(상)'을 더해 만든 글자이다. 본뜻에서 확대되어 '늘', '자주', '일반적인', '보통'이라는 뜻으로 널리 쓰이게 되었다.

• 본래 뜻인 '치마'는 '衣(옷 의)'를 덧붙여 '裳(치마 상)'을 만들어 나타냈다.

활용어 **常用**(상용), **正常**(정상), **班常**(반상)

한자 성어 **人生無常**(인생무상), **五常**(오상), **兵家常事**(병가상사)

丨 丬 𭕄 ⺌ 常 常 常 常 常 常 常

常							

91

序

차례 **서**

부 广(집 엄)

획 총7획

‘집의 담장’을 나타내기 위해, 뜻부분인 ‘广(집 엄)’에 음부분인 ‘予(줄 여)’를 더해 만든 글자이다. 후에 ‘차례’, ‘처음의’ 등의 뜻으로 널리 쓰이게 되었다.

활용어 **序頭**(서두), **順序**(순서)

한자 성어 **長幼有序**(장유유서)

한자쓰기

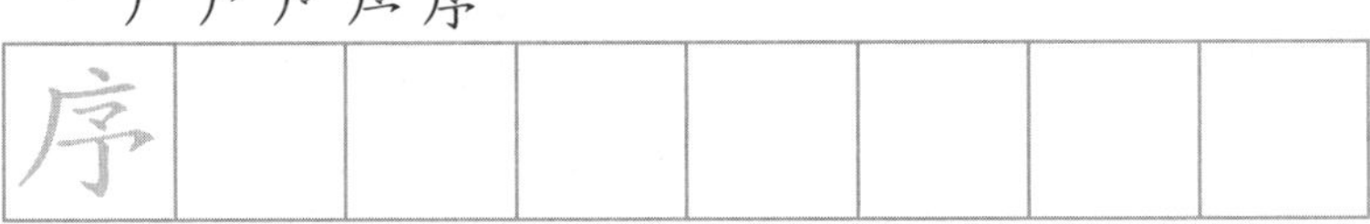

92

選

가릴 **선**

부 辶(辵, 쉬엄쉬엄 갈 착)

획 총16획

‘사람을 뽑아서 보내다’라는 뜻을 나타내기 위해, ‘辶(쉬엄쉬엄 갈 착)’과 단상 위에 공손히 앉은 사람을 본뜬 ‘巽(공손할 손)’을 합해 만든 글자이다. 본뜻에서 확대되어 ‘뽑다’, ‘가리다’라는 뜻으로 쓰이고 있다.

활용어 **選別**(선별), **競選**(경선), **當選謝禮**(당선사례)

한자 성어 **取捨選擇**(취사선택)

한자쓰기

간체자쓰기

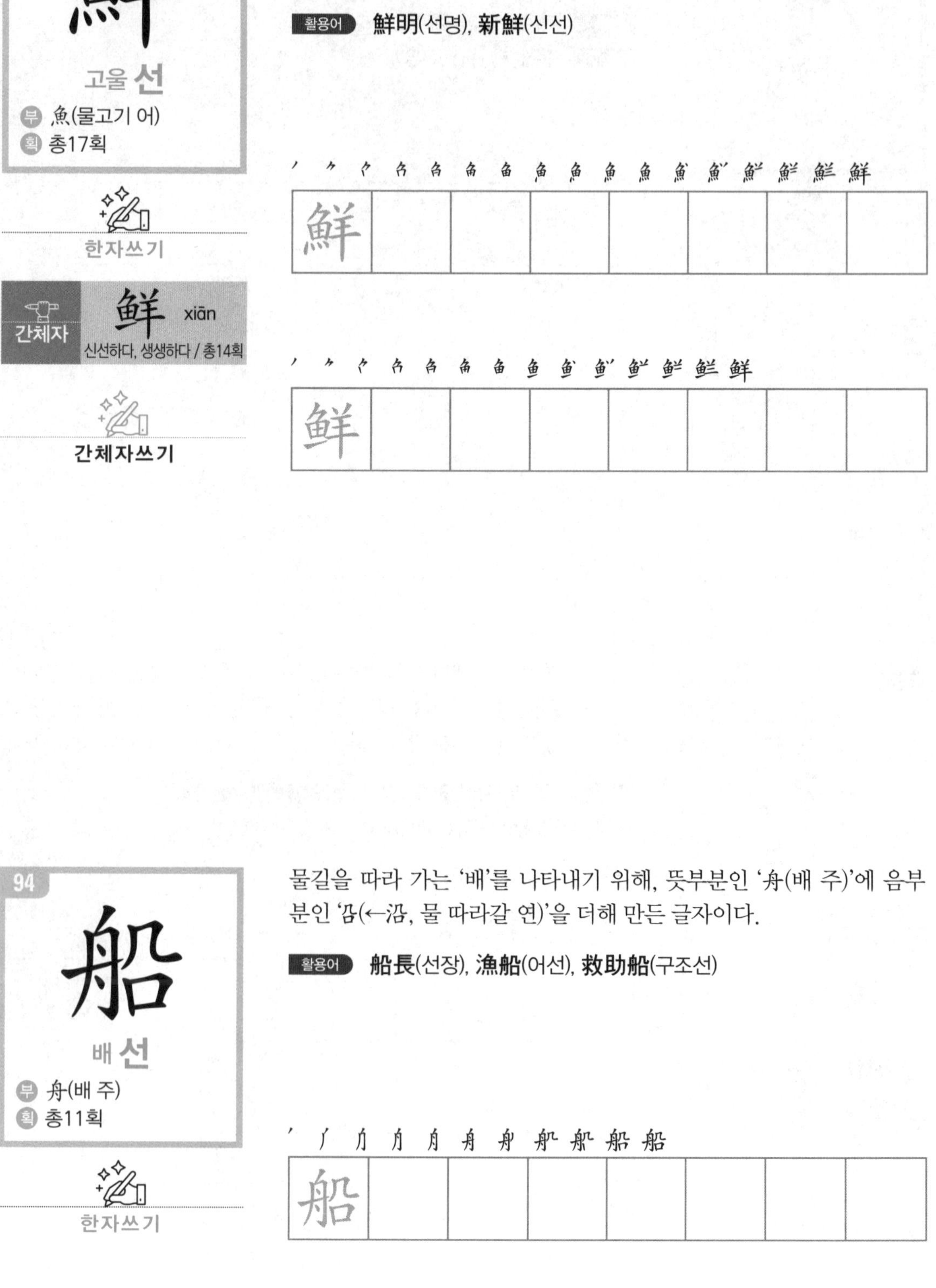

93

鮮

고울 **선**

부 魚(물고기 어)
획 총17획

'말리거나 절이지 않은, 잡은 그대로의 물고기'를 나타내기 위해, 뜻부분인 '魚(물고기 어)'에 음부분인 '羴(전)'을 더해 만든 글자이다. 본뜻 '싱싱하다'에서 확대되어 '곱다', '뚜렷하다'라는 뜻으로 쓰이게 되었다.

활용어 **鮮明**(선명), **新鮮**(신선)

한자쓰기

鮮

간체자 **鲜** xiān
신선하다, 생생하다 / 총14획

간체자쓰기

鲜

94

船

배 **선**

부 舟(배 주)
획 총11획

물길을 따라 가는 '배'를 나타내기 위해, 뜻부분인 '舟(배 주)'에 음부분인 '㕣(←沿, 물 따라갈 연)'을 더해 만든 글자이다.

활용어 **船長**(선장), **漁船**(어선), **救助船**(구조선)

한자쓰기

船

95

仙

신선 **선**

부 亻(人, 사람 인)

획 총5획

'신선'이라는 뜻을 나타내기 위해, '亻(사람 인)'과 '山(산 산)'을 합해 만든 글자이다.

활용어 **神仙**(신선), **仙女**(선녀)

丿 亻 亻 仙 仙

한자쓰기

仙							

96

善

착할, 잘할 **선**

부 口(입 구)

획 총12획

'부드러운 말'의 뜻을 나타내기 위해, '행복'을 상징하는 '羊(양 양)'에 '誩(다투어 말할 경)'을 합해 만든 글자이다. 본뜻에서 확대되어 '좋게 하다', '착하다', '훌륭하다'라는 뜻으로 널리 쓰이게 되었다.

활용어 **善良**(선량), **改善**(개선)

반의어 **惡**(악할 악)

한자 성어 **多多益善**(다다익선), **善男善女**(선남선녀)

丶 丷 䒑 䒑 䒑 羊 羊 羊 善 善 善 善

한자쓰기

善							

97

說

말씀 **설**

부 言(말씀 언)
획 총14획

'말하다'라는 뜻을 나타내기 위해, 뜻부분인 '言(말씀 언)'에 음부분인 '兌(기쁠 열)'을 더해 만든 글자이다. 본뜻에서 확대되어 '달래다', '기뻐하다'라는 뜻으로 널리 쓰이게 되었다.

활용어 **說明**(설명), **說話**(설화)

유의어 **言**(말씀 언), **話**(말씀 화), **語**(말씀 어), **談**(말씀 담)

한자 성어 **甘言利說**(감언이설), **語不成說**(어불성설), **說往說來**(설왕설래)

한자쓰기

說							

간체자 **说** shuō 말하다 / 총9획

간체자쓰기

说							

98

舌

혀 **설**

부 舌(혀 설)
획 총6획

'혀'를 나타내기 위해, 입에서 혀를 내민 모습을 본떠 만든 글자이다. 본뜻에서 확대되어 '말'을 뜻하기도 한다. 부수자이다.

활용어 **口舌**(구설), **舌戰**(설전)

한자쓰기

舌							

99

星

별 **성**

부 日(날 일)

획 총9획

'별'을 나타내기 위해, 반짝반짝 빛나는 별모양을 본뜬 '晶(맑을 정)'에 음부분인 '生(날 생)'을 더해 만든 글자이다.

활용어 **星雲**(성운), **行星**(행성), **流星**(유성)

한자쓰기

丶 口 日 日 戸 旦 旦 星 星

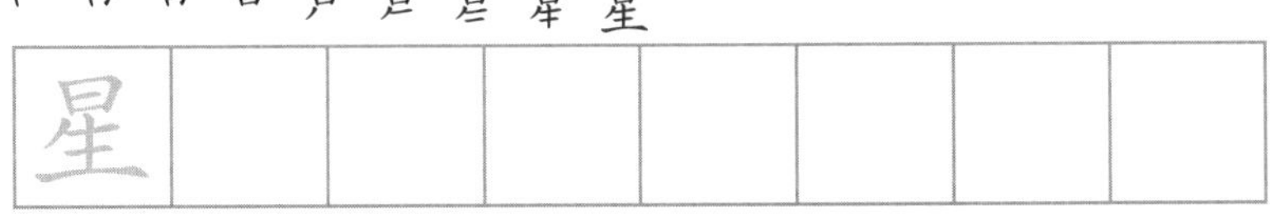

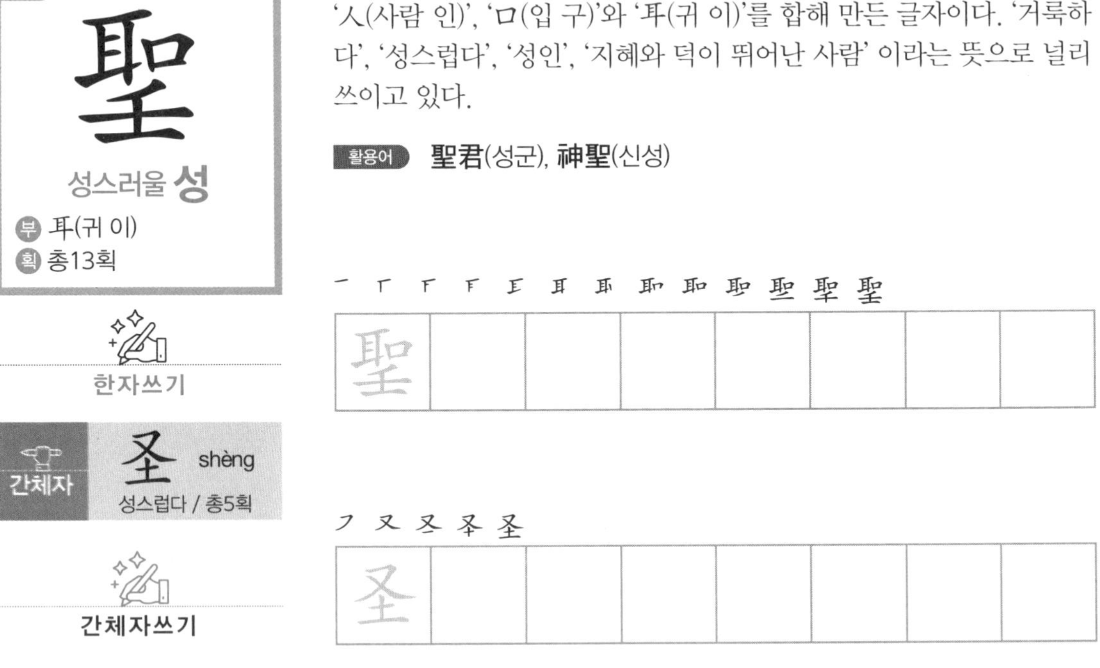

100

聖

성스러울 **성**

부 耳(귀 이)

획 총13획

'학문이나 기술 방면에 남보다 훨씬 뛰어난 사람'을 나타내기 위해, '人(사람 인)', '口(입 구)'와 '耳(귀 이)'를 합해 만든 글자이다. '거룩하다', '성스럽다', '성인', '지혜와 덕이 뛰어난 사람' 이라는 뜻으로 널리 쓰이고 있다.

활용어 **聖君**(성군), **神聖**(신성)

한자쓰기

一 丅 下 F 王 耳 耳 耳 耶 耶 聖 聖 聖

간체자 圣 shèng 성스럽다 / 총5획

간체자쓰기

フ 又 圣 圣 圣

복습하기 05

❶ 다음 한자의 뜻과 음을 쓰세요.

(1) 鼻 (　　　　　)　(2) 貧 (　　　　　)

(3) 査 (　　　　　)　(4) 常 (　　　　　)

(5) 序 (　　　　　)　(6) 鮮 (　　　　　)

(7) 船 (　　　　　)　(8) 仙 (　　　　　)

❷ 다음 한자어의 독음을 쓰세요.

(1) 選別 (　　　　　)　(2) 賞金 (　　　　　)

(3) 說話 (　　　　　)　(4) 流星 (　　　　　)

❸ 다음 한자의 간체자를 보기 에서 골라 쓰세요.

보기　选　圣　师　说　产　写

(1) 師 (　　　　　)　(2) 寫 (　　　　　)

(3) 產 (　　　　　)　(4) 聖 (　　　　　)

❹ 다음 뜻을 가진 사자성어를 보기 에서 골라 그 독음을 쓰세요.

보기　甘言利說　說往說來　安貧樂道

(1) 가난한 생활을 하면서도 편안한 마음으로 도(道)를 즐김.

(2) 귀가 솔깃하도록 남의 비위를 맞추거나 이로운 조건을 내세워 꾀는 말.

UNIT 06

4II급

- 한자 101~120
- 복습하기

101

盛

성할 **성**

부 皿(그릇 명)

획 총12획

'그릇에 가득 담다'라는 뜻을 나타내기 위해, 뜻부분인 '皿(그릇 명)'에 음부분인 '成(이룰 성)'을 더해 만든 글자이다. '가득하다', '채우다', '성하다'라는 뜻으로 널리 쓰이고 있다.

활용어 **盛業**(성업), **盛大**(성대)

유의어 **發**(필 발)

丿 厂 𠂆 万 成 成 成 成 盛 盛 盛 盛

한자쓰기

盛							

102

城

성 **성**

부 土(흙 토)

획 총10획

적을 막기 위해 높이 쌓은 담인 '토성'을 나타내기 위해, 뜻부분인 '土(흙 토)'에 음부분인 '成(이룰 성)'을 더해 만든 글자이다. '성곽', '성벽으로 둘러싼 지역', '도읍'을 뜻하는 글자로 널리 쓰이게 되었다.

활용어 **土城**(토성), **不夜城**(불야성)

한자 성어 **牙城**(아성), **萬里長城**(만리장성), **金城千里**(금성천리)

一 十 土 圠 圹 圹 坂 城 城 城

한자쓰기

城							

103 誠

정성 **성**

부 言(말씀 언)
획 총14획

'진심이 담긴 말'을 나타내기 위해, 뜻부분인 '言(말씀 언)'에 음부분인 '成(이룰 성)'을 더해 만든 글자이다. 본뜻에서 확대되어 '정성', '순수한 마음', '공경하다'라는 뜻으로 널리 쓰이게 되었다.

활용어 **誠實**(성실), **孝誠**(효성)

한자 성어 **犬馬之誠**(견마지성), **至誠感天**(지성감천)

한자쓰기

` 亠 亠 亠 言 言 言 訁 訂 訪 訪 誠 誠 誠

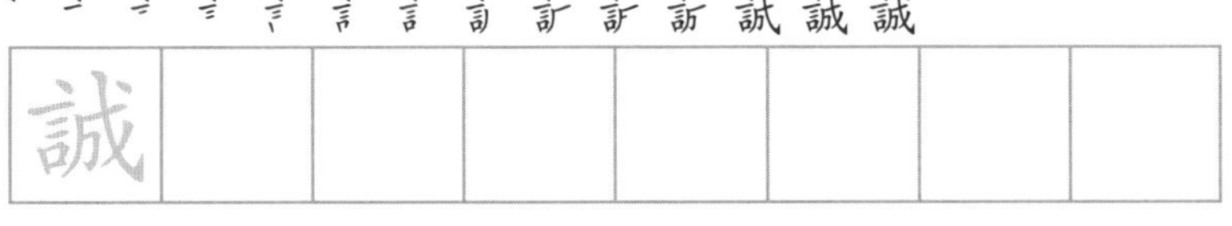

간체자 **诚** chéng 성실하다 / 총8획

간체자쓰기

` 讠 讠 讠 讠 诚 诚 诚

104 勢

형세 **세**

부 力(힘 력)
획 총13획

'권력과 지위를 잡은 힘'을 나타내기 위해, 뜻부분인 '力(힘 력)'에 음부분인 '埶(심을 예)'를 더해 만든 글자이다. 본뜻에서 확대되어 '형세', '권세', '세력' 등의 뜻으로 널리 쓰이고 있다.

활용어 **勢力**(세력), **形勢**(형세), **大勢**(대세)

한자쓰기

一 十 土 夫 夫 夫 坴 坴 坴 埶 埶 勢 勢

간체자 **势** shì 기세, 세력 / 총8획

간체자쓰기

一 十 扌 扌 执 执 势 势

105

歲

해 **세**

부 止(그칠 지)
획 총13획

본래는 '도끼'를 나타내기 위해, 자루가 길고 날이 큰 도끼 모양을 본떠 만든 글자였다. 후에 '1년'을 뜻하는 단어로 빌어 쓰이자 뜻을 강조하기 위해 '步(걸음 보)'를 덧붙여 지금의 글자 모양이 되었다. '1년'이라는 뜻에서 확대되어 '세월', '나이'라는 뜻으로 널리 쓰이고 있다.

활용어 **歲月**(세월), **萬歲**(만세)

한자 성어 **歲寒三友**(세한삼우), **千秋萬歲**(천추만세)
萬歲同樂(만세동락), **歲月如流**(세월여류)

한자쓰기

歲

간체자 岁 suì
세, 해 / 총6획

간체자쓰기

岁

106

束

묶을 **속**

부 木(나무 목)
획 총7획

'다발'이라는 뜻을 나타내기 위해, '木(나무 목)'과 '口(묶은 모양)'을 합해 만든 글자이다. 본뜻에서 확대되어 '묶다', '매다'라는 뜻으로 널리 쓰인다.

활용어 **約束**(약속), **團束**(단속)

한자 성어 **束手無策**(속수무책)

한자쓰기

束

107

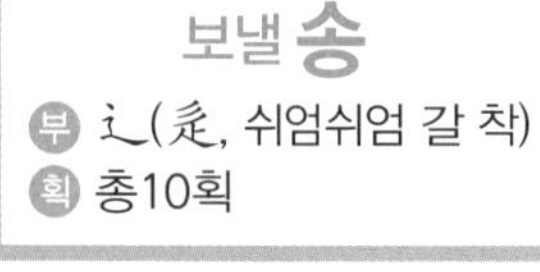

보낼 **송**

부 辶(辵, 쉬엄쉬엄 갈 착)

획 총10획

'먼 길 떠나는 사람을 배웅하다, 전송하다'라는 뜻을 나타내기 위해 '辶(쉬엄쉬엄 갈 착)'과 '양손에 등불을 들고 있는 모습(𢍜)'을 합해 만든 글자이다. 본뜻에서 확대되어 '물건을 보내다', '부치다', '이별하다' 등의 뜻으로 쓰인다.

활용어 **送別會**(송별회), **運送**(운송)

한자 성어 **送舊迎新**(송구영신)

한자쓰기

送

送							

간체자 送 sòng

보내다, 주다 / 총9획

간체자쓰기

送

送							

108

지킬 **수**

부 宀(집 면)

획 총6획

'직무에 따라 일하다'라는 뜻을 나타내기 위해, '宀(집 면)'과 '寸(마디 촌)'을 합해 만든 글자이다. 후에 확대되어 '(약속이나 규정을) 지키다', '수비하다', '곁에서 돌보다' 등의 뜻으로 쓰이고 있다.

활용어 **守備**(수비), **固守**(고수)

유의어 **保**(지킬 보)

한자 성어 **守株待兎**(수주대토)

한자쓰기

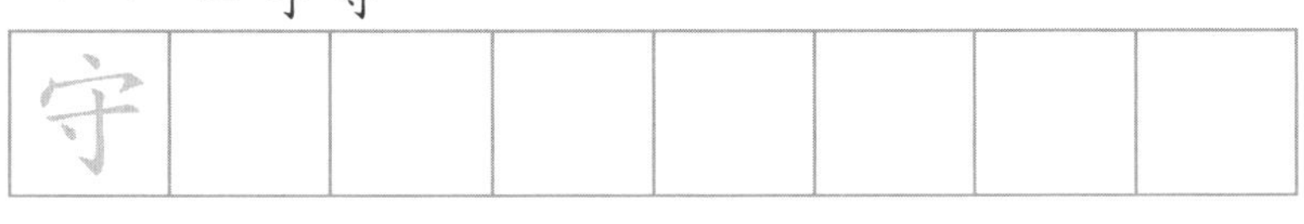

109 視

볼(보다) **시**

부 見(볼 견)

획 총12획

'쳐다보다'라는 뜻을 나타내기 위해, 뜻부분인 '見(볼 견)'에 음부분인 '示(보일 시)'를 더해 만든 글자이다. '示'는 뜻도 겸하고 있다.

활용어 **視力**(시력), **視線**(시선), **監視**(감시)

한자 성어 **度外視**(도외시), **白眼視**(백안시)

한자쓰기

간체자 **视** shì 보다, 대하다 / 총8획

간체자쓰기

110 試

시험 **시**

부 言(말씀 언)

획 총13획

'살펴서 말하다', '수준이나 정도를 일정한 절차에 따라 알아보다'라는 뜻을 나타내기 위해, 뜻부분인 '言(말씀 언)'에 음부분인 '式(법 식)'을 더해 만든 글자이다. 본뜻에서 확대되어 '시험 삼아 해 보다', '재다', '시험'이라는 뜻으로 널리 쓰이고 있다.

활용어 **試食**(시식), **試驗**(시험), **入試**(입시)

한자쓰기

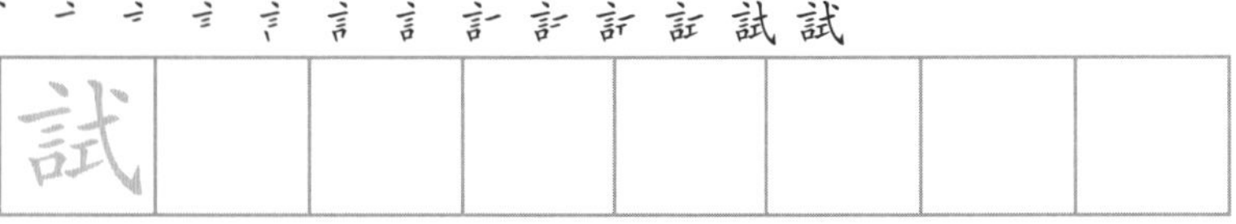

간체자 **试** shì 시험하다, 측정하다 / 총8획

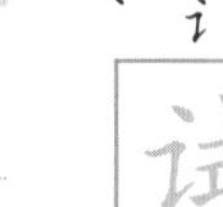

간체자쓰기

111

是

옳을 **시**

부 日(해 일)

획 총9획

한자쓰기

'똑바로', '바르고 확실하다'라는 뜻을 나타내기 위해, '日(해 일)'과 '正(바를 정)'을 합해 만든 글자이다. 후에 '이것', '옳다', '바로잡다'라는 뜻으로 확대되어 쓰이게 되었다.

활용어 **是正**(시정), **是非**(시비), **必是**(필시)

유의어 **可**(옳을 가)

반의어 **非**(아닐 비)

한자 성어 **實事求是**(실사구시)

丨 冂 日 日 旦 早 早 昰 是

是							

112

辛

매울, 여덟째 천간 **신**

부 辛(매울 신)

획 총7획

한자쓰기

본래는 죄인의 얼굴에 먹실을 넣는 형벌을 가할 때 쓰는 '뾰족한 바늘(칼)' 모양을 본떠 만든 글자이다. 후에 '맵다', '고통' 등의 뜻으로 확대되어 쓰이게 되었다. 또 '여덟 번째 천간'을 나타낼 때도 쓰인다. 부수자이며, 이때는 '형벌'을 뜻한다.

활용어 **香辛料**(향신료)

유의어 **苦**(쓸 고)

한자 성어 **千辛萬苦**(천신만고)

丶 亠 亠 立 立 辛 辛

辛							

113

氏

성씨 **씨**, 나라 이름 **지**

부 氏(성씨 씨)

획 총4획

손에 씨앗을 들고 있는 사람의 모습을 본떠 만든 글자이다. 본뜻인 '손에 들다'라는 의미보다는 '씨족', '성씨'의 뜻으로 더 널리 쓰이게 되었다.

활용어 **氏族**(씨족), **姓氏**(성씨)

한자쓰기

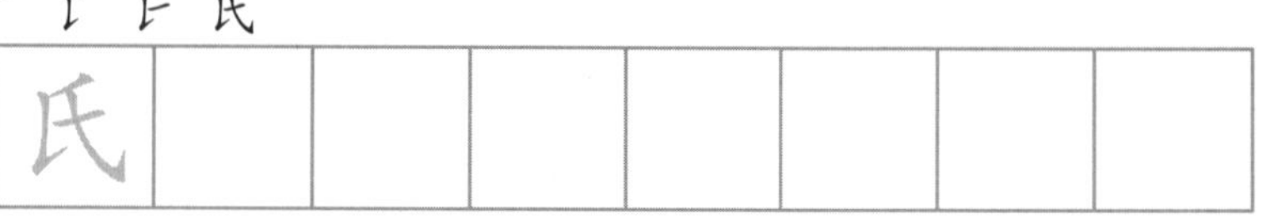

114

惡

나쁠, 악할 **악**, 미워할, 싫을 **오**

부 心(마음 심)

획 총12획

'잘못'을 나타내기 위해, 뜻부분인 '心(마음 심)'에 음부분인 '亞(버금 아)'를 더해 만든 글자이다. 후에 '악하다', '나쁘다'라는 뜻으로 널리 쓰이게 되었다. '미워하다', '헐뜯다'라는 뜻으로 쓰일 때는 '오'로 읽는다.

활용어 **惡談**(악담), **善惡**(선악), **惡寒**(오한), **好惡**(호오)

유의어 **凶**(흉할 흉)

반의어 **善**(착할 선), **好**(좋을 호)

한자 성어 **惡衣惡食**(악의악식), **極惡無道**(극악무도)

한자쓰기

간체자 恶 è, wù

악행, 싫어하다 / 총10획

간체자쓰기

115

眼

눈 **안**

부 目(눈 목)

획 총11획

한자쓰기

'눈동자'를 나타내기 위해, 뜻부분인 '目(눈 목)'에 음부분인 '艮(그칠 간)'을 더해 만든 글자이다. 본뜻에서 확대되어 일반적으로 '눈'을 가리키는 글자로 쓰이고 있다.

활용어 **眼目**(안목), **血眼**(혈안)

유의어 **目**(눈 목)

한자 성어 **眼下無人**(안하무인), **千里眼**(천리안), **靑眼視**(청안시)
白眼視(백안시)

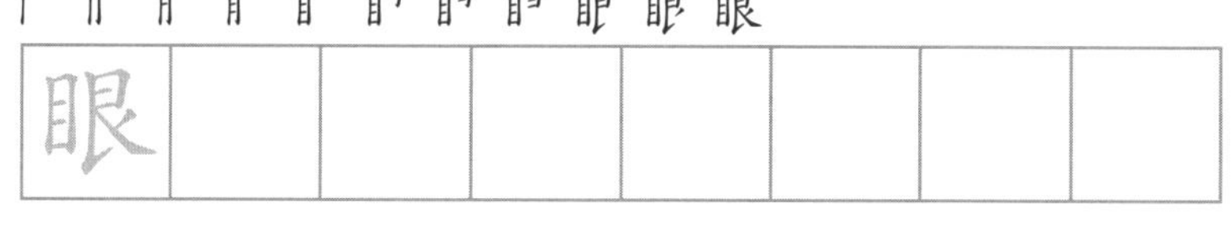

116

案

책상, 생각 **안**

부 木(나무 목)

획 총10획

한자쓰기

나무로 만든 '직사각형 모양의 탁자'를 나타내기 위해, 뜻부분인 '木(나무 목)'에 음부분인 '安(편안할 안)'을 더해 만든 글자이다. 본뜻보다 '문서', '생각하다', '자세히 알려주다'라는 뜻으로 널리 쓰이고 있다.

활용어 **案件**(안건), **考案**(고안)

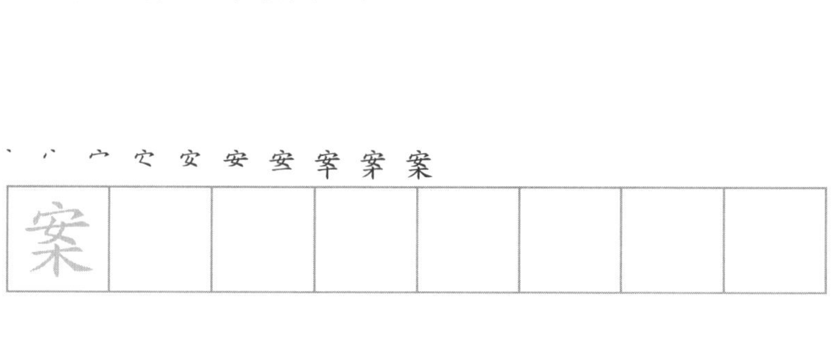

117

暗

어두울 **암**

부 日(날 일)
획 총13획

'어둡다'라는 뜻을 나타내기 위해, 뜻부분인 '日(해 일)'에 음부분인 '音(소리 음)'을 더해 만든 글자이다. 본뜻에서 확대되어 '몰래'라는 뜻으로도 널리 쓰이고 있다.

활용어 **暗示**(암시), **明暗**(명암)
반의어 **明**(밝을 명)

한자쓰기

暗							

118

若

만약 **약**, 반야 **야**

부 艹(艸, 풀 초)
획 총9획

'유순하다', '순종하다'라는 뜻을 나타내기 위해, 여인이 앉아서 양손으로 머리를 빗는 모습을 본떠 만든 글자이다. 여기에 '요구를 들어주다'라는 의미를 강조하기 위해 '口(입 구)'가 덧붙여 쓰이게 되었다. 후에 '같다', '만일'을 나타내는 글자로 자주 쓰이게 되면서 지금까지도 이 뜻으로 쓰이고 있다. 불교 용어로 쓰일 때는 '야'로 읽는다.

활용어 **若干**(약간), **萬若**(만약)
한자 성어 **明若觀火**(명약관화)

한자쓰기

若							

119

'묶다'라는 뜻을 나타내기 위해, 뜻부분인 '糸(실 사)'에 음부분인 '勺(구기 작)'을 더해 만든 글자이다. 본뜻에서 확대되어 '맺다', '약속하다', '구속하다'라는 뜻으로 쓰인다.

활용어 **約束**(약속), **節約**(절약)

유의어 **束**(묶을 속)

한자 성어 **金石之約**(금석지약)

한자쓰기

간체자 约 yuē 약속하다, 초대하다 / 총6획

간체자쓰기

120

養

기를 양

부 食(먹을 식)

획 총15획

'양을 치다'라는 뜻을 나타내기 위해, '羊(양 양)'과 '攵(攴, 칠 복)'을 합해 만든 글자이다. 후에 본뜻이 '기르다'라는 뜻으로 확대되면서 '羊(양 양)'과 '食(먹을 식)'을 더한 구조로 바뀌어 지금의 글자 모양이 되었다.

활용어 **養成**(양성), **養育**(양육), **教養**(교양), **奉養**(봉양)

유의어 **育**(기를 육)

한자 성어 **養虎遺患**(양호유환)

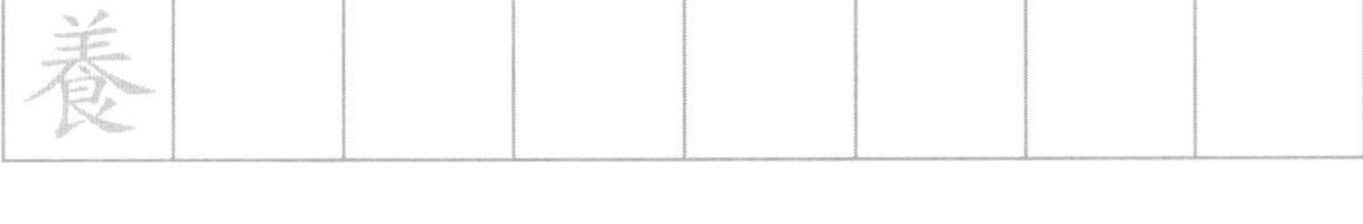

한자쓰기

간체자 养 yǎng 먹여 살리다, 기르다 / 총9획

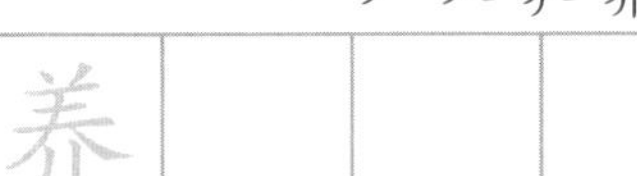

간체자쓰기

복습하기 06

1 다음 한자의 뜻과 음을 쓰세요.

(1) 盛 (　　　　　)　(2) 城 (　　　　　)

(3) 勢 (　　　　　)　(4) 束 (　　　　　)

(5) 送 (　　　　　)　(6) 守 (　　　　　)

(7) 辛 (　　　　　)　(8) 氏 (　　　　　)

2 다음 한자어의 독음을 쓰세요.

(1) 誠實 (　　　　　)　(2) 視線 (　　　　　)

(3) 萬若 (　　　　　)　(4) 考案 (　　　　　)

3 다음 한자의 간체자를 보기 에서 골라 쓰세요.

보기	岁	恶	诚	养	视	试

(1) 歲 (　　　　　)　(2) 試 (　　　　　)

(3) 惡 (　　　　　)　(4) 養 (　　　　　)

4 다음 뜻을 가진 사자성어를 보기 에서 골라 그 독음을 쓰세요.

보기	眼下無人	至誠感天	千辛萬苦

(1) 지극한 정성에는 하늘도 감동한다는 뜻으로, 무엇이든 정성껏 하면 하늘이 움직여 좋은 결과를 맺는다는 말.

____

(2) 눈 아래에 사람이 없다는 뜻으로, 방자하고 교만하여 다른 사람을 업신여김을 이르는 말.

____

UNIT 07

4II급

- 한자 121~140
- 복습하기

121

熱

더울 **열**

부 灬(火, 불 화)

획 총15획

'덥다'라는 뜻을 나타내기 위해, 뜻부분인 '灬(불 화)'에 음부분인 '埶(심을 예)'를 더해 만든 글자이다. '덥다', '따뜻하다', '성하다', '뜨겁다'라는 뜻으로 쓰인다.

활용어 **熱誠**(열성), **熱量**(열량), **溫熱**(온열)

유의어 **溫**(따뜻할 온)

반의어 **冷**(찰 랭), **寒**(찰 한)

한자쓰기

一 十 土 夫 夫 坴 坴 坴 坴 埶 埶 埶 熱 熱 熱

熱							

간체자 热 rè 열, 덥다 / 총10획

간체자쓰기

一 十 扌 扌 执 执 执 执 热 热

热							

122

葉

잎 **엽**

부 艹(艸, 풀 초)

획 총13획

'나뭇가지에 매달린 나뭇잎'을 나타내기 위해, '나뭇가지' 모양을 뜻하는 '世(세상 세)'와 '木(나무 목)'을 합해 만든 글자이다. 후에 뜻을 강조하기 위해, '艹(풀 초)'를 더해 지금의 글자 모양으로 바뀌었다. 지금도 '잎사귀'라는 뜻으로 널리 쓰이고 있다.

활용어 **葉書**(엽서), **末葉**(말엽)

한자 성어 **一葉知秋**(일엽지추), **秋風落葉**(추풍낙엽)

한자쓰기

丶 丷 䒑 艹 芒 芒 苹 苹 苹 華 華 葉 葉

葉							

간체자 叶 yè 잎 / 총5획

간체자쓰기

丨 冂 口 口一 叶

叶							

123 屋

집 **옥**

부 尸(주검 시)

획 총9획

'움막의 지붕'을 나타내기 위해, '尸(주검 시)'와 '至(이를 지)'를 합해 만든 글자이다. 후에 본래의 뜻이 확장되어 일반적인 '집'을 나타내게 되었다.

활용어 **屋上**(옥상), **家屋**(가옥)

한자 성어 **三間草屋**(삼간초옥)

한자쓰기

ㄱ ㄱ 尸 尸 屋 屋 屋 屋 屋

屋							

124 完

완전할 **완**

부 宀(집 면)

획 총7획

'집을 다 짓다'라는 뜻을 나타내기 위해, 뜻부분인 '宀(집 면)'에 음부분인 '元(으뜸 원)'을 더해 만든 글자이다. 본뜻에서 확대되어 '갖추다', '완전하다'라는 뜻으로 널리 쓰이게 되었다.

활용어 **完成**(완성), **完全**(완전)

유의어 **全**(온전 전)

한자쓰기

丶 丶 宀 宀 宀 宀 完

完							

125

往

갈 (가다) **왕**

부 彳(조금 걸을 척)

획 총8획

본래는 '가다'라는 뜻을 나타내기 위해, 뜻부분인 '止(발 지)'에 음부분인 '王(임금 왕)'을 더해 만든 글자였다. 후에 글자 모양이 '主(주인 주)'형태로 바뀌자 뜻을 강조하기 위해, '彳(조금 걸을 척)'을 더해 지금의 모양이 되었다. 지금도 '가다'라는 뜻으로 널리 쓰이고 있다.

활용어 **往來**(왕래), **往年**(왕년)

반의어 **來**(올 래)

한자 성어 **說往說來**(설왕설래), **右往左往**(우왕좌왕)

한자쓰기

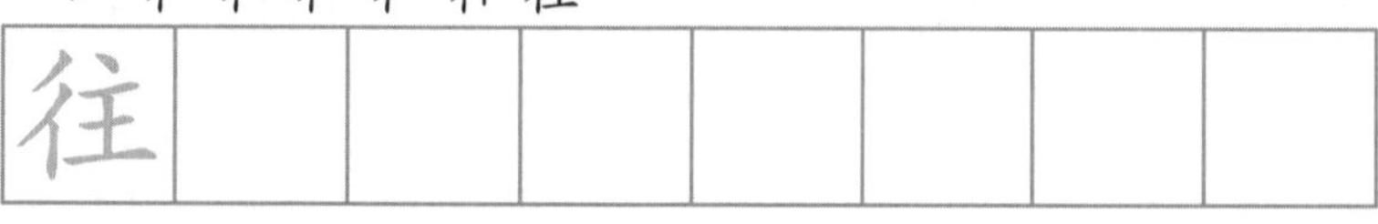

126

浴

목욕할 **욕**

부 氵(水, 물 수)

획 총10획

'몸을 씻다'라는 뜻을 나타내기 위해, 뜻부분인 '氵(물 수)'에 음부분인 '谷(골 곡)'을 더해 만든 글자이다. 지금은 '沐(목욕할 목)'과 함께 일반적인 뜻인 '씻다'로 쓰이고 있다.

활용어 **浴室**(욕실), **沐浴**(목욕), **日光浴**(일광욕)

유의어 **沐**(머리 감을 목)

한자쓰기

127

雨

비 우

부 雨(비 우)

획 총8획

한자쓰기

'비'라는 뜻을 나타내기 위해, 하늘에 매달린 구름에서 빗방울이 떨어지는 모습을 본떠 만든 글자이다. '비', '기상현상'과 관련된 단어에 자주 쓰인다. 부수자이다.

활용어 **雨天**(우천), **雨期**(우기) **降雨**(강우)

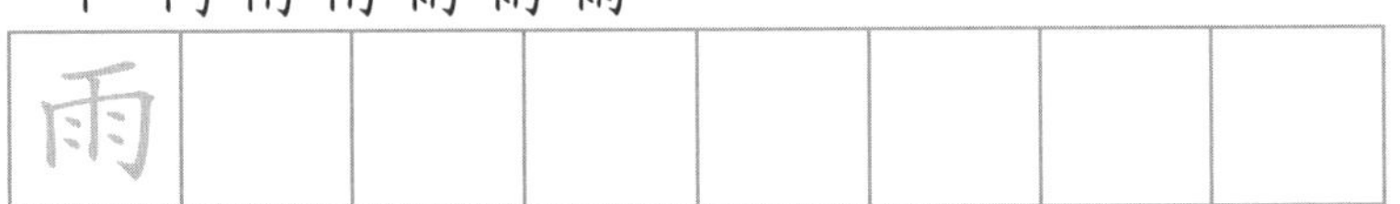

128

雄

수컷, 씩씩할 웅

부 隹(새 추)

획 총12획

한자쓰기

'새의 수컷'을 나타내기 위해, 뜻부분인 '隹(새 추)'에 음부분인 '厷(팔뚝 굉)'을 더해 만든 글자이다. 본뜻에서 확대되어 '뛰어나다', '씩씩하다'라는 뜻으로도 쓰인다.

활용어 **英雄**(영웅), **雄大**(웅대)

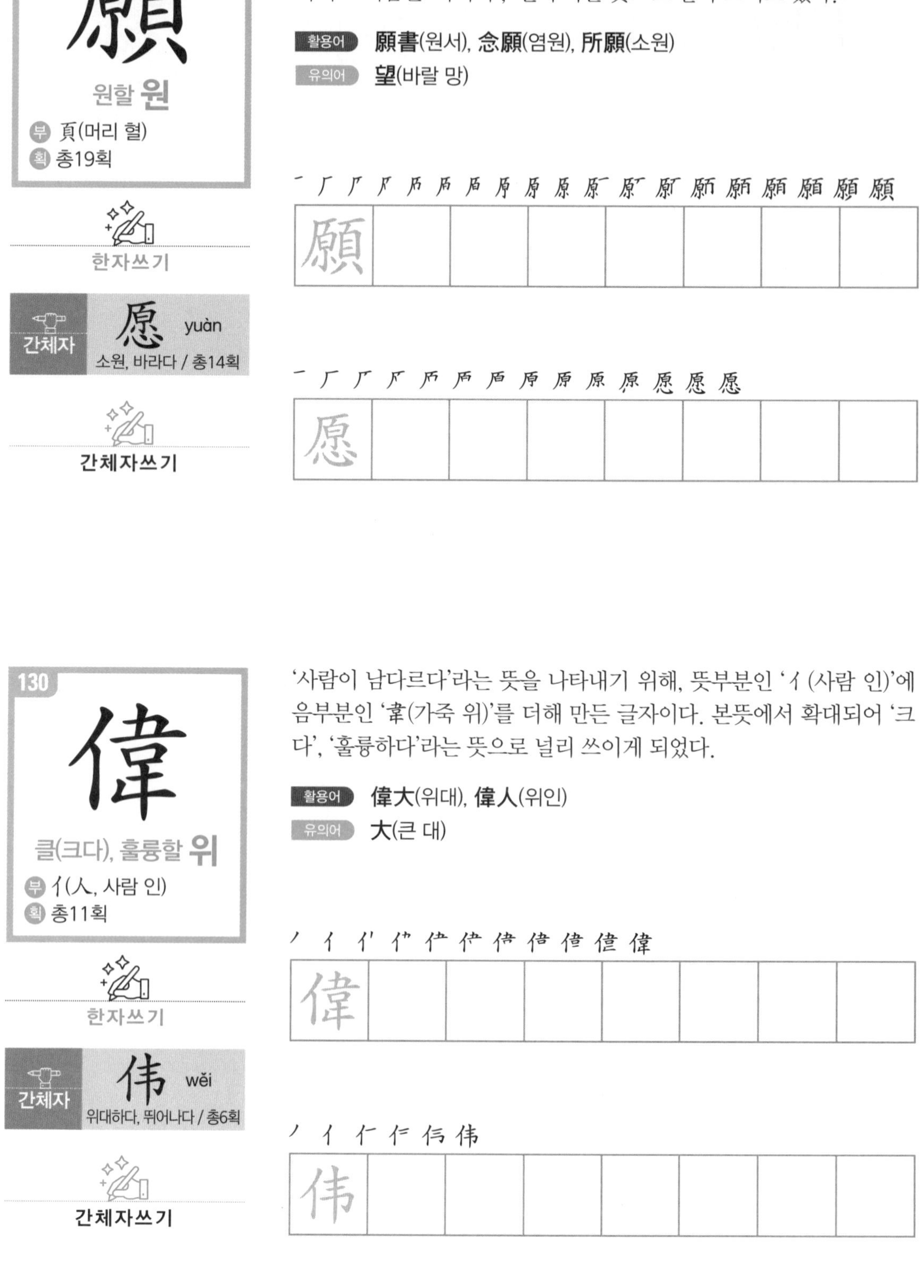

129

願

원할 **원**

부 頁(머리 혈)
획 총19획

본래는 '머리가 커지다'라는 뜻을 나타내기 위해, 뜻부분인 '頁(머리 혈)'에 음부분인 '原(언덕 원)'을 더해 만든 글자이다. 본뜻은 거의 사라지고 지금은 '바라다', '빌다'라는 뜻으로 널리 쓰이고 있다.

활용어 **願書**(원서), **念願**(염원), **所願**(소원)
유의어 **望**(바랄 망)

한자쓰기

간체자 愿 yuàn 소원, 바라다 / 총14획

간체자쓰기

130

偉

클(크다), 훌륭할 **위**

부 亻(人, 사람 인)
획 총11획

'사람이 남다르다'라는 뜻을 나타내기 위해, 뜻부분인 '亻(사람 인)'에 음부분인 '韋(가죽 위)'를 더해 만든 글자이다. 본뜻에서 확대되어 '크다', '훌륭하다'라는 뜻으로 널리 쓰이게 되었다.

활용어 **偉大**(위대), **偉人**(위인)
유의어 **大**(큰 대)

한자쓰기

간체자 伟 wěi 위대하다, 뛰어나다 / 총6획

간체자쓰기

131

爲

할(하다) **위**

부 爫(爪, 손톱 조)

획 총12획

'길들이다'라는 뜻을 나타내기 위해, 손으로 코끼리의 코를 잡고 부리는 모습을 본떠 만든 글자이다. 본뜻에서 확대되어 '하다', '만들다'라는 뜻으로 쓰이게 되었다.

활용어 **爲主**(위주), **行爲**(행위), **人爲**(인위)

한자 성어 **無爲自然**(무위자연), **無所不爲**(무소불위)

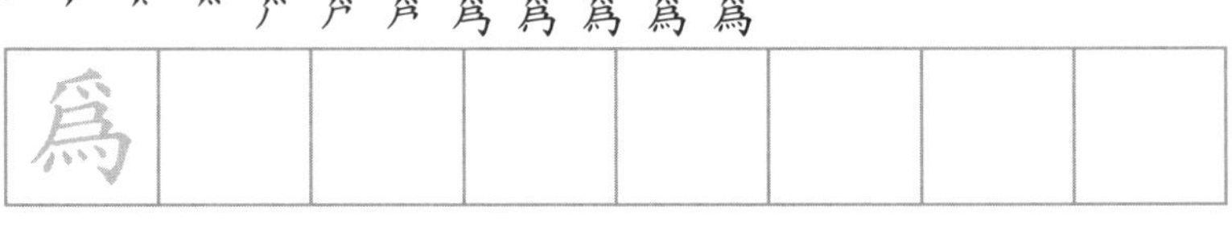

한자쓰기

간체자 **为** wèi, wéi 하다, 위하여 / 총4획

丶 丿 为 为

간체자쓰기

132

恩

은혜 **은**

부 心(마음 심)

획 총10획

'타인이 베푼 따뜻한 사랑'을 나타내기 위해, 뜻부분인 '心(마음 심)'에 음부분인 '因(인할 인)'을 더해 만든 글자이다. 지금도 '은혜'라는 뜻으로 쓰인다.

활용어 **恩人**(은인), **恩德**(은덕)

유의어 **惠**(은혜 혜)

한자 성어 **結草報恩**(결초보은)

丨 冂 冂 円 因 因 恩 恩 恩 恩

한자쓰기

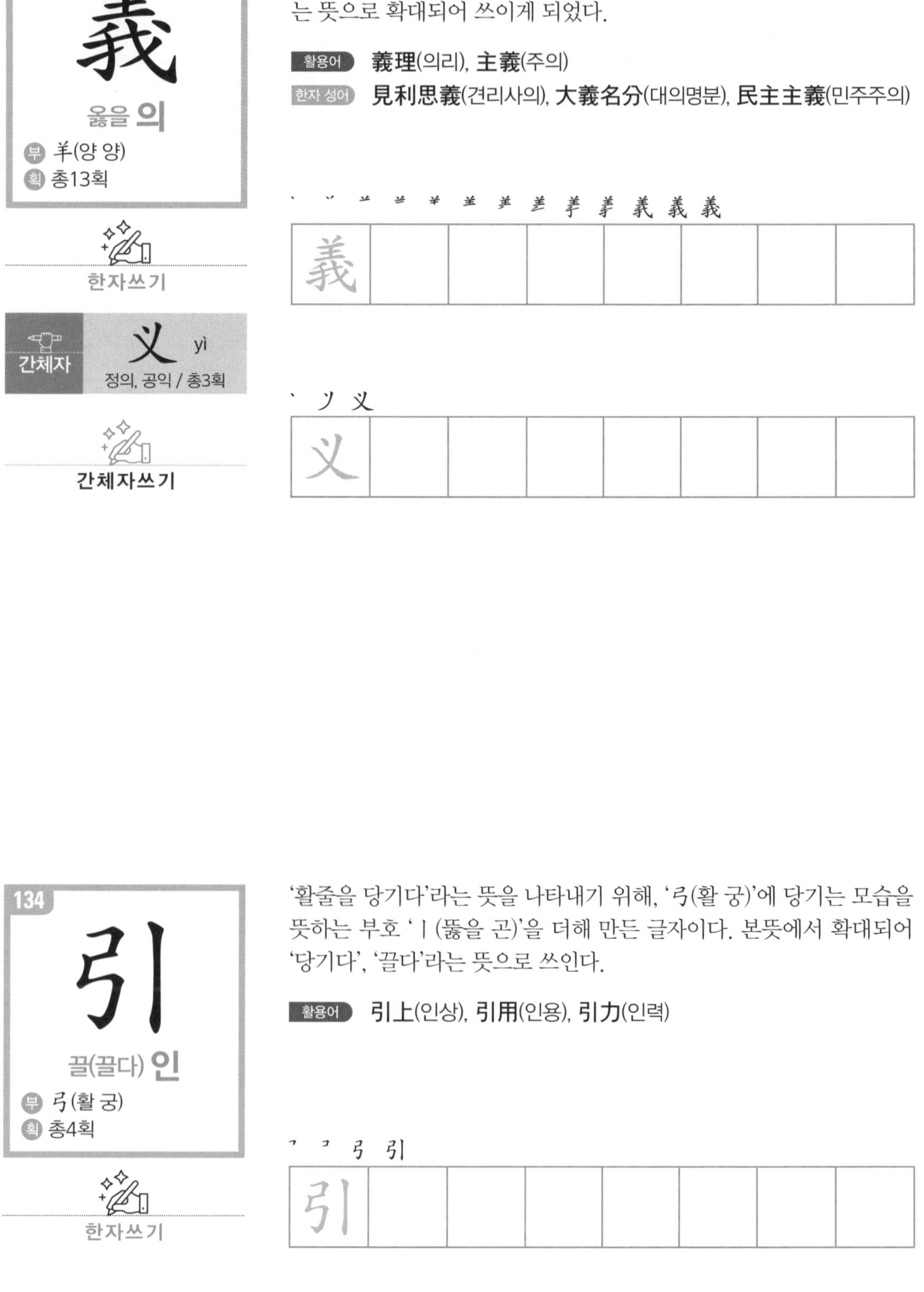

133

義

옳을 **의**

부 羊(양 양)

획 총13획

한자쓰기

간체자 **义** yì

정의, 공익 / 총3획

간체자쓰기

'위엄'을 나타내기 위해, '무기' 모양을 본뜬 '我(나 아)'와 '양뿔 장식'을 뜻하는 '羊(양 양)'을 합해 만든 글자이다. 후에 '의식', '뜻', '옳다'라는 뜻으로 확대되어 쓰이게 되었다.

활용어 **義理**(의리), **主義**(주의)

한자 성어 **見利思義**(견리사의), **大義名分**(대의명분), **民主主義**(민주주의)

134

引

끌(끌다) **인**

부 弓(활 궁)

획 총4획

한자쓰기

'활줄을 당기다'라는 뜻을 나타내기 위해, '弓(활 궁)'에 당기는 모습을 뜻하는 부호 '丨(뚫을 곤)'을 더해 만든 글자이다. 본뜻에서 확대되어 '당기다', '끌다'라는 뜻으로 쓰인다.

활용어 **引上**(인상), **引用**(인용), **引力**(인력)

135

仁

어질 **인**

부 亻(人, 사람 인)

획 총4획

한자쓰기

'타인과 더불어 친하다'라는 뜻을 나타내기 위해, '亻(사람 인)'과 '二(두 이)'를 합해 만든 글자이다. 본뜻에서 확대되어 '어질다'라는 뜻으로 널리 쓰이고 있다.

활용어 **仁術**(인술), **仁義**(인의)

유의어 **良**(어질 량), **賢**(어질 현)

丿 亻 仁 仁

仁							

136

姉

손위 누이 **자**

부 女(여자 녀)

획 총8획(총8획)

한자쓰기

'손윗누이'를 나타내기 위해, 뜻부분인 '女(여자 녀)'에 음부분으로 쓰이는 나머지 요소를 더해 만든 글자이다. 지금도 '손윗누이'라는 뜻으로 쓰인다.

활용어 **姉妹**(자매), **兄弟姉妹**(형제자매)

유의어 **妹**(손아래 누이 매)

𡿨 女 女 女 女 女 姉 姉

姉							

137

將

장수, 장차 **장**

부 寸(마디 촌)

획 총11획

‘군대의 우두머리’, ‘장수’를 나타내기 위해, 뜻부분인 ‘寸(마디 촌)’에 음부분으로 쓰이는 나머지 요소를 더해 만든 글자이다. 본뜻 이외에도 ‘거느리다’, ‘앞으로’라는 뜻으로 쓰인다.

활용어 **將來**(장래), **名將**(명장)

반의어 **兵**(병사 병), **卒**(병사 졸)

한자 성어 **百戰老將**(백전노장)

한자쓰기

將

간체자 **将** jiāng

곧, 장군 / 총9획

간체자쓰기

将

138

財

재물 **재**

부 貝(조개 패)

획 총10획

‘돈’을 나타내기 위해, 뜻부분인 ‘貝(조개 패)’에 음부분인 ‘才(바탕 재)’를 더해 만든 글자이다. 본뜻에서 확대되어 화폐나 물자를 아울러 일컫는 ‘재물’을 뜻하게 되었다.

활용어 **財物**(재물), **財團**(재단)

유의어 **貨**(재물 화), **資**(재물 자)

한자쓰기

財

간체자 **财** cái

재물 / 총7획

간체자쓰기

财

139

災

재앙 **재**

부 火, 불 화

획 총7획

'재앙'을 뜻하기 위해, '수재'를 뜻하는 '巛(내 천)'과 '화재'를 뜻하는 '灾(재앙 재)'를 합해 만든 글자이다. 지금까지도 본뜻으로 쓰이고 있다.

활용어 **災害**(재해), **火災**(화재)

한자 성어 **天災地變**(천재지변)

한자쓰기

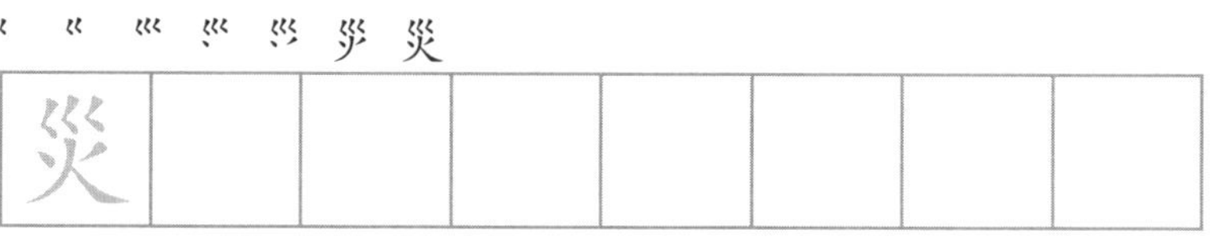

간체자 **灾** zāi 재난, 피해 / 총7획

간체자쓰기

140

爭

다툴 **쟁**

부 爫(爪, 손톱 조)

획 총8획

'다투다'라는 뜻을 나타내기 위해, '손'을 뜻하는 '爪(손톱 조)'와 'ヨ(손 모양)'에, '작대기'를 뜻하는 '亅(갈고리 궐)'을 합해 만든 글자이다. 지금까지도 '다투다'라는 뜻으로 쓰이고 있다.

활용어 **戰爭**(전쟁), **言爭**(언쟁), **戰爭**(전쟁)

유의어 **戰**(싸울 전)

한자쓰기

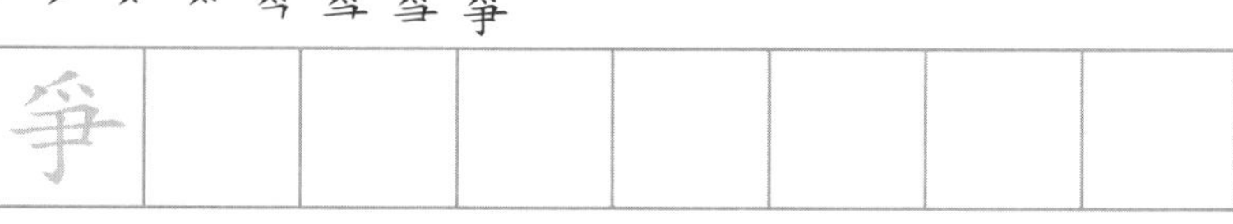

간체자 **争** zhēng 다투다, 논쟁하다 / 총6획

간체자쓰기

복습하기 07

1 다음 한자의 뜻과 음을 쓰세요.

(1) 屋 (　　　　　　)　(2) 完 (　　　　　　)

(3) 往 (　　　　　　)　(4) 浴 (　　　　　　)

(5) 願 (　　　　　　)　(6) 恩 (　　　　　　)

(7) 引 (　　　　　　)　(8) 仁 (　　　　　　)

2 다음 한자어의 독음을 쓰세요.

(1) 英雄 (　　　　　　)　(2) 姉妹 (　　　　　　)

(3) 將來 (　　　　　　)　(4) 火災 (　　　　　　)

3 다음 한자의 간체자를 보기 에서 골라 쓰세요.

보기　为　伟　争　叶　义　将

(1) 葉 (　　　　　　)　(2) 爲 (　　　　　　)

(3) 義 (　　　　　　)　(4) 爭 (　　　　　　)

4 다음 뜻을 가진 사자성어를 보기 에서 골라 그 독음을 쓰세요.

보기　秋風落葉　一葉知秋　百戰老將

(1) 하나의 나뭇잎을 보고 가을이 옴을 안다는 뜻으로, 조그마한 일을 가지고 장차 올 일을 미리 짐작함.

____

(2) 많은 전투를 치른 노련한 장수란 뜻으로, 세상일에 경험이 많아 여러 가지로 능란한 사람을 이르는 말.

____

UNIT 08

4II급

- 한자 141~160
- 복습하기

141

低

낮을 **저**

부 亻(人, 사람 인)

획 총7획

'키가 작다'라는 뜻을 나타내기 위해, 뜻부분인 '亻(사람 인)'에 음부분인 '氐(근본 저)'를 더해 만든 글자이다. 본뜻에서 확대되어 '낮다', '숙이다'라는 뜻으로 쓰이게 되었다.

활용어 **低價**(저가), **低溫**(저온)

반의어 **高**(높을 고)

한자 성어 **眼高手低**(안고수저)

한자쓰기

丿 亻 亻 仁 仛 低 低

低							

142

貯

쌓을 **저**

부 貝(조개 패)

획 총12획

'돈을 쌓아 두다'라는 뜻을 나타내기 위해, 궤짝 안에 돈이 가득 담긴 모습을 본떠 만든 글자였다. 후에 궤짝모양이 '宁(쌓을 저)'로 바뀌면서 뜻부분을 강조하기 위해, '貝(조개 패)'를 더해 지금의 글자 모양이 되었다. 지금도 '쌓다'라는 뜻으로 쓰이고 있다.

활용어 **貯金**(저금), **貯油**(저유)

유의어 **蓄**(쌓을 축)

한자쓰기

丨 冂 冃 月 目 貝 貝 貝` 貝` 貯 貯 貯

貯							

간체자 贮 zhù 저장하다 / 총8획

간체자쓰기

丨 冂 贝 贝 贝` 贝` 贮 贮

贮							

143

敵

원수 **적**

부 攵(攴, 칠 복)
획 총15획

'원수'라는 뜻을 나타내기 위해, 뜻부분인 '攵(칠 복)'에 음부분인 '啇(밑동 적)'을 더해 만든 글자이다. 지금도 '원수', '대적하다'라는 뜻으로 널리 쓰인다.

활용어 **敵手**(적수), **對敵**(대적)
한자 성어 **仁者無敵**(인자무적), **天下無敵**(천하무적)

한자쓰기

丶 亠 亠 立 产 啇 啇 啇 啇 啇 啇 敵 敵 敵 敵

敵							

간체자 **敌** dí
적, 대항하다 / 총10획

간체자쓰기

丿 二 千 千 舌 舌 舌 敌 敌 敌

敌							

144

傳

전할 **전**

부 亻(人, 사람 인)
획 총13획

본래는 '역'을 나타내기 위해, 뜻부분인 '亻(사람 인)'에 음부분인 '專(오로지 전)'을 더해 만든 글자이다. '역'을 통해 소식을 전하는 일이 많았으므로, '전하다', '배달하다'라는 뜻으로 확대되어 쓰이게 되었다.

활용어 **傳說**(전설), **口傳**(구전)
한자 성어 **父傳子傳**(부전자전)

한자쓰기

丿 亻 亻 亻 亻 亻 亻 傳 傳 傳 傳 傳 傳

傳							

간체자 **传** chuán, zhuàn
전하다, 전기 / 총6획

간체자쓰기

丿 亻 亻 亻 传 传

传							

145

節

마디 **절**

부 竹(대 죽)

획 총15획

'대나무 마디'를 나타내기 위해, 뜻부분인 '竹(대 죽)'에 음부분인 '卽(곧 즉)'을 더해 만든 글자이다. 본뜻에서 확대되어 '곧은 지조', '알맞다', '계절' 등의 뜻으로 널리 쓰이고 있다.

활용어 **節減**(절감), **調節**(조절), **季節**(계절)

유의어 **季**(철 계)

한자쓰기

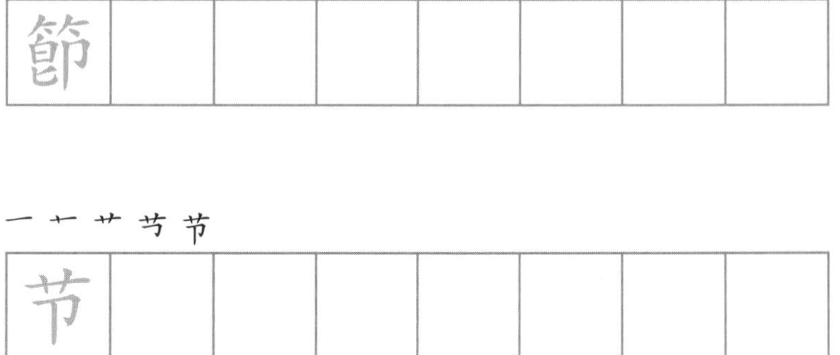

간체자 节 jié

조절하다, 마디 / 총5획

간체자쓰기

一 十 艹 节 节

节

146

店

가게 **점**

부 广(집 엄)

획 총8획

'가게'를 나타내기 위해, 뜻부분인 '广(집 엄)'에 음부분인 '占(차지할 점)'을 더해 만든 글자이다. 지금도 '가게'라는 뜻으로 쓰인다.

활용어 **書店**(서점), **本店**(본점)

한자쓰기

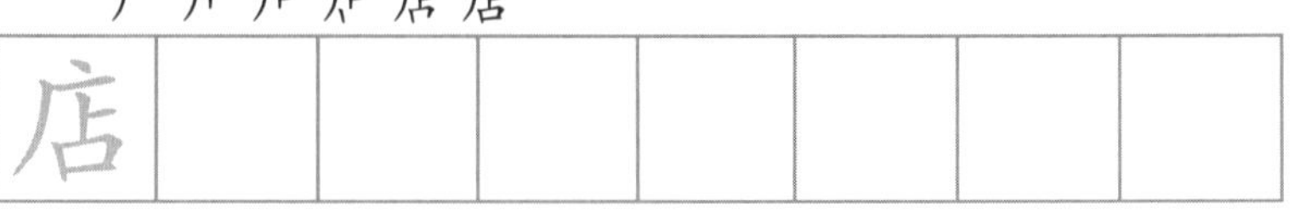

147

情

뜻 **정**

부 忄(心, 마음 심)
획 총11획

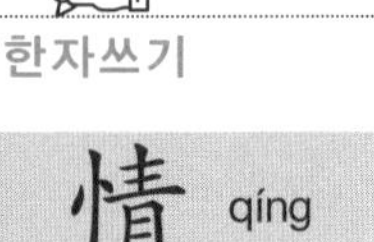

한자쓰기

간체자 情 qíng
감정, 은혜 / 총11획

간체자쓰기

'따뜻한 마음'을 나타내기 위해, 뜻부분인 '忄(마음 심)'에 음부분인 '靑(푸를 청)'을 더해 만든 글자이다. 본뜻에서 확대되어 '사랑', '실상' 등의 뜻으로 널리 쓰이고 있다.

활용어 **情報**(정보), **人情**(인정)
유의어 **意**(뜻 의), **志**(뜻 지)
한자 성어 **多情多感**(다정다감), **望雲之情**(망운지정), **溫故之情**(온고지정)

丶 丷 忄 忄 忄 忄 忄 忄 情 情 情

情							

丶 丷 忄 忄 忄 忄 忄 忄 情 情 情

情							

148

停

머무를 **정**

부 亻(人, 사람 인)
획 총11획

한자쓰기

'멈추다'라는 뜻을 나타내기 위해, 뜻부분인 '亻(사람 인)'에 음부분인 '亭(정자 정)'을 더해 만든 글자이다. 이때 '亭'은 '정자'라는 뜻이 있으므로, 뜻부분을 겸한다. 본뜻에서 확대되어 '머무르다'라는 뜻으로 널리 쓰인다.

활용어 **停車場**(정거장), **停止**(정지)
유의어 **止**(그칠 지)

丿 亻 亻 亻 亻 亻 亻 亻 亻 亻 停

停							

149

丁

장정, 넷째 천간 **정**

부 一(한 일)

획 총2획

‘못’을 나타내기 위해, 그 모양을 본떠 만든 글자이다. 후에 ‘사나이’라는 뜻으로 더 널리 쓰이게 되었다. 이후 ‘네 번째 천간’을 나타내는 글자로도 쓰이게 되었다.

• 본래 뜻인 ‘못’은 ‘金(쇠 금)’을 덧붙여 ‘釘(못 정)’을 만들어 나타냈다.

활용어 **兵丁**(병정), **白丁**(백정)

한자쓰기

一 丁

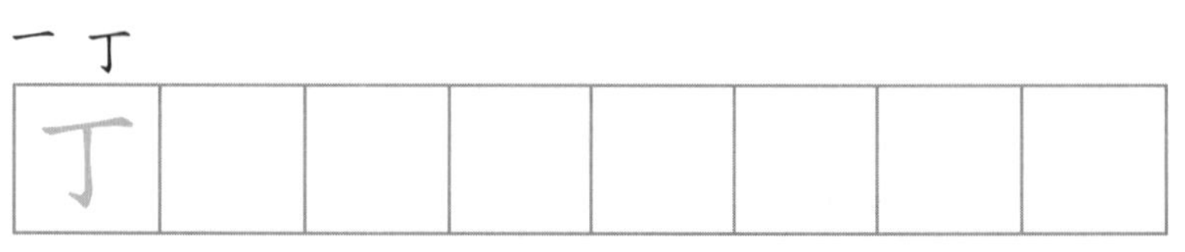

150

精

자세할 **정**

부 米(쌀 미)

획 총14획

‘곱게 쓿은 쌀’을 나타내기 위해, 뜻부분인 ‘米(쌀 미)’에 음부분인 ‘青(푸를 청)’을 더해 만든 글자이다. 본뜻에서 확대되어 ‘정하다’, ‘정신’, ‘마음’ 등의 뜻으로 널리 쓰이고 있다.

활용어 **精神**(정신), **精米所**(정미소)

한자쓰기

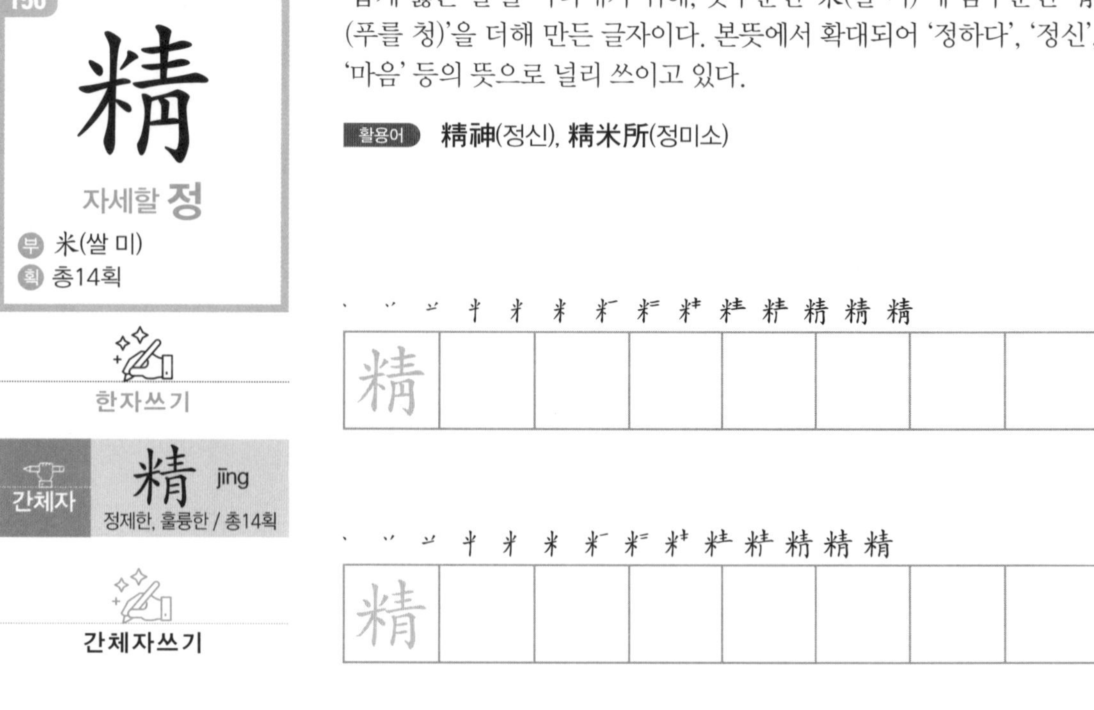

간체자 **精** jīng 정제한, 훌륭한 / 총14획

간체자쓰기

151

政

정사, 정치 **정**

부 攵(攴, 칠 복)
획 총9획

'다스리다'라는 뜻을 나타내기 위해, '正(바를 정)'과 '攵(칠 복)'을 합해 만든 글자이다. 이때 '正(정)'은 음부분을 겸한다. 본뜻에서 확대되어 '정치' 등을 뜻하는 글자로 널리 쓰이고 있다.

활용어 **政界**(정계), **政治**(정치)

한자쓰기

152

祭

제사 **제**

부 示(보일 시)
획 총11획

'제사를 지내다'라는 뜻을 나타내기 위해, '月(肉, 고기 육)'과 '又(또 우, 오른 손)', '示(보일 시)'를 합해 만든 글자이다. 지금도 '제사'라는 뜻으로 쓰인다.

활용어 **祭禮**(제례), **祝祭**(축제)

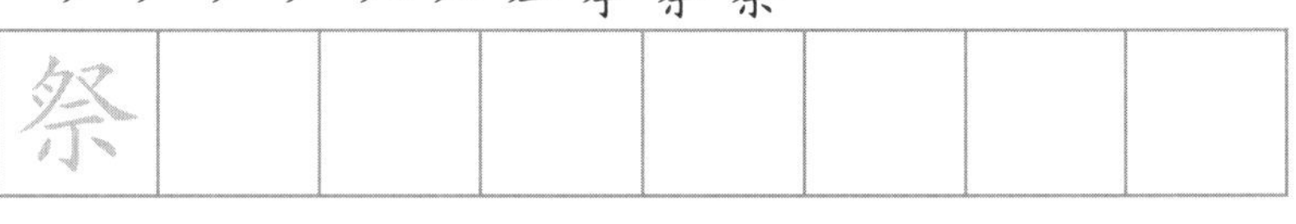

한자쓰기

153

調

고를, 조사할 **조**

부 言(말씀 언)
획 총15획

'말이 잘 어울리다'라는 뜻을 나타내기 위해, 뜻부분인 '言(말씀 언)'에 음부분인 '周(두루 주)'를 더해 만든 글자이다. 본뜻에서 확대되어 '어울리다', '고르다', '헤아리다', '가락' 등의 뜻으로 널리 쓰이고 있다.

활용어 **調停**(조정), **調和**(조화), **調査**(조사), **調節**(조절)

유의어 **和**(화할 화)

한자 성어 **雨順風調**(우순풍조)

한자쓰기

調							

간체자 **调** tiáo, diào
고르다, 가락 / 총10획

간체자쓰기

调							

154

助

도울 **조**

부 力(힘 력)
획 총7획

'남을 돕다'라는 뜻을 나타내기 위해, 뜻부분인 '力(힘 력)'에 음부분인 '且(또 차)'를 더해 만든 글자이다. 지금도 본뜻으로 널리 쓰이고 있다.

활용어 **助言**(조언), **內助**(내조), **協助**(협조)

유의어 **協**(화합할 협)

한자쓰기

助							

155

鳥

새 **조**

부 鳥(새 조)

획 총11획

‘날짐승’을 나타내기 위해, 새의 모습을 본떠 만든 글자이다. 지금도 ‘새’를 뜻하는 글자로 쓰인다. 부수자이다.

활용어 **鳥類**(조류), **吉鳥**(길조)

한자 성어 **一石二鳥**(일석이조)

한자쓰기

鳥

간체자 鸟 niǎo 새 / 총5획

간체자쓰기

鸟

156

早

이를 **조**

부 日(날 일)

획 총6획

‘이른 아침’을 뜻하기 위해, ‘日(해 일)’과 ‘甲(으뜸 갑)’을 합해 만든 글자이다. 후에 일반적인 의미의 ‘이른’을 뜻하게 되었다.

활용어 **早期**(조기), **早退**(조퇴)

한자쓰기

早

157

操

잡을 **조**

부 扌(手, 손 수)

획 총16획

'손으로 꽉 잡다'라는 뜻을 나타내기 위해, 뜻부분인 '扌(손 수)'에 음부분인 '喿(울 조, 새가 무리를 지어 울다)'를 더해 만든 글자이다. 본뜻에서 확대되어 '부리다'라는 뜻으로도 널리 쓰이고 있다.

활용어 **操心**(조심), **操作**(조작)

한자쓰기

操

158

存

있을 **존**

부 子(아들 자)

획 총6획

'아이를 불쌍히 여기다'라는 뜻을 나타내기 위해, 뜻부분인 '子(아이 자)'와 음부분인 '才(재주 재)'를 합해 만든 글자이다. 본뜻에서 확대되어 '살피다', '있다'라는 뜻으로 쓰이게 되었다.

활용어 **存在**(존재), **共存**(공존)

유의어 **在**(있을 재)

반의어 **無**(없을 무), **亡**(망할 망), **敗**(패할 패)

한자쓰기

存

159

終

마칠 **종**

부 糸(실 사)

획 총11획

본래 '끝'을 나타내기 위해 발꿈치 모양을 본떠 만든 '夂(겨울 동)'을 썼다. 후에 이것이 '겨울'이라는 뜻으로 더 널리 쓰이게 되자, 뜻을 강조하기 위해 '糸(실 사)'를 덧붙여 지금의 글자 모양이 되었다. 지금도 '끝내다', '마치다'라는 뜻으로 널리 쓰이고 있다.

활용어 **終末**(종말), **終結**(종결), **始終**(시종)

유의어 **末**(끝 말)

반의어 **始**(처음 시)

한자 성어 **始終如一**(시종여일)

한자쓰기

간체자 **终** zhōng 끝나다, 죽음 / 총8획

간체자쓰기

160

種

씨 **종**

부 禾(벼 화)

획 총14획

'씨를 뿌리다'라는 뜻을 나타내기 위해, 뜻부분인 '禾(벼 화)'에 음부분인 '重(무거울 중)'을 더해 만든 글자이다. 지금도 '파종하다'라는 뜻 이외에 '심다', '씨', '갈래'라는 뜻으로 확대되어 쓰이고 있다.

활용어 **種類**(종류), **各種**(각종), **變種**(변종)

한자쓰기

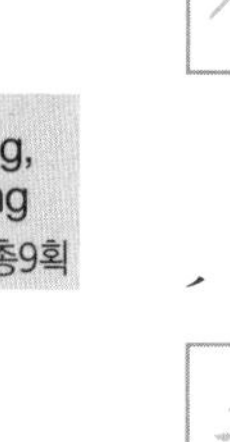

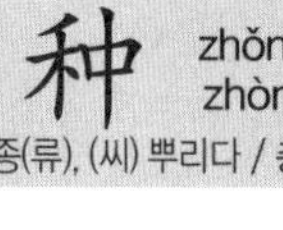

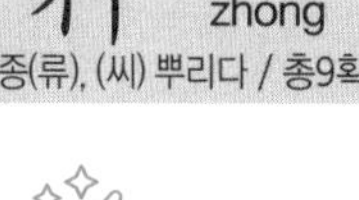

간체자 **种** zhǒng, zhòng 종(류), (씨) 뿌리다 / 총9획

간체자쓰기

복습하기 08

❶ 다음 한자의 뜻과 음을 쓰세요.

(1) 低 (　　　　　)　(2) 貯 (　　　　　)

(3) 店 (　　　　　)　(4) 停 (　　　　　)

(5) 助 (　　　　　)　(6) 政 (　　　　　)

(7) 調 (　　　　　)　(8) 助 (　　　　　)

❷ 다음 한자어의 독음을 쓰세요.

(1) 情報 (　　　　　)　(2) 精神 (　　　　　)

(3) 祝祭 (　　　　　)　(4) 操作 (　　　　　)

❸ 다음 한자의 간체자를 보기 에서 골라 쓰세요.

보기　传　敌　种　鸟　终　节

(1) 敵 (　　　　　)　(2) 鳥 (　　　　　)

(3) 傳 (　　　　　)　(4) 節 (　　　　　)

❹ 다음 뜻을 가진 사자성어를 보기 에서 골라 그 독음을 쓰세요.

보기　雨順風調　父傳子傳　仁者無敵

(1) 어진 사람은 남에게 덕을 베풂으로써 모든 사람의 사랑을 받기에 모든 사람이 사랑하므로 세상에 적이 없음.

(2) 아들의 성격이나 생활 습관 등이 아버지로부터 대물림된 것처럼 같거나 비슷함.

UNIT 09

4II급

- 한자 161~180
- 복습하기

161

坐

앉을 **좌**

부 土(흙 토)
획 총7획

한자쓰기

'앉다'라는 뜻을 나타내기 위해, '土(흙 토)'와 '从(따를 종, 두사람을 나타냄)'을 합해 만든 글자이다. 지금까지도 '앉다'라는 뜻으로 쓰이고 있다.

활용어 **坐視**(좌시), **對坐**(대좌)

반의어 **立**(설 립)

坐

162

走

달릴 **주**

부 走(달릴 주)
획 총7획

한자쓰기

'달리다'라는 뜻을 나타내기 위해, 달리는 사람을 나타내는 '大(큰 대)'와 걷는 것을 뜻하는 '止(발 지)'를 합해 만든 글자이다. '걷다', '달리다'라는 뜻으로 쓰이고 있다.

활용어 **走行**(주행), **獨走**(독주)

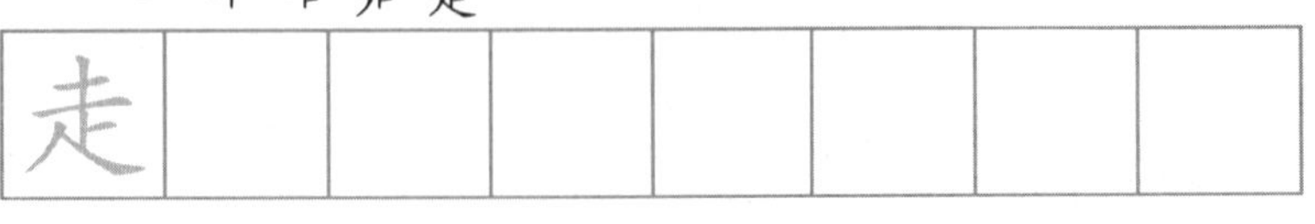

163

週

돌(돌다) **주**

부 辶(辵, 쉬엄쉬엄 갈 착)
획 총12획

'둘레길을 한 바퀴 돌다'라는 뜻을 나타내기 위해, 뜻부분인 '辶(쉬엄쉬엄 갈 착)'에 음부분인 '周(두루 주)'를 더해 만든 글자이다. 이때 '周'는 '둘레'라는 뜻이 있어 뜻부분을 겸한다. 지금은 '(한) 주'를 나타내는 글자로 쓰인다.

활용어 **週期**(주기), **週間**(주간)

한자쓰기

丿 冂 月 円 冃 用 周 周 周 调 週

週							

간체자 周 zhōu 주(일), 주위 / 총8획

간체자쓰기

丿 冂 月 円 冃 用 周 周

周							

164

增

더할 **증**

부 土(흙 토)
총 총15획

'흙을 돋우다'라는 뜻을 나타내기 위해, 뜻부분인 '土(흙 토)'에 음부분인 '曾(거듭 증)'을 더해 만든 글자이다. 본뜻에서 확대되어 '더하다'라는 뜻으로 많이 쓰이고 있다.

활용어 **增加**(증가), **增減**(증감), **急增**(급증)
유의어 **加**(더할 가)
반의어 **減**(덜 감)

한자쓰기

一 十 土 圵 圵 圵 圻 坍 坍 坍 坍 坤 增 增 增

增							

165

志

뜻 **지**

부 心(마음 심)
획 총7획

한자쓰기

'하고자 하는 마음'을 나타내기 위해, 뜻부분인 '心(마음 심)'에 음부분인 '止(지)'를 더해 만든 글자이다. 후에 '止'의 모양이 '士'로 바뀌어 지금의 모양이 되었다. 본뜻에서 확대되어 '뜻하다'라는 뜻으로 널리 쓰이게 되었다.

활용어 **志願**(지원), **同志**(동지)

유의어 **意**(뜻 의), **情**(뜻 정)

한자 성어 **青雲之志**(청운지지)

一 十 士 㐅 志 志 志

志							

166

至

이를 **지**

부 至(이를 지)
획 총6획

한자쓰기

'이르다'라는 뜻을 나타내기 위해, '矢(화살 시)'를 거꾸로 한 것에 '도착지'를 뜻하는 기호 '一(한 일)'을 더해 만든 글자이다. '이르다', '지극하다'라는 뜻으로 쓰인다.

활용어 **至極**(지극), **至誠**(지성), **至上**(지상)

유의어 **極**(다할 극)

一 工 𠫔 㓍 至 至

至							

167

支

지탱할, 가를 **지**

부 支(지탱할 지)

획 총4획

한자쓰기

'가지'를 뜻하기 위해, '손'을 뜻하는 '又(또 우)'와 '대나무 가지'를 뜻하는 '十(열 십)'을 합해 만든 글자이다. 본뜻에서 확대되어 '가르다', '버티다'라는 뜻으로 더 널리 쓰이게 되었다.

• 본래 뜻인 '가지'는 '木(나무 목)'을 덧붙여 '枝(가지 지)'를 만들어 나타냈다.

활용어 **支給**(지급), **支流**(지류), **干支**(간지)

반의어 **干**(줄기 간)

一 十 ㇇ 支

支							

168

進

나아갈 **진**

부 辶(辵, 쉬엄쉬엄 갈 착)

획 총12획

한자쓰기

'나아가다'라는 뜻을 나타내기 위해, 뜻부분인 '辶(쉬엄쉬엄 갈 착)'에 음부분인 '隹(새 추)'를 더해 만든 글자이다.

활용어 **進步**(진보), **進退**(진퇴), **前進**(전진)

반의어 **退**(물러날 퇴)

丿 亻 亻 亻 亻 亻 亻 隹 隹 進 進 進

進							

간체자 进 jìn

나아가다, 들어오다 / 총7획

간체자쓰기

一 二 井 井 井 讲 进

进							

169

眞

참 **진**

부 目(눈 목)

획 총10획

'참', '진짜'를 뜻하기 위해 만든 글자이다. 지금까지도 본뜻으로 널리 쓰이고 있다.

활용어 **眞實**(진실), **眞理**(진리)

유의어 **實**(열매 실)

반의어 **假**(거짓 가)

한자쓰기

간체자 真 zhēn 진실하다 / 총10획

간체자쓰기

170

質

바탕 **질**

부 貝(조개 패)

획 총15획

'볼모'를 뜻하기 위해, 뜻부분인 '貝(조개 패)'와 도끼 두 개로 저당잡힌 물건을 나타내는 '所(모탕 은)'을 합해 만든 글자이다. 본뜻 외에도 '바탕', '묻다'라는 뜻으로 널리 쓰이고 있다.

활용어 **質問**(질문), **質量**(질량), **低質**(저질)

유의어 **朴**(순박할 박)

한자쓰기

간체자 质 zhì 성질, 물질 / 총8획

간체자쓰기

‘버금’, ‘다음’을 뜻하기 위해, ‘欠(하품 흠)’과 ‘冫(침흘리는 모습)’을 합해 만든 글자이다. 지금까지도 ‘차례’와 관련된 단어에 많이 쓰이고 있다.

활용어 **次例**(차례), **目次**(목차)

한자쓰기

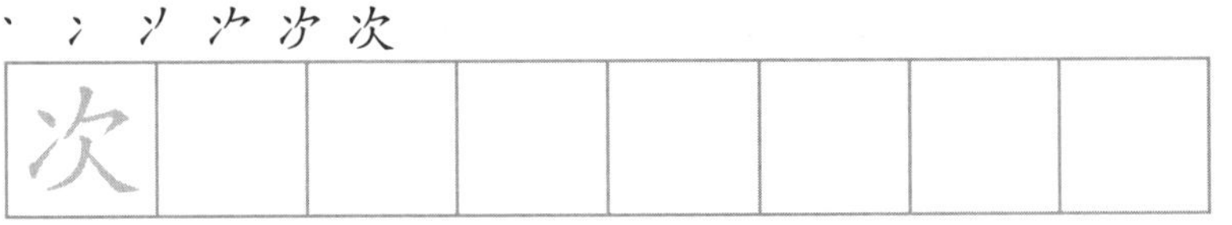

‘책’이라는 뜻을 나타내기 위해, 글을 써 넣은 대나무쪽을 엮어 만든 것을 본떠 만든 글자이다. 지금도 ‘책’이라는 뜻으로 쓰인다.

활용어 **空冊**(공책), **小說冊**(소설책)

한자쓰기

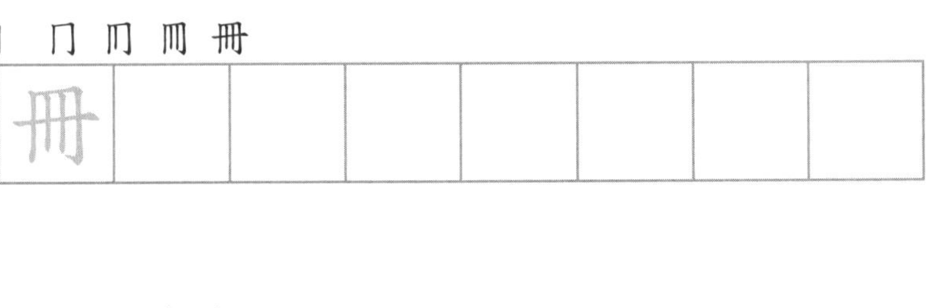

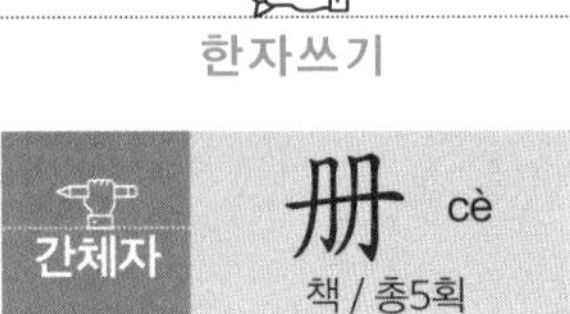

간체자쓰기

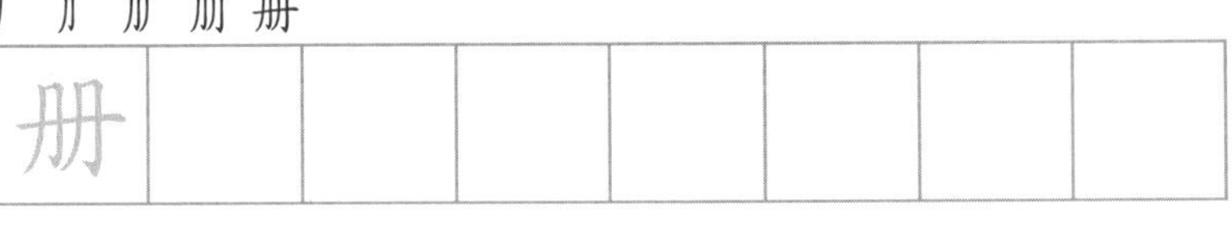

173

處

곳, 살(살다) **처**

부 虍(범 호)
획 총11획

'쉬다'라는 뜻을 나타내기 위해, '가죽 관을 쓴 모습'을 뜻하는 '虍'와 '사람 발'을 뜻하는 '夂'에 '책상'을 뜻하는 '几'를 합해 만든 글자이다. 본뜻에서 확대되어 '처하다', '곳', '살다'라는 뜻으로 널리 쓰이게 되었다.

활용어 **處地**(처지), **出處**(출처)
유의어 **所**(곳 소)

한자쓰기

간체자 **处** chǔ, chù 살다, 곳(장소) / 총5획

간체자쓰기

174

鐵

쇠 **철**

부 金(쇠 금)
획 총21획

'쇠'를 나타내기 위해, 뜻부분인 '金(쇠 금)'에 음부분인 '戴(날카로울 질)'을 더해 만든 글자이다. 지금까지도 본뜻이 널리 쓰이고 있다.

활용어 **鐵道**(철도), **古鐵**(고철)
유의어 **金**(쇠 금)

한자쓰기

간체자 **铁** tiě 쇠, 철 / 총10획

간체자쓰기

175 最

가장 **최**

부 曰(가로 왈)

획 총12획

‘취하다’라는 뜻을 나타내기 위해, ‘曰(冒, 무릅쓸 모)’과 ‘取(가질 취)’를 합해 만든 글자이다. 본뜻에서 확대되어 ‘가장 뛰어난 것’을 가리키다가 ‘가장’의 뜻으로 널리 쓰이게 되었다.

활용어 **最高**(최고), **最善**(최선)

한자쓰기

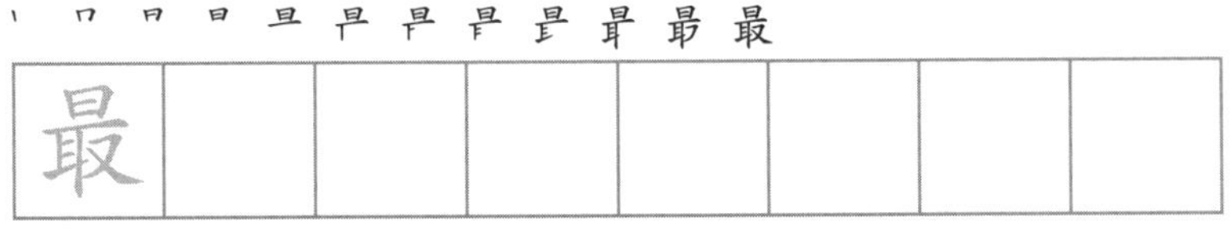

176 祝

빌(빌다) **축**

부 示(보일 시)

획 총10획

‘신에게 고하다’라는 뜻을 나타내기 위해, ‘示(보일 시)’와 ‘口(입 구)’, ‘儿(어진 사람 인)’을 합해 만든 글자이다. 본뜻에서 확대되어 ‘빌다’라는 뜻으로 널리 쓰인다.

활용어 **祝歌**(축가), **自祝**(자축)

한자쓰기

간체자 祝 zhù 빌다, 기원하다 / 총9획

간체자쓰기

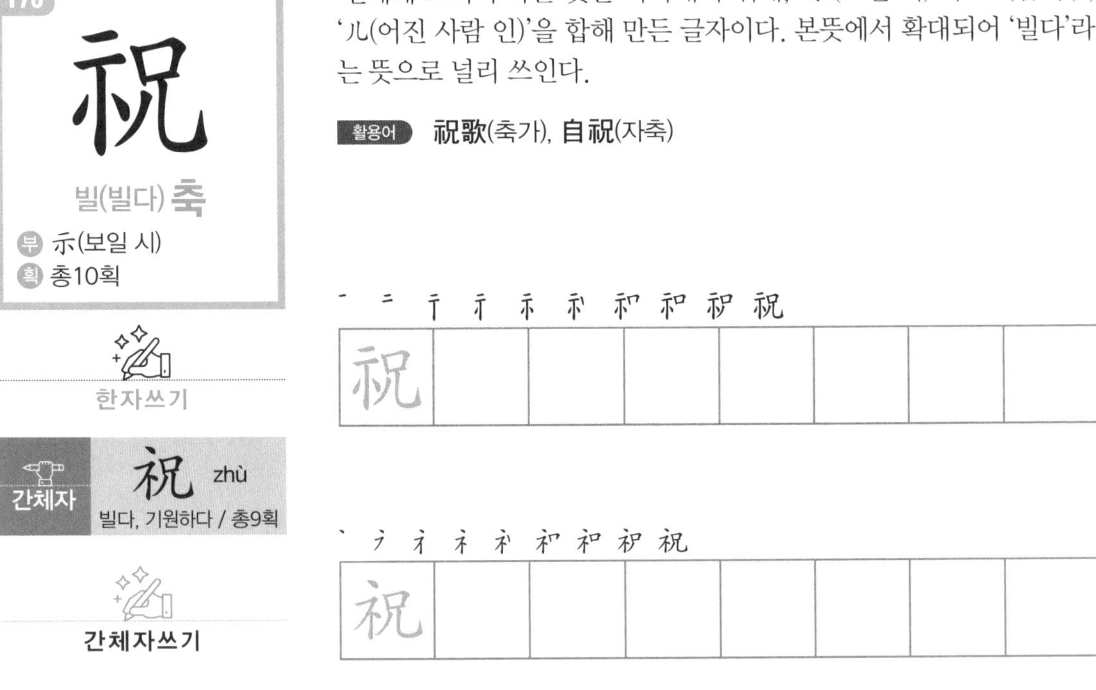

177

蟲

벌레 **충**

부 虫(벌레 충)

획 총18획

'벌레'라는 뜻을 나타내기 위해, '虫(벌레 훼)'를 세 번 써서 만든 글자이다. 지금도 '벌레'라는 뜻으로 쓰인다.

활용어 **蟲齒**(충치), **病蟲害**(병충해), **冬蟲夏草**(동충하초)

한자쓰기

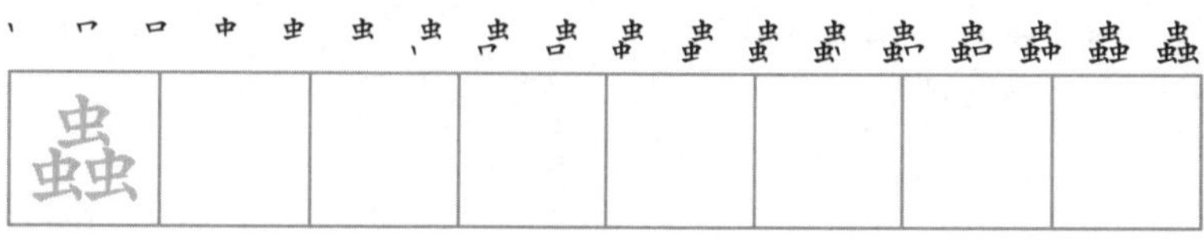

간체자 **虫** chóng 벌레 / 총6획

간체자쓰기

丶 ㄇ 口 中 虫 虫

虫

178

忠

충성 **충**

부 心(마음 심)

획 총8획

'몸과 마음을 다 바치다'라는 뜻을 나타내기 위해, 뜻부분인 '心(마음 심)'에 음부분인 '中(가운데 중)'을 더해 만든 글자이다. 본뜻에서 확대되어 '충정', '충성'이라는 뜻으로 쓰이고 있다.

활용어 **忠誠**(충성), **忠告**(충고)

반의어 **逆**(거스를 역)

한자 성어 **事君以忠**(사군이충)

한자쓰기

丶 ㄇ 口 中 中 忠 忠 忠

忠

179

致

이를 **치**

부 至(이를 지)

획 총10획

'뜻을 전하다'라는 뜻을 나타내기 위해, '至(이를 지)'와 '夂(뒤쳐올 치)'를 합해 만든 글자이다. 본뜻에서 변하여 '이르다', '보내다'라는 뜻으로 쓰이게 되었다.

활용어 **致富**(치부), **理致**(이치)

한자 성어 **格物致知**(격물치지), **一致團結**(일치단결)

한자쓰기

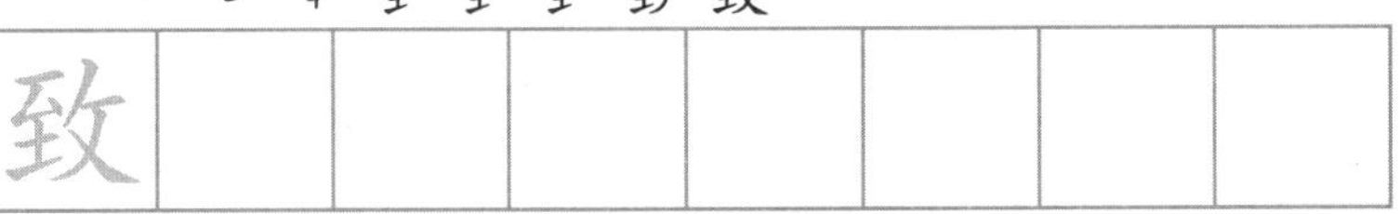

180

齒

이(이빨) **치**

부 齒(이 치)

획 총15획

본래 '앞니'를 뜻하기 위해, 그 모양을 본떠 만든 글자였다. 후에 음부분을 더하기 위해 '止(지)'를 덧붙여 지금의 글자 모양이 되었다. 본뜻에서 확대되어 일반적인 '이'를 뜻한다. 부수자이다.

활용어 **齒牙**(치아), **齒科**(치과)

한자 성어 **角者無齒**(각자무치)

한자쓰기

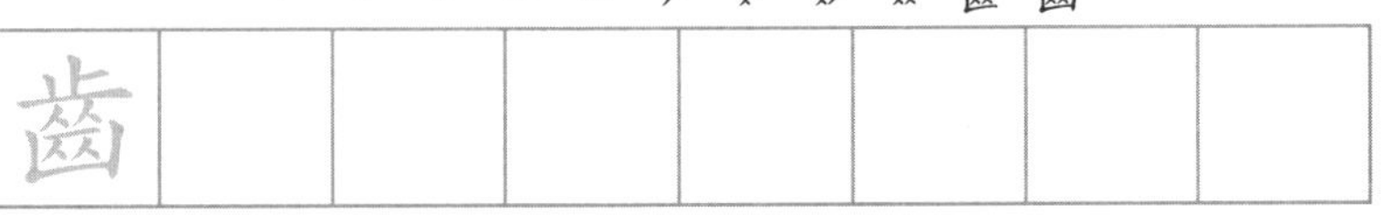

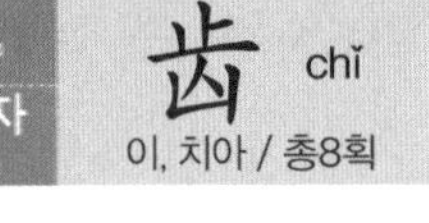

간체자 齿 chǐ

이, 치아 / 총8획

간체자쓰기

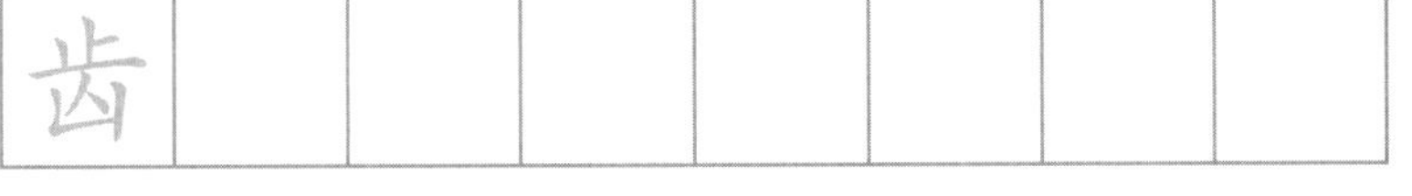

복습하기 09

1 다음 한자의 뜻과 음을 쓰세요.

(1) 坐 (　　　　　)　(2) 走 (　　　　　)

(3) 週 (　　　　　)　(4) 志 (　　　　　)

(5) 至 (　　　　　)　(6) 支 (　　　　　)

(7) 次 (　　　　　)　(8) 最 (　　　　　)

2 다음 한자어의 독음을 쓰세요.

(1) 增加 (　　　　　)　(2) 理致 (　　　　　)

(3) 眞理 (　　　　　)　(4) 鐵道 (　　　　　)

3 다음 한자의 간체자를 보기 에서 골라 쓰세요.

보기　虫　铁　处　册　齿　质

(1) 處 (　　　　　)　(2) 質 (　　　　　)

(3) 蟲 (　　　　　)　(4) 齒 (　　　　　)

4 다음 뜻을 가진 사자성어를 보기 에서 골라 그 독음을 쓰세요.

보기　角者無齒　格物致知　事君以忠

(1) 세속 오계의 하나로, 충성으로써 임금을 섬긴다는 말.

____

(2) 뿔이 있는 짐승은 이가 없다는 뜻으로, 한 사람이 여러 가지 재주나 복을 다 가질 수 없음을 이르는 말.

____

UNIT 10

4II급

- 한자 181~200
- 복습하기

181

則

법칙 **칙**, 곧 **즉**

부 刂(刀, 칼 도)
획 총9획

'원칙'을 뜻하기 위해, '鼎(솥 정)'과 '刂(칼 도)'를 합해 만든 글자이다. 지금도 '법칙', '규칙'이라는 뜻으로 널리 쓰이고 있다. '곧'이라는 뜻으로 쓰일 때는 '즉'으로 읽는다.

활용어 **規則**(규칙), **原則**(원칙)
유의어 **規**(법 규)

한자쓰기

간체자 **则** zé
규칙 / 총6획

간체자쓰기

182

他

다를 **타**

부 亻(人, 사람 인)
획 총5획

'다른 사람'을 나타내기 위해, 뜻부분인 '亻(사람 인)'에 음부분인 '也(어조사 야)'를 더해 만든 글자이다. 본뜻에서 확대되어 '다르다'라는 뜻으로도 널리 쓰이고 있다.

활용어 **他人**(타인), **出他**(출타), **自他**(자타)
유의어 **別**(다를 별)
반의어 **自**(스스로 자)
한자 성어 **他山之石**(타산지석)

한자쓰기

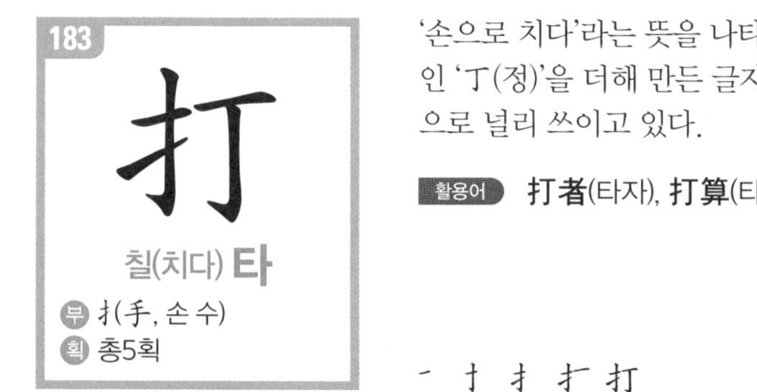

'손으로 치다'라는 뜻을 나타내기 위해, 뜻부분인 '扌(손 수)'에 음부분인 '丁(정)'을 더해 만든 글자이다. 본뜻에서 확대되어 '때리다'라는 뜻으로 널리 쓰이고 있다.

활용어 **打者**(타자), **打算**(타산)

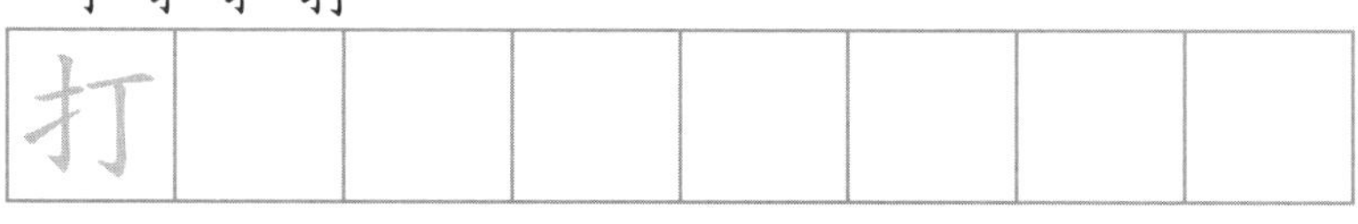

184

卓

높을 **탁**

부 十(열 십)

획 총8획

한자쓰기

'높다'라는 뜻을 나타내기 위해, 높이 나는 새를 그물로 쳐서 잡는 모양을 본떠 만든 글자이다. 본뜻에서 확대되어 '뛰어나다'라는 뜻으로도 널리 쓰이게 되었다.

활용어 **卓見**(탁견), **食卓**(식탁)

유의어 **高**(높을 고)

185

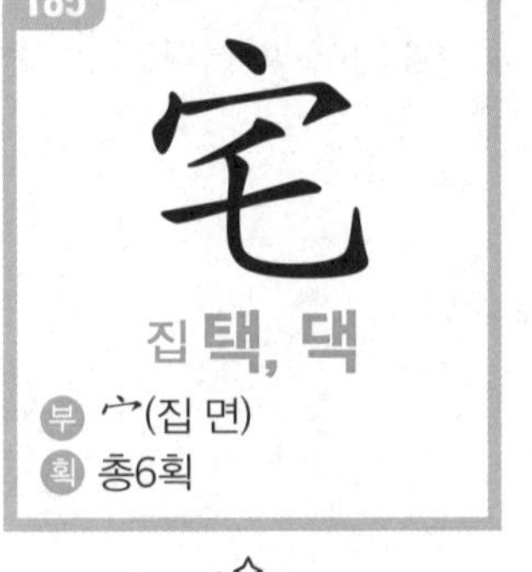

宅

집 **택, 댁**

부 宀(집 면)

획 총6획

‘빼어나게 아름다운 집’을 나타내기 위해, 뜻부분인 ‘宀(집 면)’에 음부분인 ‘乇(풀잎 탁)’을 더해 만든 글자이다. 지금은 일반적으로 ‘집’을 뜻한다.

- ‘宅’에는 본뜻이 지금도 남아 있어, 일반적으로는 남의 집을 높여 일컫는다. 그러므로 ‘自宅(자택)’이라는 말은 올바른 표현이 아니다.

활용어 **宅內**(댁내), **住宅**(주택)

한자쓰기

宅							

186

統

거느릴 **통**

부 糸(실 사)

획 총12획

‘실마리’라는 뜻을 나타내기 위해, 뜻부분인 ‘糸(실 사)’에 음부분인 ‘充(채울 충)’을 더해 만든 글자이다. 본뜻에서 확대되어 ‘거느리다’, ‘묶다’, ‘모두’라는 뜻으로 쓰이고 있다.

활용어 **統計**(통계), **傳統**(전통)

유의어 **領**(거느릴 령)

한자쓰기

統							

간체자 **统** tǒng 계통, 거느리다 / 총9획

간체자쓰기

统							

187

退

물러날 **퇴**

부 辶(辵, 쉬엄쉬엄 갈 착)

획 총10획

한자쓰기

'뒤로 물러나다'라는 뜻을 나타내기 위해, '가다'를 뜻하는 '辶(갈 착)'과 '어긋나다'를 뜻하는 '艮(그칠 간)'을 합해 만든 글자이다. 지금도 본뜻으로 널리 쓰이고 있다.

활용어 **退場**(퇴장), **進退**(진퇴)

반의어 **進**(나아갈 진)

한자 성어 **進退無路**(진퇴무로)

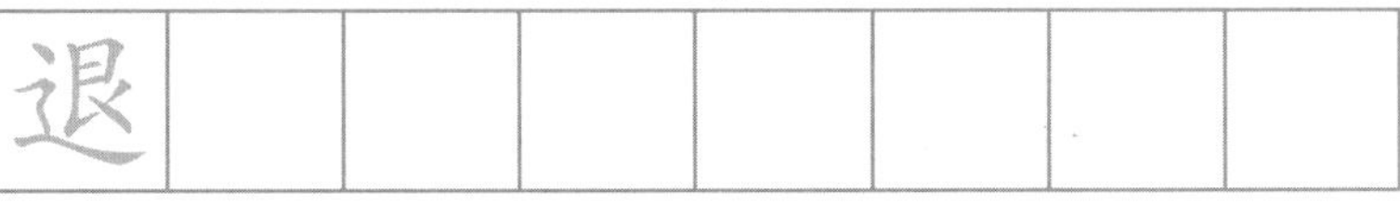

188

波

물결 **파**

부 氵(水, 물 수)

획 총8획

한자쓰기

'물결'을 나타내기 위해, 뜻부분인 '氵(물 수)'에 음부분인 '皮(가죽 피)'를 더해 만든 글자이다. 지금도 본뜻으로 널리 쓰이고 있다.

활용어 **波動**(파동), **風波**(풍파)

한자 성어 **一波萬波**(일파만파), **平地風波**(평지풍파)

丶 冫 氵 氵 汀 沪 波 波

189

敗

패할, 무너지다 **패**

부 攵(攴, 칠 복)

획 총11획

'망가지다'라는 뜻을 나타내기 위해, '攵(칠 복)'와 '貝(조개 패)'를 합해 만든 글자이다. 이때 '貝(패)'는 음부분을 겸한다. 본뜻에서 확대되어 '망하다', '패하다', '무너지다'라는 뜻으로 널리 쓰이게 되었다.

활용어 **敗戰**(패전), **成敗**(성패)

유의어 **失**(잃을 실)

반의어 **勝**(이길 승), **成**(이룰 성)

한자쓰기

간체자 败 bài 패하다 / 총8획

간체자쓰기

190

片

조각 **편**

부 片(조각 편)

획 총4획

'조각'을 나타내기 위해, 나무를 쪼갠 것 중 한 조각을 본떠 만든 글자이다. '얇고 평평한 조각'이라는 뜻 외에도 '한쪽', '작다'라는 뜻으로도 쓰인다.

활용어 **片道**(편도), **片肉**(편육)

한자 성어 **一片丹心**(일편단심)

한자쓰기

191

筆

붓 필

부 竹(대 죽)

획 총12획

'대나무로 만든 붓'을 뜻하기 위해, '손에 붓을 쥔 모양'을 본뜬 '聿(붓 율)'에, 뜻을 강조하기 위해 '竹(대 죽)'을 합해 만든 글자이다. 본뜻인 '붓' 이외에, '글씨'라는 뜻으로도 확대되어 쓰인다.

활용어 **筆**談(필담), 名**筆**(명필)

한자 성어 大書特**筆**(대서특필)

한자쓰기

筆							

간체자 笔 bǐ 붓 / 총10획

간체자쓰기

笔							

192

寒

찰(차다) 한

부 宀(집 면)

획 총12획

'차다'라는 뜻을 나타내기 위해, 얼음장처럼 차가운 방바닥에 앉아 떨고 있는 모습을 표현해 만든 글자이다. 지금도 '차다', '춥다'라는 뜻으로 쓰인다.

활용어 **寒**心(한심), **寒**波(한파)

유의어 冷(찰 랭)

반의어 溫(따뜻할 온)

한자쓰기

寒							

193

害

해칠 **해**

부 宀(집 면)

획 총10획

한자쓰기

'사람을 헐뜯고 어지럽히는 말로 인한 상처'라는 뜻을 나타내기 위해 '宀(집 면)'과 '丰(산란하게 하다)', '口(입 구)'를 합해 만든 글자이다. 본뜻에서 확대되어 '남을 해치다', '방해하다'라는 뜻으로 쓰인다.

활용어 **害惡**(해악), **病害**(병해), **水害**(수해)

반의어 **利**(이로울 리)

한자 성어 **利害打算**(이해타산)

丶 丶 宀 宀 宀 宔 宔 害 害 害

害							

194

香

향기 **향**

부 香(향기 향)

획 총9획

한자쓰기

'맛이 좋은 기장'을 뜻하기 위해 '黍(기장 서)'와 '甘(달 감)'을 합해 만든 글자이다. 본뜻에서 확대되어 '향기'라는 뜻으로 쓰이게 되었다. 부수자이다.

활용어 **香氣**(향기), **香料**(향료)

丿 二 千 禾 禾 禾 香 香 香

香							

'말을 들어주다'라는 뜻을 나타내기 위해, 뜻부분인 '言(말씀 언)'에 음부분인 '午(낮 오)'를 더해 만든 글자이다. 본뜻에서 확대되어 '매우', '허락하다'라는 뜻으로 널리 쓰이게 되었다.

활용어 **許容**(허용), **許可**(허가), **許多**(허다)

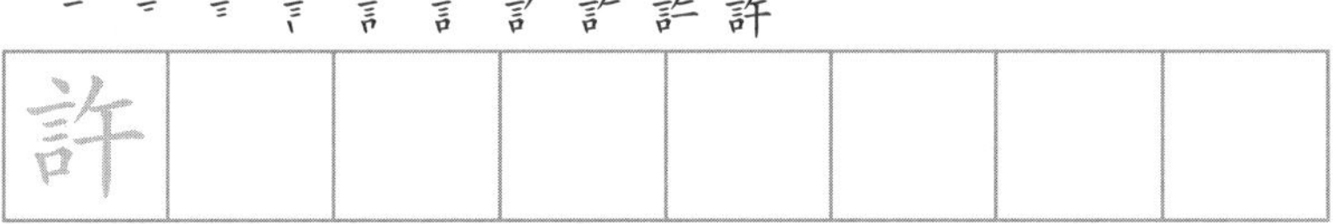

한자쓰기

간체자 许 xǔ
칭찬하다, 매우 / 총6획

간체자쓰기

'누구에게 받은 사랑'을 뜻하기 위해 '心(마음 심)'과 나머지 부분을 합해 만든 글자이다. 지금도 '사랑', '은혜'를 뜻할 때 쓰인다.

활용어 **恩惠**(은혜), **特惠**(특혜)

유의어 **恩**(은혜 은)

한자쓰기

197

戶

집, 지게문 **호**

부 戶(지게문 호)
획 총4획

한자쓰기

'지게문'을 나타내기 위해, '門(문 문)'의 반쪽을 본떠 만든 글자이다. 지게문은 한쪽으로 열리는 형태의 문인데, 이것은 대부분 서민들의 집에 많았던 까닭에 '집'을 가리키게 되었다. 부수자이다.

활용어 **戶口**(호구), **門戶**(문호)

198

湖

호수 **호**

부 氵(水, 물 수)
획 총12획

한자쓰기

'호수'라는 뜻을 나타내기 위해, 뜻부분인 '氵(물 수)'에 음부분인 '胡(오랑캐 호)'를 더해 만든 글자이다.

활용어 **湖水**(호수), **江湖**(강호)

199

患

근심, 걱정 **환**

부 心(마음 심)

획 총11획

'근심'을 나타내기 위해, 뜻부분인 '心(마음 심)'에 음부분인 '串(꿸 관)'을 더해 만든 글자이다. '근심하다', '병' 등의 뜻으로 확대되어 쓰이고 있다.

활용어 **患者**(환자), **病患**(병환)

유의어 **病**(병 병)

한자 성어 **有備無患**(유비무환)

한자쓰기

200

回

돌(돌다) **회**

부 囗(에울 위)

획 총6획

'돌다'라는 뜻을 나타내기 위해, 물이 소용돌이치는 모습을 본떠 만든 글자이다. '돌다'라는 뜻 외에도 '돌아오다'라는 뜻으로 쓰인다.

활용어 **回答**(회답), **回生**(회생)

한자쓰기

복습하기 10

1 다음 한자의 뜻과 음을 쓰세요.

(1) 他 (　　　　　)　(2) 打 (　　　　　)

(3) 卓 (　　　　　)　(4) 宅 (　　　　　)

(5) 波 (　　　　　)　(6) 片 (　　　　　)

(7) 害 (　　　　　)　(8) 香 (　　　　　)

2 다음 한자어의 독음을 쓰세요.

(1) 規則 (　　　　　)　(2) 退場 (　　　　　)

(3) 寒波 (　　　　　)　(4) 特惠 (　　　　　)

3 다음 한자의 간체자를 보기에서 골라 쓰세요.

보기　笔　则　访　败　统　许

(1) 統 (　　　　　)　(2) 敗 (　　　　　)

(3) 筆 (　　　　　)　(4) 許 (　　　　　)

4 다음 뜻을 가진 사자성어를 보기에서 골라 그 독음을 쓰세요.

보기　有備無患　一石二鳥　一片丹心

(1) 돌 한 개를 던져 새 두 마리를 잡는다는 뜻으로, 동시에 두 가지 이득을 봄을 이르는 말.

____

(2) 미리 준비가 되어 있으면 걱정할 것이 없음.

____

복습하기 정답

복습하기 01

❶ (1) 값 가
(2) 볼 간
(3) 달 감
(4) 고칠 개
(5) 굳셀, 튼튼할 건
(6) 세울 건
(7) 계절 계
(8) 굳을 고

❷ (1) 거대 (2) 풍경
(3) 사건 (4) 골육

❸ (1) 个 (2) 举
(3) 竞 (4) 关

❹ (1) 주마간산
(2) 덕건명립

복습하기 02

❶ (1) 갖출 구
(2) 구할 구
(3) 오랠 구
(4) 임금 군
(5) 활 궁
(6) 미칠 급
(7) 기약할 기
(8) 물 끓는 김 기

❷ (1) 관광 (2) 약국
(3) 구출 (4) 토기

❸ (1) 广 (2) 旧
(3) 规 (4) 极

❹ (1) 명약관화
(2) 실사구시

복습하기 03

❶ (1) 생각 념
(2) 붉을 단
(3) 도읍, 도시 도
(4) 이를 도
(5) 밝을 랑
(6) 찰(차다) 랭
(7) 헤아릴 량
(8) 나그네 려

❷ (1) 담화 (2) 한반도
(3) 훈련 (4) 양극화

❸ (1) 独 (2) 团
(3) 类 (4) 陆

❹ (1) 일석천념
(2) 견리사의

복습하기 04

❶ (1) 바랄 망
(2) 손아래 누이 매
(3) 목욕할, 머리 감을 목
(4) 굳셀 무
(5) 꼬리 미
(6) 아닐 미
(7) 곱(갑절) 배
(8) 절 배

❷ (1) 법률 (2) 학비
(3) 의미 (4) 부귀

❸ (1) 变 (2) 报
(3) 妇 (4) 备

❹ (1) 전대미문
(2) 조변석개

복습하기 05

❶ (1) 코 비
(2) 가난할 빈
(3) 조사할 사
(4) 항상 상
(5) 차례 서
(6) 고울 선
(7) 배 선
(8) 신선 선

❷ (1) 선별 (2) 상금
(3) 설화 (4) 유성

❸ (1) 师 (2) 写
(3) 产 (4) 圣

❹ (1) 안빈낙도
(2) 감언이설

복습하기 06

❶ (1) 성할 성
(2) 성(재) 성
(3) 권세 세
(4) 묶을 속
(5) 보낼 송
(6) 지킬 수
(7) 매울 신
(8) 성씨 씨

❷ (1) 성실 (2) 시선
(3) 만약 (4) 고안

❸ (1) 岁 (2) 试
(3) 恶 (4) 养

❹ (1) 지성감천
(2) 안하무인

복습하기 정답

복습하기 07

1. (1) 집 옥
(2) 완전할 완
(3) 갈(가다) 왕
(4) 목욕할 욕
(5) 원할 원
(6) 은혜 은
(7) 끌(끌다) 인
(8) 어질 인

2. (1) 영웅 (2) 자매
(3) 장래 (4) 화재

3. (1) 叶 (2) 为
(3) 义 (4) 争

4. (1) 일엽지추
(2) 백전노장

복습하기 08

1. (1) 낮을 저
(2) 쌓을 저
(3) 가게 점
(4) 머무를 정
(5) 도울 조
(6) 정사, 정치 정
(7) 고를, 조사할 조
(8) 도울 조

2. (1) 정보 (2) 정신
(3) 축제 (4) 조작

3. (1) 敌 (2) 鸟
(3) 传 (4) 节

4. (1) 인자무적
(2) 부전자전

복습하기 09

1. (1) 앉을 좌
(2) 달릴 주
(3) 돌(돌다) 주
(4) 뜻 지
(5) 이를 지
(6) 지탱할, 가를 지
(7) 버금(둘째) 차
(8) 가장 최

2. (1) 증가 (2) 이치
(3) 진리 (4) 철도

3. (1) 处 (2) 质
(3) 虫 (4) 齿

4. (1) 사군이충
(2) 각자무치

복습하기 10

1. (1) 다를 타
(2) 칠(치다) 타
(3) 높을 탁
(4) 집 택, 댁
(5) 물결 파
(6) 조각 편
(7) 해칠 해
(8) 향기 향

2. (1) 규칙 (2) 퇴장
(3) 한파 (4) 특혜

3. (1) 统 (2) 败
(3) 笔 (4) 许

4. (1) 일석이조
(2) 유비무환

HNK 4급

부록

HNK 4II급 배정한자 650

※ 상위등급 한자는 하위등급 한자를 모두 포함합니다.
※ '( )'는 한자의 뜻을 이해하기 쉽도록 풀어 쓴 표현입니다.
※ 배정 간체자는 중국에서 공표한 「간화자 총표」를 기준으로 선정하였습니다.
단, 한국과 중국의 표기 방식이 다른 한자는 효율적인 중국어 학습을 위하여 병기하였습니다.

급수	한자	간체자	훈음
6급	家		집 가
6급	歌		노래 가
5급	加		더할 가
5급	可		옳을 가
4II급	價	价	값 가
5II급	各		각각 각
5급	角	角	뿔 각
6급	間	间	사이 간
4II급	看		볼 간
5급	感		느낄 감
4II급	減	减	덜 감
4II급	甘		달 감
4II급	監	监	볼 감
7급	江		강 강
5II급	強	强	강할 강
5II급	開	开	열 개
4II급	個	个	낱 개
4II급	改		고칠 개
5급	客		손 객
6급	車	车	수레 거, 차
5II급	去		갈 거
4II급	巨		클(크다) 거
4II급	擧	举	들(들다) 거
4II급	件		사건 건

급수	한자	간체자	훈음
4II급	健		굳셀, 튼튼할 건
4II급	建		세울 건
6급	巾		수건 건
5급	格		격식(틀) 격
7급	犬		개 견
5II급	見	见	볼 견
5급	決	决	결정할 결
5급	結	结	맺을 결
5II급	京		서울 경
5급	敬		공경할 경
5급	輕	轻	가벼울 경
4II급	景		볕, 경치 경
4II급	競	竞	다툴 경
5II급	計	计	셀 계
5급	界		지경(경계) 계
4II급	季		철, 계절 계
6급	古		예 고
5II급	高		높을 고
5급	告		알릴 고
5급	考		생각할 고
5급	苦		괴로울 고
4II급	固		굳을 고
4II급	故		연고(까닭) 고
5급	曲		굽을 곡

급수	한자	간체자	훈음
4Ⅱ급	骨	骨	뼈 골
7급	工		장인, 만들 공
5Ⅱ급	共		함께 공
5Ⅱ급	功		공(공로) 공
5급	公		공평할 공
6급	空		빌(비다) 공
5Ⅱ급	科		과목 과
5급	果		열매 과
5급	過	过	지날, 허물 과
4Ⅱ급	課	课	공부할, 매길 과
4Ⅱ급	觀	观	볼 관
4Ⅱ급	關	关	관계할, 빗장 관
5Ⅱ급	光		빛 광
4Ⅱ급	廣	广	넓을 광
6급	敎	教	가르칠 교
6급	校		학교 교
5Ⅱ급	交		사귈 교
4Ⅱ급	橋	桥	다리 교
8급	九		아홉 구
8급	口		입 구
5Ⅱ급	區	区	나눌 구
5급	球		공 구
4Ⅱ급	久		오랠 구
4Ⅱ급	具		갖출 구
4Ⅱ급	救		도울 구
4Ⅱ급	求		구할 구
4Ⅱ급	舊	旧	예 구
6급	國	国	나라 국

급수	한자	간체자	훈음
4Ⅱ급	局		판(바둑·장기) 국
6급	軍	军	군사 군
5급	郡		고을 군
4Ⅱ급	君		임금 군
4Ⅱ급	弓		활 궁
5급	貴	贵	귀할 귀
4Ⅱ급	規	规	법 규
4Ⅱ급	極	极	다할 극
5Ⅱ급	近	近	가까울 근
5급	根		뿌리 근
6급	今		이제 금
5Ⅱ급	急		급할 급
5급	級	级	등급 급
4Ⅱ급	及		미칠 급
4Ⅱ급	給	给	줄(주다) 급
7급	己		몸(자기) 기
6급	氣	气	기운 기
6급	記	记	기록할 기
5Ⅱ급	旗		기(깃발) 기
4Ⅱ급	器		그릇 기
4Ⅱ급	基		터 기
4Ⅱ급	技		재주 기
4Ⅱ급	期		기약할 기
4Ⅱ급	汽		물 끓는 김 기
5급	吉		길할, 좋을 길
8급	金		쇠 금/성 김
8급	南		남녘 남
8급	男		사내 남

급수	한자	간체자	훈음
7급	內	内	안 내
8급	女		여자 녀
7급	年		해 년
4II급	念		생각 념
6급	農	农	농사 농
5급	能		능할 능
6급	你		너 니
7급	多		많을 다
5II급	短		짧을 단
4II급	丹		붉을 단
4II급	團	团	모일, 둥글 단
4II급	談	谈	말씀 담
6급	答		대답 답
5II급	當	当	마땅할 당
5급	堂		집 당
8급	大		큰 대
6급	代		대신할 대
5II급	對	对	대답할 대
5급	待		기다릴 대
5급	德		덕 덕
5II급	刀		칼 도
5II급	圖	图	그림 도
5급	度		법도 도
4II급	到		이를도
4II급	島	岛	섬 도
6급	道		길 도
4II급	都	都	도읍(도시) 도
5II급	讀	读	읽을 독

급수	한자	간체자	훈음
4II급	獨	独	홀로 독
8급	東	东	동녘 동
6급	同		한가지 동
5II급	冬		겨울 동
5급	動	动	움직일 동
5급	童		아이 동
6급	洞		골 동
5II급	頭	头	머리 두
4II급	豆		콩 두
6급	登		오를 등
5II급	等		무리 등
5급	落		떨어질 락
4II급	朗	朗	밝을 랑
6급	來	来	올 래
4II급	冷	冷	찰(차다) 랭
5급	良		어질, 좋을 량
4II급	兩	两	두(둘) 량
4II급	量		헤아릴 량
4II급	旅		나그네 려
7급	力		힘 력
5급	歷	历	지낼 력
4II급	練	练	익힐 련
4II급	命	令	명령할 령
4II급	領	领	옷깃, 거느릴 령
5II급	禮	礼	예도 례
5급	例		본보기(법식) 례
6급	老		늙을 로
5급	勞	劳	일할 로

급수	한자	간체자	훈음
5급	路		길 로
5급	綠	绿	푸를 록
4Ⅱ급	料		헤아릴 료
5급	流		흐를 류
4Ⅱ급	類	类	무리 류
4Ⅱ급	陸	陆	뭍(땅) 륙
8급	六		여섯 륙
4Ⅱ급	律		법률 률
6급	里		마을 리
5Ⅱ급	利		이로울 리
5Ⅱ급	理		다스릴 리
5급	李		오얏(자두) 리
7급	林		수풀(숲) 림
7급	立		설(서다) 립
7급	馬	马	말 마
6급	嗎	吗	어조사 마
5급	媽	妈	엄마 마
6급	萬	万	일만 만
6급	末		끝 말
5급	亡		망할 망
4Ⅱ급	望		바랄 망
6급	每		매양(늘) 매
5급	買	买	살(사다) 매
5급	賣	卖	팔(팔다) 매
4Ⅱ급	妹		손아래 누이 매
6급	面		낯, 얼굴 면
7급	名		이름 명
5Ⅱ급	命		목숨 명

급수	한자	간체자	훈음
5Ⅱ급	明		밝을 명
8급	母		어머니 모
5Ⅱ급	毛		털 모
8급	木		나무 목
7급	目		눈 목
4Ⅱ급	沐		목욕할 목
5Ⅱ급	無	无	없을 무
4Ⅱ급	武		굳셀 무
8급	門	门	문 문
6급	們	们	들(무리) 문
6급	問	问	물을 문
6급	文		글월 문
5Ⅱ급	聞	闻	들을 문
6급	物		물건 물
5Ⅱ급	米		쌀 미
5급	美		아름다울 미
4Ⅱ급	味		맛 미
4Ⅱ급	尾		꼬리 미
4Ⅱ급	未		아닐 미
6급	民		백성 민
5급	朴		순박할 박
5Ⅱ급	半	半	절반 반
5Ⅱ급	班		나눌 반
5급	反		돌이킬 반
5급	發	发	필 발
6급	方		모 방
5Ⅱ급	放		놓을 방
4Ⅱ급	倍		곱(갑절) 배

급수	한자	간체자	훈음
4II급	拜		절(절하다) 배
8급	百		일백 백
7급	白		흰 백
5II급	番		차례 번
4II급	伐		칠 벌
4II급	凡		무릇 범
5급	法		법 법
4II급	變	变	변할 변
5II급	別	别	다를 별
5급	兵		군사, 병사 병
5급	病		병 병
5II급	步		걸음 보
4II급	報	报	갚을, 알릴 보
5급	服		옷, 다스릴 복
5급	福	福	복 복
6급	本		근본 본
5급	奉		받들 봉
8급	父		아버지 부
6급	夫		사내, 남편 부
5II급	部		떼, 거느릴 부
4II급	婦	妇	아내(지어미) 부
4II급	富		부자 부
8급	北		북녘 북
6급	分		나눌 분
6급	不		아니 불
4II급	備	备	갖출 비
4II급	比		견줄 비
4II급	費	费	쓸 비

급수	한자	간체자	훈음
4II급	非		아닐 비
4II급	鼻		코 비
4II급	貧	贫	가난할 빈
5급	氷	冰	얼음 빙
8급	四		넉(넷) 사
6급	事		일 사
6급	士		선비 사
5II급	死		죽을 사
5II급	社	社	모일 사
5급	仕		벼슬, 섬길 사
5급	使		하여금, 부릴 사
5급	史		역사, 사기 사
5급	思		생각 사
4II급	寫	写	베낄 사
4II급	師	师	스승 사
4II급	查		조사할 사
4II급	謝	谢	사례할 사
8급	山		산(뫼, 메) 산
5급	算		셈 산
4II급	產	产	낳을 산
8급	三		석(셋) 삼
8급	上		위 상
5급	相		서로 상
4II급	商		장사 상
4II급	常		항상 상
4II급	賞	赏	상줄 상
6급	色		빛 색
7급	生		날 생

급수	한자	간체자	훈음
8급	西		서녘 서
5II급	書	书	글 서
4II급	序		차례 서
7급	夕		저녁 석
7급	石		돌 석
5급	席		자리 석
7급	先		먼저 선
5II급	線	线	줄(line) 선
4II급	仙		신선 선
4II급	善		착할, 잘할 선
4II급	船		배(boat) 선
4II급	選	选	가릴 선
4II급	鮮	鲜	고울 선
5급	雪		눈 설
4II급	舌		혀 설
4II급	說	说	말씀 설
7급	姓		성씨 성
5II급	性		성품 성
5II급	成		이룰 성
5급	省		살필 성/줄일 생
4II급	城		재(성) 성
4II급	星		별 성
4II급	盛		성할 성
4II급	聖	圣	성스러울 성
4II급	誠	诚	정성 성
6급	世		세상 세
5급	洗		씻을 세
4II급	勢	势	권세 세

급수	한자	간체자	훈음
4II급	歲	岁	해 세
8급	小		작을 소
7급	少		적을 소
6급	所		곳, 바 소
5급	消	消	사라질 소
5급	速	速	빠를 속
4II급	束		묶을 속
5급	孫	孙	손자 손
4II급	送	送	보낼 송
8급	水		물 수
7급	手		손 수
5II급	首		머리 수
5급	數	数	셈 수
5급	樹	树	나무 수
4II급	守		지킬 수
5급	宿		잠잘 숙
5급	順	顺	순할 순
5급	術	术	재주 술
5급	習	习	익힐 습
5급	勝	胜	이길 승
6급	市		저자(시장) 시
6급	時	时	때 시
5II급	示		보일 시
5II급	詩	诗	글 시
5급	始		처음, 비로소 시
4II급	是		옳을 시
4II급	視	视	볼 시
4II급	試	试	시험 시

급수	한자	간체자	훈음
6급	植	植	심을 식
6급	食		먹을, 밥 식
5급	式		법 식
5II급	信		믿을 신
5II급	新		새로울 신
5II급	神	神	귀신, 신비할 신
5II급	身		몸 신
5급	臣		신하 신
4II급	辛		매울 신
6급	室		집 실
5급	失		잃을 실
5급	實	实	열매 실
7급	心		마음 심
8급	十		열 십
4II급	氏		성씨 씨
5급	兒	儿	아이 아
4II급	惡	恶	나쁠 악, 미워할 오
6급	安		편안할 안
4II급	案		책상, 생각 안
4II급	眼		눈(eye) 안
4II급	暗		어두울 암
5급	愛	爱	사랑 애
5II급	夜		밤 야
5급	野		들 야
5II급	弱	弱	약할 약
5급	藥	药	약 약
4II급	約	约	맺을 약
4II급	若		만약 약, 반야 야

급수	한자	간체자	훈음
7급	羊		양 양
5급	洋		큰 바다 양
5급	陽	阳	볕 양
4II급	養	养	기를 양
7급	魚	鱼	고기 어
6급	語	语	말씀 어
5급	漁	渔	고기 잡을 어
5급	億	亿	억 억
5II급	言		말씀 언
5급	業	业	일, 업 업
5급	如		같을 여
5급	然		그러할 연
4II급	熱	热	더울 열
4II급	葉	叶	잎 엽
5II급	永		길(길다) 영
5II급	英		꽃부리, 뛰어날 영
8급	五		다섯 오
6급	午		낮 오
7급	玉		구슬 옥
4II급	屋		집 옥
5급	溫	温	따뜻할 온
4II급	完		완전할 완
8급	王		임금 왕
4II급	往		갈 왕
7급	外		바깥 외
5II급	樂	乐	즐길 락, 노래 악, 좋아할 요
5급	要		구할 요
4II급	浴		목욕할 욕

급수	한자	간체자	훈음
5Ⅱ급	用		쓸 용
5급	勇		날랠 용
7급	右		오른 우
7급	牛		소 우
5Ⅱ급	又		또 우
5Ⅱ급	友		벗 우
4Ⅱ급	雨		비 우
5Ⅱ급	運	运	옮길 운
5급	雲	云	구름 운
4Ⅱ급	雄		수컷, 씩씩할 웅
5Ⅱ급	元		으뜸 원
5Ⅱ급	原		언덕 원
5Ⅱ급	遠	远	멀 원
5급	園	园	동산 원
5급	源		근원 원
5급	院		집 원
4Ⅱ급	願	愿	원할 원
8급	月		달 월
6급	位		자리 위
4Ⅱ급	偉	伟	클, 훌륭할 위
4Ⅱ급	爲	为	할(하다) 위
6급	有		있을 유
5급	油		기름 유
5급	由		말미암을 유
6급	育		기를 육
5Ⅱ급	肉		고기 육
5Ⅱ급	銀	银	은 은
4Ⅱ급	恩		은혜 은

급수	한자	간체자	훈음
5Ⅱ급	音		소리 음
5급	飮	饮	마실 음
6급	邑		고을 읍
6급	衣		옷 의
5Ⅱ급	意		뜻 의
5급	醫	医	의원 의
4Ⅱ급	義	义	옳을 의
8급	二		두(둘) 이
7급	耳		귀 이
5급	以		써 이
8급	人		사람 인
5급	因		인할, 까닭 인
4Ⅱ급	仁		어질 인
4Ⅱ급	引		끌(끌다) 인
8급	一		한 일
8급	日		날, 해 일
5급	任		맡길 임
7급	入		들 입
8급	子		아들 자
7급	自		스스로 자
6급	字		글자 자
5급	者	者	사람 자
4Ⅱ급	姊	姊	손위 누이 자
5Ⅱ급	作		지을 작
5급	昨		어제 작
6급	場	场	마당 장
6급	長	长	긴, 어른 장
5급	章		글 장

급수	한자	간체자	훈음
4Ⅱ급	將	将	장수, 장차 장
5Ⅱ급	才		재주 재
5급	再		두, 다시 재
5급	在		있을 재
5급	材		재목 재
4Ⅱ급	財	财	재물 재
4Ⅱ급	災	灾	재앙 재
4Ⅱ급	爭	争	다툴 쟁
4Ⅱ급	低	低	낮을 저
4Ⅱ급	貯	贮	쌓을 저
5급	的		과녁 적
5급	赤		붉을 적
4Ⅱ급	敵	敌	원수 적
6급	全		온전할 전
6급	前		앞 전
5Ⅱ급	田		밭 전
5급	典		법, 책 전
5급	展		펼 전
5급	戰	战	싸움 전
4Ⅱ급	傳	传	전할 전
6급	電	电	번개, 전기 전
4Ⅱ급	節	节	마디 절
4Ⅱ급	店		가게 점
6급	正		바를 정
5급	定		정할 정
5급	庭		뜰 정
4Ⅱ급	丁		장정 정
4Ⅱ급	停		머무를 정

급수	한자	간체자	훈음
4Ⅱ급	情	情	뜻 정
4Ⅱ급	政		정사(정치) 정
4Ⅱ급	精	精	자세할 정
8급	弟		아우(동생) 제
5급	第		차례 제
5급	題	题	제목 제
4Ⅱ급	祭		제사 제
6급	祖	祖	조상 조
5Ⅱ급	朝		아침 조
4Ⅱ급	助		도울 조
4Ⅱ급	操		잡을 조
4Ⅱ급	早		이를 조
4Ⅱ급	調	调	고를 조, 조사할 조
4Ⅱ급	鳥	鸟	새 조
7급	足		발 족
5급	族		겨레 족
4Ⅱ급	存		있을 존
5급	卒		병사, 마칠 졸
4Ⅱ급	種	种	씨 종
4Ⅱ급	終	终	마칠 종
7급	左		왼 좌
4Ⅱ급	坐		앉을 좌
7급	主		주인 주
6급	住		살(살다) 주
5Ⅱ급	晝	昼	낮 주
5급	州		고을 주
5급	注		물댈, 부을 주
4Ⅱ급	走		달릴 주

급수	한자	간체자	훈음
4II급	週	周	돌 주
5II급	竹		대 죽
8급	中		가운데 중
5II급	重		무거울 중
4II급	增	增	더할 증
7급	地		땅 지
5급	止		그칠 지
5급	知		알(알다) 지
5급	紙	纸	종이 지
4II급	志		뜻 지
4II급	支		지탱할, 가를 지
4II급	至		이를 지
5II급	直	直	곧을 직
4II급	眞	真	참 진
4II급	進	进	나아갈 진
4II급	質	质	바탕 질
5급	集		모일 집
4II급	次		버금(둘째) 차
5급	參	参	참여할 참
5급	窓	窗	창문 창
5급	責	责	꾸짖을 책
4II급	冊	册	책 책
4II급	處	处	곳, 살(살다) 처
8급	千		일천 천
7급	天		하늘 천
7급	川		내 천
4II급	鐵	铁	쇠 철
7급	青	青	푸를 청

급수	한자	간체자	훈음
5급	清	清	맑을 청
5급	體	体	몸 체
6급	草		풀 초
5급	初		처음 초
7급	寸		마디 촌
5II급	村		마을 촌
4II급	最		가장 최
5II급	秋		가을 추
4II급	祝	祝	빌 축
5II급	春		봄 춘
7급	出		날 출
5급	充		채울 충
4II급	忠		충성 충
4II급	蟲	虫	벌레 충
4II급	致		이를 치
4II급	齒	齿	이(이빨) 치
4II급	則	则	법칙 칙
5II급	親	亲	친할, 어버이 친
8급	七		일곱 칠
4II급	他		다를 타
4II급	打		칠 타
4II급	卓		높을 탁
5II급	太		클 태
4II급	宅		집 택, 댁
8급	土		흙 토
5II급	通	通	통할 통
4II급	統	统	거느릴 통
4II급	退		물러날 퇴

급수	한자	간체자	훈음
5급	特		특별할 특
5급	爸		아빠 파
4Ⅱ급	波		물결 파
8급	八		여덟 팔
5Ⅱ급	貝	贝	조개 패
4Ⅱ급	敗	败	패할(무너지다) 패
5Ⅱ급	便		편할 편/똥오줌 변
4Ⅱ급	片		조각 편
6급	平	平	평평할 평
5급	表		겉 표
5급	品		물건 품
5Ⅱ급	風	风	바람 풍
5급	必		반드시 필
4Ⅱ급	筆	笔	붓 필
8급	下		아래 하
5Ⅱ급	夏		여름 하
5급	河		물, 강 이름 하
6급	學	学	배울 학
6급	漢	汉	한수(China) 한
6급	韓	韩	한국(Korea) 한
5Ⅱ급	限		한할 한
4Ⅱ급	寒		찰(춥다) 한
6급	合		합할 합
6급	海		바다 해
4Ⅱ급	害		해칠 해
5Ⅱ급	行		다닐 행
5급	幸		다행 행
6급	向		향할 향

급수	한자	간체자	훈음
4Ⅱ급	香		향기 향
4Ⅱ급	許	许	허락할 허
5급	現	现	나타날 현
6급	頁	页	머리 혈
5Ⅱ급	血		피 혈
8급	兄		맏(형) 형
5Ⅱ급	形		모양 형
4Ⅱ급	惠		은혜 혜
6급	好		좋을 호
5급	號	号	부르짖을, 이름 호
4Ⅱ급	戶	户	집, 지게문 호
4Ⅱ급	湖		호수 호
8급	火		불 화
5Ⅱ급	和		화목할 화
5Ⅱ급	花		꽃 화
5Ⅱ급	話	话	말씀(말하다) 화
5급	化		될(되다) 화
5급	畫	画	그림 화
4Ⅱ급	患		근심(걱정) 환
5Ⅱ급	活		살(살다) 활
5Ⅱ급	黃	黄	누를 황
5Ⅱ급	會	会	모일 회
4Ⅱ급	回		돌(돌다) 회
6급	孝		효도 효
6급	後	后	뒤 후
5급	訓	训	가르칠 훈
6급	休		쉴 휴
5급	凶		흉할 흉

급수	한자	간체자	훈음
5급	黑		검을 흑
5급	很		매우 흔
부수8급	丶		점 주
부수8급	丨		뚫을 곤
부수8급	乙		새, 굽을 을
부수8급	丿		삐침 별
부수8급	㇏		파임 불
부수8급	亅		갈고리 궐
부수8급	亠		머리 부분 두
부수8급	儿		걷는 사람 인
부수8급	凵		입 벌릴 감
부수8급	冖		덮을 멱
부수7급	冂		멀 경
부수7급	几		안석 궤
부수7급	冫		얼음 빙
부수7급	勹		쌀(싸다) 포
부수7급	匕		비수 비
부수7급	卜		점 복
부수7급	匚		상자 방 *匸 감출 혜
부수7급	卩 㔾		병부 절
부수7급	厂		언덕 엄
부수7급	厶		사사 사
부수6급	囗		에울 위
부수6급	夂		뒤져서 올 치 *夊 천천히 걸을 쇠
부수6급	宀		집 면
부수6급	幺		작을 요
부수6급	广		집 엄
부수6급	廴		길게 걸을 인
부수6급	廾		손 맞잡을 공
부수6급	弋		주살 익
부수6급	彑 彐		돼지머리 계
부수6급	彡		터럭 삼
부수6급	彳		조금 걸을 척
부수6급	戈		창 과
부수6급	攴 攵		칠 복
부수6급	欠		하품 흠
부수6급	歹		뼈 앙상할 알
부수6급	殳		칠, 몽둥이 수
부수6급	爪 爫		손톱 조
부수6급	辶		쉬엄쉬엄 갈 착
부수6급	爿	丬	조각 장
부수6급	疒		병들어 기댈 녁

활용어 낱말사전

한자어	독음	뜻
價格	가격	물건이 지니고 있는 가치를 돈으로 나타낸 것
時價	시가	어느 일정한 시기의 값
看過	간과	대충 대강 보아 넘김
看病	간병	앓는 사람이나 다친 사람의 곁에서 돌보고 시중을 듦
甘味	감미	설탕, 꿀 따위의 당분이 있는 것에서 느끼는 맛
甘草	감초	단맛이 나는 콩과의 여러해살이 풀
減少	감소	① 줄어서 적어짐 ② 덜어서 적게 함
加減	가감	더하거나 빼는 일
監視	감시	단속하기 위하여 주의 깊게 살핌
監査	감사	감독하고 검사함
改善	개선	잘못된 것이나 부족한 것, 나쁜 것 등을 고쳐 더 좋게 만듦
改名	개명	이름을 고침
個性	개성	다른 사람이나 개체와 구별되는 고유의 특성
別個	별개	관련성이 없이 서로 다른 것
擧手	거수	손을 위로 들어 올림
擧動	거동	몸을 움직이는 동작이나 태도. 몸가짐
科擧	과거	옛날에, 관리를 뽑던 국가시험
巨大	거대	규모나 크기 따위가 엄청나게 큼
巨星	거성	어떤 분야에서 큰 업적을 남긴 뛰어난 사람
健全	건전	병이나 탈이 없이 건강하고 온전함
健實	건실	생각, 태도 따위가 건전하고 착실함
物件	물건	사람이 쓰려고 만든, 일정한 모양이 있는 온갖 것
事件	사건	큰 관심이나 주의를 끌만한 일
建立	건립	건물, 기념비, 동상, 탑 등을 만들어 세움
建物	건물	사람이 살거나, 일을 하거나. 물건을 넣어두기 위해 지은 집
再建	재건	무너진 것을 다시 일으켜 세움
競爭	경쟁	같은 목적에 대해 이기거나 앞서려고 서로 겨룸
競走	경주	사람이나 동물 또는 차가 빨리 달리기를 겨루는 것
風景	풍경	경치
景品	경품	상품을 사는 손님에게 곁들여 주는 물건. 덤 상품
季節	계절	① 기후에 따라 일 년을 넷으로 나눈, 봄·여름·가을·겨울의 철 ② 어떤 일을 하기에 알맞은 때

한자어	독음	뜻
冬季	동계	겨울철
固體	고체	일정한 굳은 모양과 부피를 가지고 있어 만지고 볼 수 있는 물체
固定	고정	① 한 번 정한 대로 변하지 않음 ② 일정한 곳에 붙어 있어 움직이지 않음
故國	고국	(남의 나라에 가 있는 사람이 말하는) 자기 나라
故意	고의	일부러 하는 태도나 행동
骨格	골격	① 동물의 몸을 떠받치는 뼈대 ② 어떤 사물이나 일의 기본이 되는 틀
骨肉	골육	뼈와 살
課題	과제	해결해야 할 문제
課外	과외	학교에서 배우는 것 이외에 따로 학교 밖에서 배우는 것
關節	관절	두 뼈가 서로 이어지는 부분
關心	관심	어떤 것에 마음이 끌려 주의를 기울임
觀光	관광	어떤 곳의 경치·상황·풍속 등을 찾아가 구경하는 것
客觀	객관	자기와의 관계에서 벗어나 제 삼자의 입장에서 사물을 보거나 생각함
廣告	광고	사람들에게 널리 알림
廣場	광장	많은 사람이 모일 수 있게 거리에 만들어 놓은, 넓은 빈터
陸橋	육교	찻길이나 철도 위를 가로질러 사람들이 걸어서 건널 수 있도록 놓은, 땅 위로 놓인 다리
大橋	대교	규모가 큰 다리
具現	구현	어떤 사실을 구체적으로 나타냄
道具	도구	① 일에 쓰는 여러 가지 연장 ② 어떤 목적을 이루기 위한 수단이나 방법
救出	구출	위험한 상태에서 구하여 냄
救急	구급	위급한 환자나 부상자를 간단히 치료를 하여 우선 그 고비를 넘기게 하는 것
求愛	구애	이성에게 사랑을 구하는 것
要求	요구	필요한 것을 달라고 청함
舊式	구식	① 예전의 형식이나 방식 ② 케케묵어 시대에 뒤떨어짐
新舊	신구	새것과 헌것
久久	구구	기간이 길다
永久	영구	오랫동안 계속되어 끊임이 없는 것
局限	국한	범위를 일정한 부분에 한정함
局面	국면	어떤 일이 벌어진 장면이나 형편
君主	군주	임금
君臣	군신	임금과 신하

한자어	독음	뜻
弓術	궁술	활 쏘는 기술
弓手	궁수	활을 쏘던 군사
規則	규칙	여러 사람이 지키기로 정한 법칙
法規	법규	법으로 정해져 있어서 지켜야 하는 규칙
極致	극치	도달할 수 있는 최고의 경지나 상태
南極	남극	지구의 지축의 남쪽 끝. 또는 그 주변의 지역
言及	언급	어떤 문제에 대해 말함
可及的	가급적	① 할 수 있는 것 ② 될 수 있는 대로
給食	급식	학교나 공장에서, 식사를 줌
支給	지급	돈이나 물건을 정해진 몫만큼 내어 주는 것
器具	기구	간단하게 다룰 수 있는 기계나 도구
土器	토기	진흙으로 만들어 유약을 바르지 아니하고 구운 그릇
期間	기간	어떤 일이 시작되는 때부터 끝날 때까지의 시간
時期	시기	어떤 일이나 현상이 진행되는 때
汽車	기차	증기 · 전기 · 기름 등의 힘으로 움직이는, 철도 위로 다니는 차
汽船	기선	증기 기관으로 움직이는 배
技術	기술	무엇을 잘 만들거나 짓거나 하는 재주나 솜씨
競技	경기	운동이나 기술 등에서 재주나 능력을 서로 겨루는 일
基本	기본	어떤 일이나 사물의 가장 중심이 되는 중요한 사실
基金	기금	어떤 공공의 사업에 쓰기 위해 모아 놓은 밑천 또는 돈
信念	신념	굳게 믿는 마음
記念	기념	어떤 뜻 깊은 일이나 훌륭한 인물 등을 오래도록 잊지 아니하고 마음에 간직함
團體	단체	① 같은 목적을 가지고 모인 사람들의 조직 ② 여러 사람이 모여서 이룬 무리
團結	단결	많은 사람이 한데 뭉침
丹青	단청	대궐이나 절 같은 옛날식 건물의 벽 · 기둥 · 천장에 여러 가지 색깔로 그린 그림과 무늬
丹田	단전	배꼽 아래로 약 5센티미터 되는 곳으로, 사람의 기운이 모이는 곳
談話	담화	서로 이야기를 주고받음
美談	미담	사람을 감동시킬 만한 아름다운 이야기
都買	도매	물건을 낱개로 팔지 않고 여러 개를 한 단위로 하여 한꺼번에 파는 것
首都	수도	나라의 중앙 정부가 있는 도시
獨島	독도	우리나라에서 가장 동쪽에 위치한 섬
半島	반도	대륙에서 뻗어 나와 한쪽만 빼고는 모두 바다로 둘러싸인 땅. 절반이 섬

한자어	독음	뜻
到處	도처	가는 곳. 모든 곳
到來	도래	어떠한 시기나 기회가 오거나 생기는 곳
獨立	독립	남에게 의지하지 않고 따로 섬.
獨特	독특	특별하게 다름
大豆	대두	콩
綠豆	녹두	작고 동그란, 풀빛의 낟알로, 묵 · 숙주나물 · 빈대떡의 재료가 되는 콩 종류의 곡식
朗報	낭보	기쁘고 반가운 소식
明朗	명랑	밝고 환함
冷水	냉수	찬물
溫冷	온랭	따뜻함과 찬 기운
兩面	양면	① 사물의 두 면. 겉과 안 ② 표면으로 드러난 점과 드러나지 아니한 점
兩極化	양극화	서로 점점 더 달라지고 멀어짐
減量	감량	수량이나 무게를 줄임
度量	도량	① 길이를 재는 자와 양을 되는 되 ② 너그러운 마음과 깊은 생각
旅行	여행	집을 떠나 이곳저곳을 두루 구경하며 다니는 일
旅費	여비	여행에 드는 비용
練習	연습	익숙하게 되도록 되풀이하여 익히는 것
訓練	훈련	어떤 일을 배우거나 익히기 위해 되풀이하여 연습하는 일
領土	영토	한 나라의 통치권이 미치는 영역
要領	요령	① 경험으로부터 얻은 좋은 방법 ② 적당히 해 넘기는 잔꾀
命令	명령	윗사람이나 상위 조직이 아랫사람이나 하위 조직에 무엇을 하게 함
號令	호령	큰 소리로 꾸짖음
料理	요리	여러 조리 과정을 거쳐 음식을 만듦. 또는 그 음식
材料	재료	물건을 만드는 데 드는 원료
分類	분류	여럿 중에서 같은 성질을 가진 것끼리 갈라놓는 것
種類	종류	어떤 기준에 따라 여러 가지 사물을 나눈 갈래
非理	비리	올바른 이치나 도리에 어긋나는 일
是非	시비	잘잘못. 옳고 그름
鼻音	비음	코가 막힌 듯이 내는 소리
耳目口鼻	이목구비	귀 · 눈 · 입 · 코를 중심으로 한 얼굴의 생김새
貧富	빈부	가난함과 부유함
貧血	빈혈	핏속에 적혈구나 혈색소가 줄어든 상태

한자어	독음	뜻
寫本	사본	원본을 옮기어 베낌
寫眞	사진	사진기로 찍어 종이에 나타내어 오랫동안 두고 볼 수 있게 만든 사물의 그림
謝禮	사례	말이나 물품으로 상대방에게 고마운 뜻을 나타냄
感謝	감사	고맙게 여김
師弟	사제	스승과 제자
教師	교사	주로 초등학교 · 중학교 · 고등학교 따위에서, 일정한 자격을 가지고 학생을 가르치는 사람
査定	사정	조사하거나 심사해서 결정함
調査	조사	사물의 내용을 자세히 살펴보거나 찾아봄
産油國	산유국	원유를 생산하는 나라
財産	재산	개인이나 단체가 가지고 있는, 경제적 가치가 있는 모든 것
賞品	상품	상으로 주는 물품
賞金	상금	선행이나 업적에 대하여 격려하기 위하여 주는 돈
商品	상품	사고파는 물품
商術	상술	장사하는 솜씨나 꾀
常用	상용	늘 씀. 일상적으로 사용함
正常	정상	특별한 변동이나 탈이 없이 제대로인 상태
序頭	서두	일이나 말의 첫머리
順序	순서	정해 놓은 차례
選別	선별	가려서 따로 나눔
當選	당선	① 선거에서 뽑힘 ② 심사나 선발에서 뽑힘
鮮明	선명	산뜻하고 뚜렷하여 다른 것과 혼동되지 않음
新鮮	신선	① 새롭고 산뜻하다 ② 채소나 과일, 생선 따위가 싱싱하다
漁船	어선	고기잡이를 하는 배
救助船	구조선	해상에서 조난을 당한 사람이나 선박을 구조할 수 있도록 장치를 한 배
仙女	선녀	신선 나라에서 산다고 하는 여자
神仙	신선	도(道)를 닦아서 현실의 인간 세계를 떠나 자연과 벗하며 산다는 상상의 사람
善良	선량	착하고 어짊
獨善	독선	자기 혼자만이 옳다고 생각하고 행동하는 일
說明	설명	어떤 일이나 대상의 내용을 상대편이 잘 알 수 있도록 밝혀 말함. 또는 그런 말
說話	설화	있지 아니한 일에 대하여 사실처럼 재미있게 말함. 또는 그런 이야기
舌戰	설전	말다툼(말로 옳고 그름을 가리는 다툼)
口舌	구설	시비하거나 헐뜯는 말

한자어	독음	뜻
行星	행성	떠돌이별. 중심별의 강한 인력의 영향으로 중심별의 주위를 도는 천체
流星	유성	별똥별. 지구의 대기권 안으로 들어와 빛을 내며 떨어지는 작은 물체
聖君	성군	덕이 아주 뛰어난 어진 임금
神聖	신성	매우 거룩하고 성스러움
盛業	성업	사업이 번창함
盛大	성대	행사의 규모 따위가 풍성하고 크다
土城	토성	흙으로 쌓아 올린 성루
不夜城	불야성	등불 따위가 휘황하게 켜 있어 밤에도 대낮같이 밝은 곳을 이르는 말
誠實	성실	정성스럽고 참됨
孝誠	효성	마음을 다해 부모를 섬기는 정성
精誠	정성	참되고 성실한 마음
形勢	형세	물건 따위를 끌어 올림. 값 올림
大勢	대세	일이 진행되어가는 결정적인 형세. 큰 권세
歲月	세월	흘러가는 시간
萬歲	만세	영원히 삶. 길이 번영함
團束	단속	주의를 기울여 다잡거나 보살핌
結束	결속	뜻이 같은 사람이 서로 결합함
送年會	송년회	연말에 한 해를 마무리하고 새해를 뜻깊게 맞이하자는 의미에서 가지는 모임
運送	운송	물건을 일정한 장소로 실어 보내는 것
守備	수비	외부의 침략이나 공격을 막아 지킴
固守	고수	굳게 지킴
視線	시선	눈이 가는 길
監視	감시	경계하여 주의 깊게 지켜봄
試食	시식	음식의 맛이나 요리 솜씨를 보려고 시험 삼아 먹어 봄
入試	입시	'입학시험'의 준말
是正	시정	잘못된 것을 바로잡음
必是	필시	반드시. 어김없이
千辛萬苦	천신만고	천 가지 매운 것과 만 가지 쓴 것이라는 뜻으로, 온갖 어려운 고비를 다 겪으며 심하게 고생함
氏族	씨족	공동의 조상을 가진 혈연 공동체
姓氏	성씨	'성(姓)'의 높임말
惡談	악담	남을 헐뜯거나 저주하는 말
善惡	선악	착함과 악함

활용어 낱말사전

한자어	독음	뜻
眼目	안목	사물의 가치를 판단하거나 분별하는 능력
血眼	혈안	① 붉게 충혈된 눈 ② 기를 쓰고 달려들어 독이 오른 눈
案件	안건	토의하거나 조사하여야 할 사실
考案	고안	연구하여 새로운 것을 생각해 냄. 또는 그것
暗示	암시	넌지시 깨우쳐 줌. 힌트
暗黑	암흑	어둡고 캄캄함
明暗	명암	① 밝음과 어둠 ② 기쁜 일과 슬픈 일
萬若	만약	혹시 있을지도 모르는 뜻밖의 경우. 만일
約束	약속	다른 사람과 앞으로의 일을 어떻게 할 것인가를 미리 정하여 둠
節約	절약	돈 · 물자 · 시간 · 힘 등을 잘 따져 아껴 쓰는 것
養成	양성	가르쳐서 유능한 사람을 길러 냄
敎養	교양	학문, 지식, 사회생활을 바탕으로 이루어지는 품위. 또는 문화에 대한 폭넓은 지식
熱誠	열성	열렬한 정성
熱量	열량	열에너지의 양. 단위는 보통 '칼로리(cal)'로 표시한다.
葉書	엽서	'우편엽서'의 준말
末葉	말엽	어떤 시대를 세 시기로 나누었을 때의 끝 무렵
屋上	옥상	지붕의 위. 특히 현대식 양옥 건물에서 마당처럼 편평하게 만든 지붕 위를 이름
家屋	가옥	사람이 사는 집
完成	완성	완전히 다 이룸
完全	완전	모자람이나 흠이 없음
往來	왕래	가고 오고 함. 서로 교제하여 사귐
往年	왕년	지나간 해
浴室	욕실	'목욕실'의 준말
日光浴	일광욕	치료나 건강을 위하여 온몸을 드러내고 햇빛을 쬠. 또는 그런 일
雨天	우천	비가 오는 날씨
雨期	우기	일 년 중 비가 많이 오는 시기
雄大	웅대	웅장하고 크다
英雄	영웅	지혜와 재능이 뛰어나고 용맹하여 보통 사람이 하기 어려운 일을 해내는 사람
願書	원서	지원하거나 청원하는 내용을 적은 서류
念願	염원	마음에 간절히 생각하고 기원함. 또는 그런 것
偉大	위대	도량이나 능력, 업적 따위가 뛰어나고 훌륭하다
偉人	위인	뛰어나고 훌륭한 사람

한자어	독음	뜻
行爲	행위	사람이 의지를 가지고 하는 짓
無作爲	무작위	일부러 꾸미거나 뜻을 더하지 아니함
恩人	은인	은혜를 베풀어 준 사람
恩德	은덕	은혜와 덕
義理	의리	사람으로서 지켜야 할 도리
主義	주의	굳게 지키는 주장이나 방침
引上	인상	물건 따위를 끌어 올림. 값 올림
引用	인용	남의 말이나 글을 자신의 말이나 글 속에 끌어 씀
仁術	인술	사람을 살리는 어진 기술이라는 뜻으로, '의술(醫術)'을 이르는 말
仁義	인의	어짊과 의로움
姉妹	자매	언니와 여동생 사이
姉兄	자형	손위 누이의 남편을 이르거나 부르는 말
將來	장래	다가올 앞날
名將	명장	이름난 장수
財物	재물	돈이나 그 밖의 값나가는 모든 물건
財團	재단	일정한 목적을 위해 법적으로 등록된 재산을 관리하는 단체
災害	재해	재앙으로 받은 피해
火災	화재	불로 인한 재난
戰爭	전쟁	① 나라나 민족들이 온갖 무기와 물자를 써서 서로 싸우는 것 ② 극심한 경쟁이나 혼란
言爭	언쟁	말다툼
低溫	저온	낮은 온도
低價	저가	헐한 값. 일정한 시기의 물건 값보다 더 싼 값
貯金	저금	돈을 금융기관에 맡겨 모으거나 저금통에 모아 두는 것
貯油	저유	기름을 저장하여 둠
敵對	적대	적으로 맞섬
敵手	적수	재주나 힘이 서로 비슷한 상대
傳說	전설	예로부터 전해 내려오는 이야기
口傳	구전	말로 전함
節減	절감	아껴서 줄임
調節	조절	균형을 잡아 어울리게 바로잡음
支店	지점	본점에서 갈라져 나온 점포
本店	본점	영업의 본거지가 되는 점포

한자어	독음	뜻
情報	정보	어떤 비밀스러운 사실이나 상황에 관한 자세한 지식이나 보고 또는 자료
感情	감정	어떤 현상이나 일에 대하여 일어나는 마음이나 느끼는 기분
停止	정지	움직이고 있던 것이 멈추거나 그침
急停車	급정거	차가 급히 섬
兵丁	병정	병역에 복무하는 장정
白丁	백정	소나 개, 돼지 따위를 잡는 일을 직업으로 하는 사람
精神	정신	① 마음이나 영혼 ② 생각하고 판단하는 능력이나 작용
精米所	정미소	방앗간. 쌀을 비롯한 곡식을 찧는 공장
政界	정계	정치를 하는 사람들의 세계
政治	정치	국민의 생활을 보장하고 사회 질서를 지키기 위하여 국가의 권력을 유지하고 부리는 활동
祭器	제기	제사에 쓰는 그릇
祭禮	제례	제사의 예법이나 예절
調停	조정	분쟁을 중간에서 화해하게 하거나 서로 타협점을 찾아 합의하도록 함
調和	조화	서로 잘 어울리게 함
助言	조언	말로 거들거나 깨우쳐 주어서 도움. 또는 그 말
內助	내조	아내가 남편을 도움
鳥類	조류	날개가 있고 온몸이 깃털로 덮여 있으며 알을 낳는 짐승의 무리. 새의 종류
吉鳥	길조	사람에게 어떤 좋은 일이 생김을 미리 알려준다는 새
早期	조기	이른 시기
早退	조퇴	정하여진 시간 이전에 물러남
操心	조심	잘못이나 실수가 없도록 말이나 행동에 마음을 씀
操作	조작	기계나 장치 등을 일정한 방식에 따라 다루어 움직임
存在	존재	현실에 실재로 있음
共存	공존	서로 도와서 함께 존재함
終結	종결	일을 끝마침
始終	시종	처음과 끝
各種	각종	온갖 종류. 또는 여러 종류
變種	변종	같은 종류에 속하면서도 꼴이나 성질이 다른 생물
坐視	좌시	옆에 앉아 보기만 하고 참견하지 않음
坐浴	좌욕	허리부터 그 아래만을 하는 목욕
走行	주행	차로 달리는 것
獨走	독주	① 혼자서 뜀 ② 남을 아랑곳 하지 않고 자기 혼자서 행동함

한자어	독음	뜻
週期	주기	한 바퀴를 도는 기간
週間	주간	한 주일 동안
增加	증가	수량이 더 늘어 많아짐
急增	급증	갑자기 늘어남
志願	지원	어떤 일이나 조직에 뜻을 두어 한 구성원이 되기를 바람
同志	동지	목적이나 뜻이 서로 같음. 또는 목적이나 뜻을 같이 하는 사람
至極	지극	더할 수 없이 극진하다
至當	지당	이치에 맞고 지극히 당연하다
支出	지출	어떤 목적을 위하여 돈을 지급하는 일
支流	지류	강의 큰 줄기를 이루는 작은 물줄기
進步	진보	정도나 수준이 나아지거나 높아짐
前進	전진	앞으로 나아감
眞實	진실	거짓이 없고 참됨
眞理	진리	참된 이치
質問	질문	의문이나 이유를 물음
品質	품질	물건이 된 바탕
次例	차례	순서 있게 구분하여 벌여 나가는 관계
目次	목차	목록이나 제목의 차례
空冊	공책	글씨를 쓰거나 그림을 그리도록 백지로 매어 놓은 책
小說冊	소설책	소설이 실린 책
處地	처지	처하여 있는 사정이나 형편
出處	출처	① 사물이나 말 따위가 생기거나 나온 근거 ② 사람이 다니거나 가는 곳
鐵道	철도	기차 · 전차 등의 쇠바퀴가 구르도록 깔아 놓은 쇠로 만든 길
古鐵	고철	아주 낡고 오래된 쇠
最高	최고	가장 높음
最善	최선	가장 좋음. 온 정성과 힘
祝祭	축제	축하해서 벌이는 큰 행사
自祝	자축	자기에게 생긴 좋은 일을 스스로 축하함
蟲齒	충치	벌레 먹은 이
害蟲	해충	사람이나 농작물, 과수 등에 해를 끼치는 벌레
忠誠	충성	진정에서 우러나오는 정성
忠告	충고	남의 결함이나 잘못을 진심으로 타이름. 또는 그런 말

한자어	독음	뜻
致富	치부	재물을 모아 부자가 됨
理致	이치	사실이나 사물을 바르게 이해하고 설명할 수 있게 하는, 근본적인 진리나 원칙
齒石	치석	이의 표면에 엉겨 붙어서 굳은 물질
齒科	치과	이와 입안의 병을 전문적으로 치료하는 분야나 병원
義齒	의치	이가 빠진 자리에 만들어 박은 가짜 이. 틀니
原則	원칙	기본이 되는 규칙이나 법칙
鐵則	철칙	변경하거나 어길 수 없는 규칙
他人	타인	다른 사람
出他	출타	집에 있지 않고 다른 곳에 나감
打者	타자	(야구에서) 타석에서 방망이를 들고 공을 치는 공격 선수
打算	타산	자기에게 도움이 되는지를 따져 보는 것
卓見	탁견	뛰어난 의견이나 견해
食卓	식탁	식사용의 탁자
宅內	댁내	남의 집안을 높여 부르는 말
住宅	주택	살림할 수 있도록 지은 집
統計	통계	한데 몰아서 셈함
傳統	전통	(어떤 집단이나 공동체에서) 예전부터 이어 내려오는 사상 · 관습 · 행동 등의 양식
退場	퇴장	어떤 장소에서 물러남
進退	진퇴	나아감과 물러섬
波動	파동	물결의 움직임
風波	풍파	① 세찬 바람과 험한 물결 ② 세상살이에서 생기는 어려움이나 고통
敗戰	패전	싸움에 짐
成敗	성패	성공과 실패
片道	편도	가고 오는 길 가운데 어느 한 쪽
片肉	편육	얇게 저민 수육
筆談	필담	말이 통하지 아니하거나 말을 할 수 없을 때에, 글로 써서 서로 묻고 대답함
名筆	명필	매우 잘 쓴 글씨
寒心	한심	정도에 너무 지나치거나 모자라서 딱하거나 기막히다
寒波	한파	겨울철에 기온이 갑자기 내려가는 현상
病害	병해	병으로 말미암은 농작물의 피해
水害	수해	홍수로 인한 피해
香氣	향기	꽃이나 향 등에서 나는 기분 좋은 냄새

한자어	독음	뜻
香料	향료	향기를 내는 물질
許多	허다	수효가 매우 많다
許可	허가	요청하는 것을 들어줌
恩惠	은혜	고맙게 베풀어 주는 신세나 혜택
特惠	특혜	특별한 혜택
門戶	문호	① 집으로 드나드는 문 ② 외부와의 교류를 위한 통로나 수단
窓戶	창호	창과 문
江湖	강호	① 강과 호수 ② 세상
病患	병환	'병'의 높임말
回答	회답	물음이나 편지 따위에 반응함
回生	회생	거의 죽어 가다가 다시 살아남

유의어와 반의어

유의어		
家(집 가)	=	屋(집 옥)
家(집 가)	=	宅(집 택)
監(볼 감)	=	査(조사할 사)
監(볼 감)	=	視(볼 시)
江(강 강)	=	湖(호수 호)
巨(클 거)	=	大(큰 대)
建(세울 건)	=	立(설 립)
結(맺을 결)	=	束(묶을 속)
景(볕 경)	=	光(빛 광)
競(다툴 경)	=	争(다툴 쟁)
季(철 계)	=	節(마디 절)
高(높을 고)	=	卓(높을 탁)
具(갖출 구)	=	備(갖출 비)
君(임금 군)	=	主(주인 주)
規(법 규)	=	格(격식 격)
規(법 규)	=	則(법칙 칙)
基(터 기)	=	本(근본 본)
技(재주 기)	=	術(재주 술)
丹(붉을 단)	=	赤(붉을 적)
談(말씀 담)	=	話(말씀 화)
度(법도 도)	=	量(헤아릴 량)
都(도읍 도)	=	市(저자 시)
明(밝을 명)	=	朗(밝을 랑)
命(명령할 명)	=	令(명령할 령)
沐(목욕할 목)	=	浴(목욕할 욕)

유의어		
門(문 문)	=	户(외짝 문 호)
物(물건 물)	=	件(물건 건)
法(법 법)	=	規(법 규)
法(법 법)	=	律(법 률)
法(법 법)	=	則(법칙 칙)
變(변할 변)	=	改(고칠 개)
變(변할 변)	=	化(될 화)
病(병 병)	=	患(근심 환)
報(알릴 보)	=	告(알릴 고)
保(지킬 보)	=	守(지킬 수)
費(쓸 비)	=	用(쓸 용)
思(생각 사)	=	考(생각할 고)
思(생각 사)	=	念(생각 념)
使(하여금 사)	=	令(하여금 령)
産(낳을 산)	=	出(날 출)
生(날 생)	=	産(낳을 산)
書(책 서)	=	冊(책 책)
選(가릴 선)	=	別(나눌 별)
說(말씀 설)	=	話(말씀 화)
順(따를 순)	=	序(차례 서)
時(때 시)	=	期(기약할 기)
辛(매울 신)	=	苦(쓸 고)
失(잃을 실)	=	敗(패할 패)
眼(눈 안)	=	目(눈 목)
養(기를 양)	=	育(기를 육)

유의어		
旅(나그네 려)	=	客(손 객)
年(해 년)	=	歲(해 세)
練(익힐 련)	=	習(익힐 습)
永(길 영)	=	久(오랠 구)
例(법식 례)	=	規(법 규)
溫(따뜻할 온)	=	熱(더울 열)
完(완전할 완)	=	全(온전 전)
料(헤아릴 료)	=	量(헤아릴 량)
願(원할 원)	=	望(바랄 망)
偉(클 위)	=	大(큰 대)
陸(뭍 륙)	=	地(땅 지)
恩(은혜 은)	=	惠(은혜 혜)
意(뜻 의)	=	志(뜻 지)
長(긴 장)	=	久(오랠 구)
戰(싸울 전)	=	爭(다툴 쟁)
情(뜻 정)	=	意(뜻 의)
停(머무를 정)	=	止(그칠 지)
調(고를 조)	=	和(화할 화)
存(있을 존)	=	在(있을 재)
終(끝 종)	=	末(끝 말)
增(더할 증)	=	加(더할 가)
至(이를 지)	=	極(다할 극)
眞(참 진)	=	實(열매 실)
質(바탕 질)	=	朴(순박할 박)
集(모을 집)	=	團(모일 단)

유의어		
處(곳 처)	=	所(곳 소)
他(다를 타)	=	別(다를 별)
統(거느릴 통)	=	領(거느릴 령)
品(물건 품)	=	件(물건 건)
寒(찰 한)	=	冷(찰 랭)
凶(흉할 흉)	=	惡(악할 악)

반의어		
加(더할 가)	↔	減(덜 감)
甘(달 감)	↔	苦(쓸 고)
高(높을 고)	↔	低(낮을 저)
骨(뼈 골)	↔	肉(고기 육)
空(하늘 공)	↔	陸(뭍 륙)
君(임금 군)	↔	民(백성 민)
君(임금 군)	↔	臣(신하 신)
及(미칠 급)	↔	落(떨어질 락)
都(도읍 도)	↔	農(농사 농)
頭(머리 두)	↔	尾(꼬리 미)
明(밝을 명)	↔	暗(어두울 암)
文(글월 문)	↔	武(굳셀 무)
班(나눌 반)	↔	常(항상 상)
本(근본 본)	↔	末(끝 말)
夫(남편 부)	↔	婦(아내 부)
貧(가난할 빈)	↔	富(넉넉할 부)
師(스승 사)	↔	弟(제자 제)
善(착할 선)	↔	惡(악할 악)
成(이룰 성)	↔	敗(무너질 패)
首(머리 수)	↔	尾(꼬리 미)
順(따를 순)	↔	逆(거스를 역)
勝(이길 승)	↔	敗(패할 패)
始(처음 시)	↔	終(마칠 종)
是(옳을 시)	↔	非(아닐 비)
新(새 신)	↔	舊(예 구)
熱(더울 열)	↔	冷(찰 랭)

반의어		
溫(따뜻할 온)	↔	冷(찰 랭)
往(갈 왕)	↔	來(올 래)
陸(뭍 륙)	↔	海(바다 해)
利(이로울 리)	↔	害(해할 해)
自(스스로 자)	↔	他(다를 타)
姊(손위누이자)	↔	妹(손아래누이매)
將(장수 장)	↔	兵(군사 병)
存(있을 존)	↔	亡(망할 망)
存(있을 존)	↔	無(없을 무)
存(있을 존)	↔	敗(패할 패)
坐(앉을 좌)	↔	立(설 립)
增(더할 증)	↔	減(덜 감)
進(나아갈 진)	↔	退(물러날 퇴)
鐵(쇠 철)	↔	石(돌 석)
初(처음 초)	↔	終(마칠 종)
忠(충성 충)	↔	逆(거스를 역)
寒(찰 한)	↔	溫(따뜻할 온)
好(좋을 호)	↔	惡(미워할 오)
訓(가르칠 훈)	↔	練(익힐 련)

한자성어

한자	독음	뜻
角者無齒	각자무치	뿔이 있는 짐승은 이가 없다는 뜻으로, 한 사람이 여러 가지 재주나 복을 다 가질 수 없음을 이르는 말
感謝萬萬	감사만만	헤아릴 수 없을 정도로 매우 고마움
甘言利說	감언이설	귀가 솔깃하도록 남의 비위를 맞추거나 이로운 조건을 내세워 꾀는 말
格物致知	격물치지	사물의 이치를 파고들어 지식을 명확하게 함. '格物致知 誠意正心 修身齊家 治國平天下(격물치지 성의정심 수신제가 치국평천하)'–〈대학〉
見利思義	견리사의	눈앞의 이익을 보면 의리를 먼저 생각함
結草報恩	결초보은	죽은 뒤에라도 은혜를 잊지 않고 갚음을 이르는 말
過失相規	과실상규	향약의 네 가지 덕목 가운데 하나. 잘못을 저지르지 않도록 서로 규제해야 함을 이름
君子三樂	군자삼락	군자의 세 가지 즐거움. 부모가 살아 계시고 형제가 무고한 것, 하늘과 사람에게 부끄러워할 것이 없는 것, 천하의 영재를 얻어서 가르치는 것을 이른다.
多情多感	다정다감	다른 사람을 마음으로부터 배려해 주고 감정이 풍부함
當選謝禮	당선사례	당선자가 선거인에게 감사의 뜻을 나타냄
大同團結	대동단결	여러 집단이나 사람이 어떤 목적을 이루려고 크게 한 덩어리로 뭉침
大書特筆	대서특필	특별히 두드러지게 보이도록 글자를 크게 쓴다는 뜻으로, 신문·잡지 등에서 어떤 사실이나 사건을 뚜렷이 알리기 위해서 큰 글자로 보도하는 것. 기사(記事)에 큰 비중을 두어 다룸을 이르는 말
大義名分	대의명분	① 사람이 마땅히 지켜야 할 도리나 명분 ② 어떤 일을 꾀하는데 내세우는 마땅한 구실이나 이유
德建名立	덕건명립	항상 덕을 가지고 세상일을 행하면 자연스럽게 이름이 드러나게 됨
德無常師	덕무상사	덕(인격)을 닦는 데는 일정(一定)한 스승이 없다는 뜻으로, 마주치는 환경, 마주치는 사람 모두가 인생 공부에 도움이 됨을 이르는 말
獨不將軍	독불장군	혼자서는 장군이 될 수 없다는 뜻으로, 무슨 일이든 자기 생각대로 혼자서 처리하는 사람을 이르는 말
讀書三到	독서삼도	송나라의 주희가 주창한 독서의 세 가지 방법으로 책을 읽을 때, 입으로 다른 말을 하지 않고(口到), 눈으로 딴 것을 보지 않고(眼到), 마음을 하나로 가다듬어(心到) 반복해서 읽으면 그 깊은 뜻을 이해할 수 있다는 말

한자	독음	뜻
冬蟲夏草	동충하초	겨울에는 벌레이던 것이 여름에는 풀이 된다는 뜻으로, 동충하초과의 버섯을 통틀어 이르는 말
明若觀火	명약관화	불을 보는 것 같이 밝게 보인다는 뜻으로, 더 말할 나위 없이 명백함
民主主義	민주주의	국민이 권력을 가지고 그 권력을 스스로 행사하는 제도
百拜謝禮	백배사례	거듭 절을 하며 고맙다는 뜻을 나타냄
百戰老將	백전노장	많은 전투를 치른 노련한 장수란 뜻으로, 세상일에 경험이 많아 여러 가지로 능란한 사람을 이르는 말
不法行爲	불법행위	고의나 과실로 말미암아 남의 권리를 침해하는 행위
父傳子傳	부전자전	아들의 성격이나 생활 습관 등이 아버지로부터 대물림된 것처럼 같거나 비슷함
非一非再	비일비재	같은 현상이나 일이 한두 번이나 한둘이 아니고 많음
事君以忠	사군이충	세속 오계의 하나. 충성으로써 임금을 섬긴다는 말
士農工商	사농공상	예전에, 백성을 나누던 네 가지 계급. 선비, 농부, 공장, 상인을 이르던 말. *공장(工匠): 공방에서 연장으로 물품을 만드는 일을 전문으로 하는 사람
善男善女	선남선녀	성품이 착한 남자와 여자란 뜻으로, 착하고 어진 사람들을 이르는 말
說往說來	설왕설래	옳고 그름을 가리거나 주장을 하느라고 여럿의 말이 오고 가는 것
誠心誠意	성심성의	참되고 성실한 마음과 뜻
始終如一	시종여일	처음이나 나중이 한결같아서 변함없음
實事求是	실사구시	사실에 토대를 두어 진리를 탐구하는 일
惡衣惡食	악의악식	너절하고 조잡한 옷을 입고 맛없는 음식을 먹음. 또는 그 옷이나 음식
眼高手低	안고수저	눈은 높으나 솜씨는 서투르다는 뜻으로, 이상만 높고 실천이 따르지 못함을 이르는 말
安貧樂道	안빈낙도	가난한 생활을 하면서도 편안한 마음으로 도(道)를 즐김
眼下無人	안하무인	눈 아래에 사람이 없다는 뜻으로, 방자하고 교만하여 다른 사람을 업신여김을 이르는 말
語不成說	어불성설	말이 조금도 사리에 맞지 않음
言中有骨	언중유골	말 속에 뼈가 있다는 뜻으로, 예사로운 말 속에 단단한 속뜻이 들어 있음을 이르는 말

한자	독음	뜻
溫故知新	온고지신	옛것을 익히고 그것을 미루어서 새것을 앎
一波萬波	일파만파	한 물결이 잇달아 많은 물결을 일으킨다는 뜻으로, 한 사건이나 일이 확대되거나 번짐을 이르는 말
雨順風調	우순풍조	비가 때맞추어 알맞게 내리고 바람이 고르게 분다는 뜻으로, 기후가 농사짓기에 알맞고 순조로움을 이르는 말 = 風調雨順(풍조우순)
右往左往	우왕좌왕	이리저리 왔다 갔다 하며 일이나 나아가는 방향을 종잡지 못함
有備無患	유비무환	미리 준비가 되어 있으면 걱정할 것이 없음
以心傳心	이심전심	마음과 마음으로 서로 뜻이 통함
利害打算	이해타산	이해관계를 이모저모 모두 따져 봄
仁者無敵	인자무적	어진 사람은 남에게 덕을 베풂으로써 모든 사람의 사랑을 받기에 모든 사람이 사랑하므로 세상에 적이 없음
仁者樂山	인자요산	어진 사람은 의리에 만족하여 몸가짐이 무겁고 덕이 두터워 그 마음이 산과 비슷하므로 자연히 산을 좋아함
一石二鳥	일석이조	돌 한 개를 던져 새 두 마리를 잡는다는 뜻으로, 동시에 두 가지 이득을 봄을 이르는 말
一夕千念	일석천념	하루 저녁에 천 가지 생각을 한다는 뜻으로, 잠시 동안 아주 많은 것을 생각함
一葉知秋	일엽지추	하나의 나뭇잎을 보고 가을이 옴을 안다는 뜻으로, 조그마한 일을 가지고 장차 올 일을 미리 짐작함
一致團結	일치단결	여럿이 마음을 합쳐 한 덩어리로 굳게 뭉침
一片丹心	일편단심	한 조각의 붉은 마음이라는 뜻으로, 진심에서 우러나오는 변치 아니하는 마음을 이르는 말
自給自足	자급자족	필요한 물자를 스스로 생산하여 충당함
前代未聞	전대미문	이제까지 들어 본 적이 없음
朝變夕改	조변석개	아침저녁으로 뜯어고친다는 뜻으로, 계획이나 결정 따위를 일관성이 없이 자주 고침을 이르는 말
坐不安席	좌불안석	앉아도 자리가 편안하지 않다는 뜻으로, 마음이 불안하거나 걱정스러워서 안절부절 못하는 모양을 이르는 말
走馬看山	주마간산	말을 타고 달리며 산천을 구경한다는 뜻으로, 자세히 살피지 아니하고 대충대충 보고 지나감을 이르는 말

한자	독음	뜻
竹馬故友	죽마고우	대말을 타고 놀던 벗이라는 뜻으로, 어릴 때부터 같이 놀며 자란 벗
至誠感天	지성감천	지극한 정성에는 하늘도 감동한다는 뜻으로, 무엇이든 정성껏 하면 하늘이 움직여 좋은 결과를 맺는다는 말
進退無路	진퇴무로	이러지도 저러지도 못하는 매우 곤란한 상태
千辛萬苦	천신만고	천 가지 매운 것과 만 가지 쓴 것이라는 뜻으로, 온갖 어려운 고비를 다 겪으며 심하게 고생함을 이르는 말
天長地久	천장지구	하늘과 땅은 영원함. 하늘과 땅처럼 오래가고 변함이 없음을 이르는 말
天災地變	천재지변	지진, 홍수, 태풍 등과 같은 자연 현상으로 인한 재앙이나 사고
秋風落葉	추풍낙엽	① 가을바람에 떨어지는 나뭇잎. ② 어떤 형세나 세력이 갑자기 기울어지거나 헤어져 흩어지는 모양을 비유적으로 이르는 말
春秋筆法	춘추필법	비판의 태도가 엄중함을 이름. 대의명분을 밝혀 세우는 사필의 준엄한 논법
太平聖代	태평성대	어진 임금이 잘 다스리어 태평한 세상이나 시대
敗家亡身	패가망신	집안의 재산을 다 써 없애고 몸을 망침
兄弟姉妹	형제자매	남자 형제와 여자 형제를 아울러 이르는 말
好衣好食	호의호식	좋은 옷을 입고 좋은 음식을 먹음
天下無敵	천하무적	세상에 대적할 만한 사람이 없음
平地風波	평지풍파	평온한 자리에서 일어나는 바람과 물결이라는 뜻으로, 공연한 일을 만들어서 뜻밖에 분쟁을 일으키거나 사태를 어렵고 시끄럽게 만드는 경우를 가리키는 말
犬馬之誠	견마지성	개나 말의 정성이라는 뜻으로, 자신의 정성을 낮추어 이르는 말
金石之約	금석지약	쇠나 돌처럼 굳고 변함없는 약속
望雲之情	망운지정	구름을 바라보며 그리워한다는 뜻으로, 멀리 떠나온 자식이 어버이를 생각하며 그리는 정
亡國之音	망국지음	나라를 망치는 음악이란 뜻으로, 저속하고 난잡한 음악을 일컫는 말
尾生之信	미생지신	미생의 믿음이란 뜻으로, 우직하여 융통성이 없이 약속만을 굳게 지킴을 비유적으로 이르는 말
是非之心	시비지심	옳고 그름을 가릴 줄 아는 마음

한자	독음	뜻
十伐之木	십벌지목	열 번 찍어 베는 나무라는 뜻으로, 열 번 찍어 안 넘어가는 나무가 없음을 이르는 말
溫故之情	온고지정	옛것을 살피고 생각하여 그 뜻을 살리고 싶은 마음
鳥足之血	조족지혈	새 발의 피라는 뜻으로, 매우 적은 분량을 비유적으로 이르는 말
青雲之志	청운지지	푸른 구름과 같은 뜻이라는 뜻으로, 출세를 향한 원대한 포부나 높은 이상을 비유하는 말
他山之石	타산지석	다른 산의 나쁜 돌이라도 자기의 구슬을 가는데 쓴다는 뜻으로, 다른 사람의 하찮은 언행이라도 자기의 지덕을 닦는 데 도움이 됨을 비유해 이르는 말

간체자 및 HSK어휘

간체자	발음	HSK 어휘
价	[jià]	价格 [jiàgé] 가격, 价值 [jiàzhí] 가치, 评价 [píngjià] 평가하다, 代价 [dàijià] 대가
看	[kàn]	看见 [kànjiàn] 보다, 看法 [kànfǎ] 견해, 看不起 [kàn bu qǐ] 멸시하다 看望 [kànwàng] 바라다, 看待 [kàndài] 대우하다
甘	[gān]	苦尽甘来 [kǔ jìn gān lái] 고진감래, 心甘情愿 [xīn gān qíng yuàn] 기꺼이 원하다
减	[jiǎn]	减肥 [jiǎnféi] 살을 빼다, 减少 [jiǎnshǎo] 덜다
监	[jiān]	监督 [jiāndū] 감독하다, 监视 [jiānshì] 감시하다, 监狱 [jiānyù] 감옥
改	[gǎi]	改变 [gǎibiàn] 바꾸다, 改革 [gǎigé] 개혁하다, 改善 [gǎishàn] 개선하다 改正 [gǎizhèng] 고치다, 改良 [gǎiliáng] 개선하다
个	[gè]	个子 [gèzi] 키, 个别 [gèbié] 개별, 个性 [gèxìng] 개성, 整个(儿) [zhěnggè(r)] 전체 个体 [gètǐ] 개체
举	[jǔ]	举办 [jǔbàn] 주최하다, 举行 [jǔxíng] 거행하다, 举动 [jǔdòng] 행동 列举 [lièjǔ] 열거하다, 选举 [xuǎnjǔ] 선출(하다), 一举两得 [yì jǔ liǎng dé] 일거양득
巨	[jù]	巨大 [jùdà] 거대하다
健	[jiàn]	健康 [jiànkāng] 건강(하다), 健身 [jiànshēn] 건강히 하다, 健全 [jiànquán] 건전하다
件	[jiàn]	电子邮件 [diànzǐ yóujiàn] 이메일, 条件 [tiáojiàn] 조건, 零件 [língjiàn] 부속품 软件 [ruǎnjiàn] 소프트웨어, 文件 [wénjiàn] 문건, 事件 [shìjiàn] 사건
建	[jiàn]	建议 [jiànyì] 건의(하다), 建立 [jiànlì] 건립하다, 建设 [jiànshè] 건설(하다) 建筑 [jiànzhù] 건축하다
竞	[jìng]	竞赛 [jìngsài] 경쟁(하다), 竞选 [jìngxuǎn] 경선하다
景	[jǐng]	景色 [jǐngsè] 경치, 背景 [bèijǐng] 배경, 风景 [fēngjǐng] 풍경, 情景 [qíngjǐng] 장면
季	[jì]	季节 [jìjié] 계절, 淡季 [dànjì] 불경기
固	[gù]	固定 [gùdìng] 고정된, 固体 [gùtǐ] 고체, 固有 [gùyǒu] 고유의, 固执 [gùzhí] 고집스럽다 坚固 [jiāngù] 견고하다
故	[gù]	故事 [gùshì] 이야기, 故意 [gùyì] 일부러, 变故 [biàngù] 사고, 故乡 [gùxiāng] 고향 故障 [gùzhàng] 고장, 事故 [shìgù] 사고, 缘故 [yuángù] 이유
骨	[gǔ]	骨头 [gǔtou] 뼈, 骨干 [gǔgàn] 중요한 역할
课	[kè]	课程 [kèchéng] (교육)과정/커리큘럼, 课题 [kètí] 과제

간체자	발음	HSK 어휘
关	[guān]	**没关系** [méi guānxi] 상관 없다, **关心** [guānxīn] 관심 갖다, **关于** [guānyú] ~에 관해 **关键** [guānjiàn] 관건, **关闭** [guānbì] 닫다, **相关** [xiāngguān] 관련되다
观	[guān]	**参观** [cānguān] 견학, **观众** [guānzhòng] 관중, **悲观** [bēiguān] 비관(적인) **观察** [guānchá] 관찰, **观点** [guāndiǎn] 관점, **观念** [guānniàn] 관념 **客观** [kèguān] 객관(적인), **乐观** [lèguān] 낙관(적인), **主观** [zhǔguān] 주관(적인) **观光** [guānguāng] 관광하다
广	[guǎng]	**广播** [guǎngbō] 방송, **广告** [guǎnggào] 광고, **广场** [guǎngchǎng] 광장 **广大** [guǎngdà] 넓다, **推广** [tuīguǎng] 확대하다
桥	[qiáo]	**立交桥** [lìjiāoqiáo] 입체교차로, **桥梁** [qiáoliáng] 교량
具	[jù]	**工具** [gōngjù] 도구, **具备** [jùbèi] 갖추다, **具体** [jùtǐ] 구체적인, **玩具** [wánjù] 장난감 **文具** [wénjù] 문구류
救	[jiù]	**救护车** [jiùhùchē] 엠뷸런스, **补救** [bǔjiù] 구제하다, **抢救** [qiǎngjiù] 구조하다
求	[qiú]	**要求** [yāoqiú] 요구하다, **征求** [zhēngqiú] 모집하다/응모하다, **需求** [xūqiú] 수요
旧	[jiù]	**陈旧** [chénjiù] 진부하다, **仍旧** [réngjiù] 여전히
久	[jiǔ]	**悠久** [yōujiǔ] 유구하다, **持久** [chíjiǔ] 지속되다
局	[jú]	**邮局** [yóujú] 우체국, **布局** [bùjú] 배치하다, **格局** [géjú] 격식 **公安局** [gōng'ānjú] 경찰서, **结局** [jiéjú] 결말, **局部** [júbù] 일부분
君	[jūn]	**君子** [jūnzǐ] 군자
弓	[gōng]	**弓箭** [gōngjiàn] 활과 화살 *箭 화살 전
规	[guī]	**规矩** [guīju] 표준, **规律** [guīlǜ] 규율, **规模** [guīmó] 규모, **规则** [guīzé] 규칙 **规范** [guīfàn] 본보기, **规划** [guīhuà] 계획
极	[jí]	**积极** [jījí] 적극적이다, **极其** [jíqí] 매우, **太极拳** [tàijíquán] 태극권 **消极** [xiāojí] 소극적이다, **北极** [běijí] 북극
及	[jí]	**及格** [jígé] 합격하다, **以及** [yǐjí] 및, **及早** [jízǎo] 일찍이, **普及** [pǔjí] 보급되다 **涉及** [shèjí] 언급하다
给	[gěi], [jǐ]	**给予** [gěiyǔ] 주다
器	[qì]	**机器** [jīqì] 기계, **乐器** [yuèqì] 악기, **充电器** [chōngdiànqì] 충전기, **器材** [qìcái] 기자재 **器官** [qìguān] 기관, **容器** [róngqì] 용기, **武器** [wǔqì] 무기
期	[qī]	**星期** [xīngqī] 주, **学期** [xuéqī] 학기, **过期** [guòqī] 기한이 지나다, **期待** [qīdài] 기대하다 **日期** [rìqī] 기간, **时期** [shíqī] 시기, **期望** [qīwàng] 기대하다

간체자	발음	HSK 어휘
汽	[qì]	公共汽车 [gōnggòng qìchē] 버스, 汽油 [qìyóu] 휘발유
技	[jì]	技术 [jìshù] 기술, 技巧 [jìqiǎo] 기교/테크닉, 杂技 [zájì] 잡기
基	[jī]	基础 [jīchǔ] 기초, 基本 [jīběn] 기본, 基地 [jīdì] 기지, 基金 [jījīn] 기금, 基因 [jīyīn] 원인
念	[niàn]	概念 [gàiniàn] 개념, 观念 [guānniàn] 관념, 怀念 [huáiniàn] 그리워하다 纪念 [jìniàn] 기념하다, 想念 [xiǎngniàn] 그리워하다, 信念 [xìnniàn] 신념
团	[tuán]	集团 [jítuán] 집단, 团结 [tuánjié] 단결하다, 团圆 [tuányuán] 한자리에 모이다
丹	[dān]	丹 [dān] 붉은 색
谈	[tán]	谈判 [tánpàn] 교섭하다, 洽谈 [qiàtán] 협의하다
都	[dōu], [dū]	首都 [shǒudū] 수도, 都是 [dōushi] 모두 ~이다
岛	[dǎo]	半岛 [bàndǎo] 반도
到	[dào]	迟到 [chídào] 지각하다, 遇到 [yùdào] 마주치다, 到处 [dàochù] 곳곳에 到底 [dàodǐ] 도대체, 达到 [dádào] 도착하다, 周到 [zhōudào] 꼼꼼하다
独	[dú]	单独 [dāndú] 혼자서, 独立 [dúlì] 독립하다, 独特 [dútè] 독특하다, 孤独 [gūdú] 고독하다
豆	[dòu]	豆腐 [dòufu] 두부, 土豆(儿) [tǔdòu(r)] 감자
朗	[lǎng]	朗读 [lǎngdú] 낭독하다, 开朗 [kāilǎng] 명랑하다, 晴朗 [qínglǎng] 날이 맑다
冷	[lěng]	冷静 [lěngjìng] 조용하다, 冷淡 [lěngdàn] 쓸쓸하다
两	[liǎng]	一举两得 [yì jǔ liǎng dé] 일거양득, 两个 [liǎngge] 두 개
量	[liàng]	数量 [shùliàng] 수량, 重量 [zhòngliàng] 중량, 尽量 [jǐnliàng] 가능한 한 较量 [jiàoliàng] 겨루다, 能量 [néngliàng] 에너지
旅	[lǚ]	旅游 [lǚyóu] 여행(하다), 旅行 [lǚxíng] 여행(하다)
练	[liàn]	练习 [liànxí] 연습(하다), 教练 [jiàoliàn] 훈련하다, 熟练 [shúliàn] 능숙하다 训练 [xùnliàn] 훈련(하다)
领	[lǐng]	系领带 [jì lǐngdài] 넥타이를 매다, 本领 [běnlǐng] 능력, 领导 [lǐngdǎo] 지도하다 领域 [lǐngyù] 영역, 带领 [dàilǐng] 인솔하다, 领事馆 [lǐngshìguǎn] 영사관, 领袖 [lǐngxiù] 지도자, 占领 [zhànlǐng] 점령하다
令	[lìng]	命令 [mìnglìng] 명령, 夏令营 [xiàlìngyíng] 여름캠프, 司令 [sīlìng] 사령관 指令 [zhǐlìng] 명령(하다)

간체자	발음	HSK 어휘
料	[liào]	饮料 [yǐnliào] 음료, 原料 [yuánliào] 재료, 资料 [zīliào] 자료, 不料 [búliào] 뜻밖에 意料 [yìliào] 예상
类	[lèi]	类型 [lèixíng] 유형, 人类 [rénlèi] 인류, 类似 [lèisì] 비슷하다
陆	[lù]	陆地 [lùdì] 육지, 陆续 [lùxù] 계속해서, 登陆 [dēnglù] 상륙하다
律	[lǜ]	规律 [guīlǜ] 규율, 纪律 [jìlǜ] 기강, 一律 [yílǜ] 일률적이다, 旋律 [xuánlǜ] 멜로디
望	[wàng]	希望 [xīwàng] 바라다, 失望 [shīwàng] 실망하다, 看望 [kànwàng] 기대하다 盼望 [pànwàng] 고대하다, 愿望 [yuànwàng] 희망, 绝望 [juéwàng] 절망하다
妹	[mèi]	妹妹 [mèimei] 여동생
沐	[mù]	沐浴 [mùyù] 목욕하다
武	[wǔ]	武术 [wǔshù] 무술, 武器 [wǔqì] 무기, 武装 [wǔzhuāng] 무장
尾	[wěi]	尾巴 [wěiba] 꼬리
未	[wèi]	未必 [wèibì] 꼭 ~는 아니다, 未来 [wèilái] 미래, 未免 [wèimiǎn] 꼭 ~이다
味	[wèi]	味道 [wèidao] 맛, 口味(儿) [kǒuwèi(r)] 식성, 风味 [fēngwèi] 기분, 气味 [qìwèi] 냄새 趣味 [qùwèi] 흥미, 滋味(儿) [zīwèi(r)] 재미
倍	[bèi]	加倍 [jiābèi] 갑절로
拜	[bài]	礼拜天 [lǐbàitiān] 일요일, 拜访 [bàifǎng] 예를 갖추어 방문하다 拜年 [bàinián] 세배하다, 拜托 [bàituō] 부탁드리다, 崇拜 [chóngbài] 숭배(하다)
伐	[fá]	步伐 [bùfá] 걸음걸이, 征伐 [zhēngfá] 정벌하다
凡	[fán]	凡是 [fánshì] 대체로, 平凡 [píngfán] 평범하다
变	[biàn]	变化 [biànhuà] 변화(하다), 改变 [gǎibiàn] 바뀌다, 转变 [zhuǎnbiàn] 전환하다 变故 [biàngù] 사고, 演变 [yǎnbiàn] 변화 발전
报	[bào]	报纸 [bàozhǐ] 신문, 报名 [bàomíng] 신청하다, 报道 [bàodào] 보고(하다) 报告 [bàogào] 보고(하다), 报社 [bàoshè] 신문사, 预报 [yùbào] 예보하다 报仇 [bàochóu] 복수하다, 报答 [bàodá] 보답하다
富	[fù]	丰富 [fēngfù] 풍부하다. 财富 [cáifù] 재산. 富裕 [fùyù] 부유하다
妇	[fù]	妇女 [fùnǚ] 여성, 夫妇 [fūfù] 부부, 媳妇 [xífù] 며느리
备	[bèi]	准备 [zhǔnbèi] 준비(하다), 具备 [jùbèi] 갖추다, 责备 [zébèi] 책망하다 储备 [chǔbèi] 비축하다, 配备 [pèibèi] 분배하다, 完备 [wánbèi] 완비하다

간체자	발음	HSK 어휘
比	[bǐ]	比较 [bǐjiào] 비교하다, 比赛 [bǐsài] 시합, 比如 [bǐrú] 예를 들어, 比例 [bǐlì] 비례 比喻 [bǐyù] 비유하다, 无比 [wúbǐ] 아주 뛰어나다
费	[fèi]	浪费 [làngfèi] 낭비하다, 免费 [miǎnfèi] 무료로 하다, 消费 [xiāofèi] 소비하다
非	[fēi]	非常 [fēicháng] 매우, 除非 [chúfēi] ~해야만, 非法 [fēifǎ] 불법의, 是非 [shìfēi] 시비 无非 [wúfēi] 반드시 ~이다
鼻	[bí]	鼻子 [bízi] 코, 鼻涕 [bítì] 콧물
贫	[pín]	贫乏 [pínfá] 가난, 贫困 [pínkùn] 빈곤하다
写	[xiě]	描写 [miáoxiě] 묘사하다, 写作 [xiězuò] 서술하다
谢	[xiè]	谢谢 [xièxie] 감사하다, 感谢 [gǎnxiè] 감사하다, 谢绝 [xièjué] 정중히 사양하다 新陈代谢 [xīnchén dàixiè] 신진대사
师	[shī]	老师 [lǎoshī] 선생님, 师傅 [shīfu] 사부님, 工程师 [gōngchéngshī] 엔지니어 师范 [shīfàn] 사범
查	[chá]	检查 [jiǎnchá] 점검하다, 查获 [cháhuò] 수사하여 압수하다
产	[chǎn]	财产 [cáichǎn] 재산, 产生 [chǎnshēng] 생산(하다), 破产 [pòchǎn] 파산(하다) 生产 [shēngchǎn] 생산(하다), 产业 [chǎnyè] 산업
赏	[shǎng]	欣赏 [xīnshǎng] 감상하다, 奖赏 [jiǎngshǎng] 상장
商	[shāng]	商店 [shāngdiàn] 상점, 经商 [jīngshāng] 장사하다, 商务 [shāngwù] 비즈니스 协商 [xiéshāng] 협상(하다), 智商 [zhìshāng] 지능지수
常	[cháng]	非常 [fēicháng] 매우, 经常 [jīngcháng] 항상, 正常 [zhèngcháng] 정상적이다 常识 [chángshí] 상식, 平常 [píngcháng] 보통이다, 日常 [rìcháng] 일상 通常 [tōngcháng] 통상적이다, 家常 [jiācháng] 가정생활, 时常 [shícháng] 늘 异常 [yìcháng] 정상이 아니다
序	[xù]	顺序 [shùnxù] 순서, 程序 [chéngxù] 순서, 秩序 [zhìxù] 질서, 次序 [cìxù] 차례 序言 [xùyán] 서문
选	[xuǎn]	选择 [xuǎnzé] 선택하다, 当选 [dāngxuǎn] 당선하다, 候选 [hòuxuǎn] 입후보하다 竞选 [jìngxuǎn] 경선하다, 筛选 [shāixuǎn] 선별하다, 选拔 [xuǎnbá] 선발하다 选举 [xuǎnjǔ] 선택하다, 选手 [xuǎnshǒu] 선수
鲜	[xiān]	新鲜 [xīnxiān] 싱싱하다, 海鲜 [hǎixiān] 해산물, 鲜艳 [xiānyàn] 산뜻하다 鲜明 [xiānmíng] 선명하다
船	[chuán]	船舶 [chuánbó] 선박, 轮船 [lúnchuán] 증기선
仙	[xiān]	神仙 [shénxiān] 신선, 仙女 [shénnǚ] 선녀

간체자	발음	HSK 어휘
善	[shàn]	改善 [gǎishàn] 개선하다, 善良 [shànliáng] 선량하다, 善于 [shànyú] 잘하다 完善 [wánshàn] 완벽하다, 慈善 [císhàn] 자선 , 妥善 [tuǒshàn] 알맞다
说	[shuō]	说话 [shuōhuà] 말(하다), 小说(儿) [xiǎoshuō(r)] 소설, 传说 [chuánshuō] 전설 胡说 [húshuō] 헛소리, 据说 [jùshuō] 듣건데
舌	[shé]	舌头 [shétou] 혀
星	[xīng]	星期 [xīngqī] 주, 明星 [míngxīng] 유명인, 零星 [língxīng] 보잘것없다 卫星 [wèixīng] 위성
圣	[shèng]	神圣 [shénshèng] 신성하다, 圣人 [shēngrén] 성인
盛	[shèng]	昌盛 [chāngshèng] 번창하다, 丰盛 [fēngshèng] 풍성하다 茂盛 [màoshèng] 무성하다, 盛行 [shèngxíng] 성행하다
城	[chéng]	城市 [chéngshì] 도시, 长城 [chángchéng] 만리장성, 城堡 [chéngbǎo] 성루
诚	[chéng]	诚实 [chéngshí] 성실하다, 诚恳 [chéngkěn] 간청하다, 诚挚 [chéngzhì] 성실하다 忠诚 [zhōngchéng] 충성스럽다
势	[shì]	趋势 [qūshì] 추세, 形势 [xíngshì] 형편, 优势 [yōushì] 우세, 姿势 [zīshì] 자세 局势 [júshì] 정세, 声势 [shēngshì] 명성, 势力 [shìlì] 세력
岁	[suì]	岁月 [suìyuè] 세월, 压岁钱 [yāsuìqián] 세뱃돈
束	[shù]	拘束 [jūshù] 구속하다, 束缚 [shùfù] 속박하다, 约束 [yuēshù] 약속하다
送	[sòng]	赠送 [zèngsòng] 증정하다 , 送人 [sòngrén] 바래주다
守	[shǒu]	遵守 [zūnshǒu] 준수하다, 保守 [bǎoshǒu] 지키다, 防守 [fángshǒu] 수비하다 守护 [shǒuhù] 수호하다
视	[shì]	电视 [diànshì] 텔레비전, 重视 [zhòngshì] 중시하다, 忽视 [hūshì] 홀시하다 轻视 [qīngshì] 경시하다, 鄙视 [bǐshì] 경멸하다, 敌视 [díshì] 적대시하다 监视 [jiānshì] 감시하다, 凝视 [níngshì] 주목하다, 视力 [shìlì] 시력, 视频 [shìpín] 동영상 视线 [shìxiàn] 시선, 视野 [shìyě] 시야, 注视 [zhùshì] 주시하다
试	[shì]	考试 [kǎoshì] 시험, 试卷 [shìjuàn] 시험지, 尝试 [chángshì] 시험해보다 试图 [shìtú] 시도하다
是	[shì]	但是 [dànshì] 그러나, 总是 [zǒngshì] 늘, 可是 [kěshì] 그러나, 于是 [yúshì] 그래서 凡是 [fánshì] 대체로, 实事求是 [shí shì qiú shì] 실사구시, 是非 [shìfēi] 시비
辛	[xīn]	辛勤 [xīnqín] 부지런하다, 辛苦 [xīnkǔ] 수고스럽다
氏	[shì]	摄氏度 [Shèshìdù] 섭씨

간체자	발음	HSK 어휘
恶	[è], [wù]	恶劣 [èliè] 열악하다, 丑恶 [chǒu'è] 추악하다, 恶化 [èhuà] 악화되다, 恶心 [èxīn] 구역질이 나다, 凶恶 [xiōng'è] 흉악하다, 可恶 [kěwù] 얄밉다, 厌恶 [yànwù] 싫어하다
眼	[yǎn]	眼睛 [yǎnjing] 눈, 眼镜(儿) [yǎnjìng(r)] 안경, 心眼儿 [xīnyǎnr] 내심, 眼色 [yǎnsè] 안목 眼神 [yǎnshén] 눈빛, 耀眼 [yàoyǎn] 눈부시다, 眼光 [yǎnguāng] 안목
案	[àn]	答案 [dá'àn] 답안, 方案 [fāng'àn] 방책, 案例 [ànlì] 사례, 草案 [cǎo'àn] 초안 档案 [dàng'àn] 공문서
暗	[àn]	黑暗 [hēiàn] 암흑/깜깜하다
若	[ruò], [rě]	若干 [ruògān] 약간, 倘若 [tǎngruò] 만약 ~한다면
约	[yuē]	大约 [dàyuē] 대략, 节约 [jiéyuē] 절약하다, 约会 [yuēhuì] 약속하다 条约 [tiáoyuē] 조약, 约束 [yuēshù] 제약하다, 制约 [zhìyuē] 제약하다
养	[yǎng]	养成 [yǎngchéng] 기르다, 培养 [péiyǎng] 양성하다, 营养 [yíngyǎng] 영양분 保养 [bǎoyǎng] 양생하다, 抚养 [fǔyǎng] 정성들여 기르다
热	[rè]	热情 [rèqíng] 열정, 热闹 [rènao] 번화하다, 热爱 [rè'ài] 열렬히 사랑하다 热烈 [rèliè] 열렬하다, 热心 [rèxīn] 열심이다, 亲热 [qīnrè] 친밀하다
叶	[yè]	叶子 [yèzi] 잎, 风叶 [fēngyè] 단풍 잎
屋	[wū]	屋子 [wūzi] 방, 집, 房屋 [fángwū] 가옥/집
完	[wán]	完成 [wánchéng] 완성하다, 完全 [wánquán] 완전하다, 完美 [wánměi] 완벽하다 完善 [wánshàn] 완벽하다, 完备 [wánbèi] 완비하다
往	[wǎng]	往往 [wǎngwǎng] 자주, 交往 [jiāowǎng] 왕래(하다), 往返 [wǎngfǎn] 왕복하다 往常 [wǎngcháng] 평소, 往事 [wǎngshì] 예전일, 向往 [xiàngwǎng] 동경하다
浴	[yù]	沐浴 [mùyù] 목욕하다
雨	[yǔ]	下雨 [xiàyǔ] 비가 오다, 小雨 [xiǎoyǔ] 가랑비
雄	[xióng]	英雄 [yīngxióng] 영웅, 雌雄 [cíxióng] 자웅, 雄厚 [xiónghòu] 풍부하다 雄伟 [xióngwěi] 웅대하다
愿	[yuàn]	愿意 [yuànyì] 바라다, 愿望 [yuànwàng] 희망, 自愿 [zìyuàn] 자원 志愿者 [zhìyuànzhě] 지원자, 宁愿 [nìngyuàn] 차라리
伟	[wěi]	伟大 [wěidà] 위대하다, 宏伟 [hóngwěi] 거대하다, 雄伟 [xióngwěi] 웅대하다
为	[wèi], [wéi]	为什么 [wèishénme] 왜, 因为 [yīnwèi] 왜냐하면, 为了 [wèile] ~를 위해 认为 [rènwéi] ~로 알다, 成为 [chéngwéi] ~이 되다, 以为 [yǐwéi] ~로 알다 行为 [xíngwéi] 행위, 作为 [zuòwéi] 행위, 人为 [rénwéi] 인위적이다 为难 [wéinán] 난처하다

간체자	발음	HSK 어휘
恩	[ēn]	恩怨 [ēnyuàn] 은혜와 원한, 恩惠 [ēnhuī] 은혜
义	[yì]	义务 [yìwù] 의무, 意义 [yìyì] 의의, 贬义 [biǎnyì] 폄의, 定义 [dìngyì] 정의 正义 [zhèngyì] 정의(공정한), 主义 [zhǔyì] 사상
引	[yǐn]	吸引 [xīyǐn] 빨아들이다, 引起 [yǐnqǐ] 야기하다, 引导 [yǐndǎo] 이끌다 引擎 [yǐnqíng] 엔진
仁	[rén]	仁慈 [réncí] 자비롭다
姊	[zǐ]	姊妹 [zǐmèi] 자매
将	[jiāng]	将来 [jiānglái] 장래, 即将 [jíjiāng] 곧, 将近 [jiāngjìn] ~에 가깝다 将就 [jiāngjiu] 그럭저럭, 将军 [jiāngjūn] 장군
财	[cái]	财产 [cáichǎn] 재산, 财富 [cáifù] 부, 财务 [cáiwù] 재무, 财政 [cáizhèng] 재정 发财 [fācái] 돈을 벌다
灾	[zāi]	灾害 [zāihài] 재해, 灾难 [zāinàn] 재난
争	[zhēng]	战争 [zhànzhēng] 전쟁, 争论 [zhēnglùn] 논쟁하다, 争取 [zhēngqǔ] 쟁취하다 斗争 [dòuzhēng] 투쟁하다, 力争 [lìzhēng] 노력하다,
低	[dī]	降低 [jiàngdī] 인하하다, 贬低 [biǎndī] 헐뜯다
贮	[zhù]	贮备 [zhùbèi] 저장하다
敌	[dí]	敌人 [dírén] 적, 敌视 [díshì] 적대시하다
传	[chuán]	传真 [chuánzhēn] 팩시밀리, 传播 [chuánbō] 유포하다, 传染 [chuánrǎn] 전염시키다 传说 [chuánshuō] 전설, 传统 [chuántǒng] 전통, 流传 [liúchuán] 널리 퍼지다 宣传 [xuānchuán] 선전하다, 传达 [chuándá] 전달하다, 传单 [chuándān] 전단 传授 [chuánshòu] 전수하다, 遗传 [yíchuán] 유전, 传记 [zhuànjì] 전기
节	[jié]	季节 [jìjié] 계절, 节目 [jiémù] 프로그램, 节日 [jiérì] 명절, 节省 [jiéshěng] 절약하다 细节 [xìjié] 세밀한 부분, 环节 [huánjié] 일부분, 节制 [jiézhì] 절제하다 节奏 [jiézòu] 리듬, 礼节 [lǐjié] 예절, 情节 [qíngjié] 줄거리
店	[diàn]	饭店 [fàndiàn] 호텔, 商店 [shāngdiàn] 가게
情	[qíng]	热情 [rèqíng] 열정, 爱情 [àiqíng] 애정, 感情 [gǎnqíng] 감정, 情况 [qíngkuàng] 상황 同情 [tóngqíng] 동정하다, 心情 [xīnqíng] 심정, 表情 [biǎoqíng] 표정 情景 [qíngjǐng] 장면, 情绪 [qíngxù] 정서, 情报 [qíngbào] 정보
停	[tíng]	停泊 [tíngbó] 정박하다, 停顿 [tíngdùn] 멈추다, 停滞 [tíngzhì] 정체하다
丁	[dīng]	丁 [dīng] 성년 남자

간체자	발음	HSK 어휘
精	[jīng]	精彩 [jīngcǎi] 뛰어나다, 精力 [jīnglì] 정력, 精神 [jīngshen] 활력, 精华 [jīnghuá] 정수 精确 [jīngquè] 정확하다, 精心 [jīngxīn] 정성을 들이다
政	[zhèng]	政府 [zhèngfǔ] 정부, 政治 [zhèngzhì] 정치, 财政 [cáizhèng] 재정 行政 [xíngzhèng] 행정, 政策 [zhèngcè] 정책, 政权 [zhèngquán] 정권
祭	[jì]	祭 [jì] 제사 지내다
调	[tiáo], [diào]	单调 [dāndiào] 단조롭다, 强调 [qiángdiào] 강조하다, 声调 [shēngdiào] 말투 调动 [diàodòng] 옮기다, 空调 [kōngtiáo] 에어컨, 调皮 [tiáopí] 장난치다 调整 [tiáozhěng] 조정하다, 调节 [tiáojié] 조절하다, 调料 [tiáoliào] 조미료 协调 [xiétiáo] 협력하다
助	[zhù]	帮助 [bāngzhù] 돕다, 辅助 [fǔzhù] 보조하다, 借助 [jièzhù] 도움을 빌리다 协助 [xiézhù] 협조하다, 助手 [zhùshǒu] 조수, 资助 [zīzhù] 물질로 돕다
鸟	[niǎo]	鸟 [niǎo] 새
早	[zǎo]	早上 [zǎoshang] 아침, 迟早 [chízǎo] 조만간, 及早 [jízǎo] 일찍이
操	[cāo]	操场 [cāochǎng] 운동장, 操心 [cāoxīn] 걱정하다, 操练 [cāoliàn] 훈련하다 操作 [cāozuò] 조작하다
存	[cún]	存在 [cúnzài] 존재하다, 储存 [chǔcún] 저축하다, 生存 [shēngcún] 생존하다
终	[zhōng]	终于 [zhōngyú] 마침내, 始终 [shǐzhōng] 처음부터 끝까지, 终点 [zhōngdiǎn] 종점 终究 [zhōngjiū] 결국, 终身 [zhōngshēn] 평생
种	[zhǒng]	播种 [bōzhǒng] 파종하다, 种子 [zhǒngzi] 씨앗, 种族 [zhǒngzú] 인종
坐	[zuò]	乘坐 [chéngzuò] 타다
走	[zǒu]	走廊 [zǒuláng] 복도, 走漏 [zǒulòu] 누설하다, 走私 [zǒusī] 암거래하다
周	[zhōu]	周末 [zhōumò] 주말, 周围 [zhōuwéi] 주위, 周到 [zhōudào] 주도면밀하다 众所周知 [zhòng suǒ zhōu zhī] 모두 다 알고 있다, 周边 [zhōubiān] 주변
增	[zēng]	增加 [zēngjiā] 증가하다, 递增 [dìzēng] 점차 늘다, 增添 [zēngtiān] 더하다
志	[zhì]	杂志 [zázhì] 잡지, 志愿者 [zhìyuànzhě] 지원자, 同志 [tóngzhì] 동지 意志 [yìzhì] 의지, 志气 [zhìqì] 패기
至	[zhì]	至少 [zhìshǎo] 최소한, 甚至 [shènzhì] 심지어, 至今 [zhìjīn] 오늘까지
支	[zhī]	支持 [zhīchí] 지탱하다, 支票 [zhīpiào] 수표, 开支 [kāizhī] 지출하다
进	[jìn]	进行 [jìnxíng] 진행하다, 促进 [cùjìn] 추진하다, 进步 [jìnbù] 진보하다 进口(儿) [jìnkǒu(r)] 수입하다, 进而 [jìn'ér] 더 나아가, 进攻 [jìngōng] 진격하다 进化 [jìnhuà] 진화하다, 进展 [jìnzhǎn] 진전하다, 先进 [xiānjìn] 진보적이다

간체자	발음	HSK 어휘
真	[zhēn]	认真 [rènzhēn] 진심으로 생각하다, 传真 [chuánzhēn] 팩스, 真正 [zhēnzhèng] 진정한 天真 [tiānzhēn] 순진하다, 真实 [zhēnshí] 진실하다, 真理 [zhēnlǐ] 진리, 真相 [zhēnxiàng] 진상
质	[zhì]	变质 [biànzhì] 변질하다, 蛋白质 [dànbáizhì] 단백질, 地质 [dìzhì] 지질 品质 [pǐnzhì] 품질, 气质 [qìzhì] 성격, 人质 [rénzhì] 인질, 素质 [sùzhì] 소양
次	[cì]	名次 [míngcì] 이름 순서/석차, 次品 [cìpǐn] 질이 낮은 물건
册	[cè]	练习册 [liànxícè] 연습장
处	[chǔ], [chù]	处理 [chǔlǐ] 처리하다, 相处 [xiāngchǔ] 함께 살다, 处分 [chǔfèn] 처벌하다 到处 [dàochù] 도처에
铁	[tiě]	地铁 [dìtiě] 지하철, 钢铁 [gāngtiě] 강철
最	[zuì]	最后 [zuìhòu] 최후의, 最近 [zuìjìn] 최근의, 最好 [zuìhǎo] 가장 좋은 最初 [zuìchū] 최초의
祝	[zhù]	祝贺 [zhùhè] 축하하다, 庆祝 [qìngzhù] 경축하다, 祝福 [zhùfú] 축복하다
虫	[chóng]	昆虫 [kūnchóng] 곤충
忠	[zhōng]	忠诚 [zhōngchéng] 충성스럽다, 忠实 [zhōngshí] 충실하다
致	[zhì]	导致 [dǎozhì] 야기하다, 一致 [yízhì] 일치하다, 别致 [biézhì] 별다르다 大致 [dàzhì] 대체로, 精致 [jīngzhì] 정교하다, 细致 [xìzhì] 세밀하다, 以致 [yǐzhì] 야기하다
齿	[chǐ]	牙齿 [yáchǐ] 치아
则	[zé]	否则 [fǒuzé] 그렇지 않으면, 规则 [guīzé] 규칙, 原则 [yuánzé] 원칙, 准则 [zhǔnzé] 규범
他	[tā]	其他 [qítā] 기타
打	[dǎ]	打扫 [dǎsǎo] 청소하다, 打算 [dǎsuàn] 계획하다, 打扮 [dǎban] 치장하다 打扰 [dǎrǎo] 귀찮게 하다, 打折 [dǎshé] 할인하다, 打印 [dǎyìn] 사인하다 打招呼 [dǎ zhāohu] 인사하다, 打针 [dǎzhēn] 주사맞다, 打工 [dǎgōng] 아르바이트하다 打交道 [dǎ jiāodao] 교제하다, 打包 [dǎbāo] 싸다, 打击 [dǎjī] 공격하다 打架 [dǎjià] 싸우다, 打量 [dǎliang] 관찰하다, 打猎 [dǎliè] 사냥하다
卓	[zhuó]	卓越 [zhuóyuè] 탁월하다, 桌子 [zhuōzi] 탁자
宅	[zhái]	住宅 [zhùzhái] 주택
统	[tǒng]	传统 [chuántǒng] 전통, 统一 [tǒngyī] 통일하다, 系统 [xìtǒng] 시스템 总统 [zǒngtǒng] 대통령, 统计 [tǒngjì] 통계하다, 统治 [tǒngzhì] 통치하다

간체자	발음	HSK 어휘
退	[tuì]	退步 [tuìbù] 퇴보하다, 退休 [tuìxiū] 퇴직하다, 撤退 [chètuì] 철수하다 衰退 [shuāituì] 쇠약해지다
波	[bō]	奔波 [bēnbō] 분주하다, 波浪 [bōlàng] 물결, 波涛 [bōtāo] 파도
败	[bài]	失败 [shībài] 실패하다, 败坏 [bàihuài] 파괴시키다, 腐败 [fǔbài] 부패하다
片	[piàn]	名片(儿) [míngpiàn(r)] 명함, 片面 [piànmiàn] 단편적이다, 片断 [piànduàn] 토막
笔	[bǐ]	铅笔 [qiānbǐ] 연필, 笔记本 [bǐjìběn] 노트
寒	[hán]	寒假 [hánjià] 겨울방학, 寒暄 [hánxuān] 인삿말, 严寒 [yánhán] 엄동설한
害	[hài]	害怕 [hàipà] 무서워하다, 害羞 [hàixiū] 부끄러워하다, 伤害 [shānghài] 손상시키다 危害 [wēihài] 해를 끼치다, 灾害 [zāihài] 재해, 利害 [lìhài] 이익과 손해
香	[xiāng]	香蕉 [xiāngjiāo] 바나나, 香肠 [xiāngcháng] 소시지
许	[xǔ]	许多 [xǔduō] 수많은, 也许 [yěxǔ] 아마도, 允许 [yǔnxǔ] 허락하다, 或许 [huòxǔ] 아마 许可 [xǔkě] 허가하다
惠	[huì]	优惠 [yōuhuì] 특혜의, 实惠 [shíhuì] 실익, 贤慧 [xiánhuì] 현명하다
户	[hù]	账户 [zhànghù] 계좌, 客户 [kèhù] 고객
湖	[hú]	湖泊 [húpō] 호수
患	[huàn]	患者 [huànzhě] 환자
回	[huí]	回答 [huídá] 대답하다, 回忆 [huíyì] 기억하다, 回报 [huíbào] 보고하다 回顾 [huígù] 돌이켜 보다, 回收 [huíshōu] 회수하다, 挽回 [wǎnhuí] 만회하다

4II급 외 HSK 관련 한자

· 蕉 파초 초
· 撤 거둘 철
· 奔 달릴 분
· 假 거짓 가
· 昆 벌레 곤
· 杂 섞일 잡
· 越 넘을 월
· 羞 부끄러울 수
· 衰 쇠할 쇠
· 濤 물결 도
· 允 허락할 윤
· 递 갈릴 체
· 扰 시끄러울 요
· 睛 눈동자 정
· 喧 떠들썩할 훤
· 怕 두려워할 파
· 壞 무너질 괴
· 賬(账) 휘장 장
· 播 뿌릴 파
· 猎 사냥 렵
· 架 시렁 가
· 漏 셀 루
· 边 가 변
· 甚 심할 심
· 促 재촉할 촉
· 或 혹 혹
· 仗 무기 장
· 铅 납 연

한중(韓中) 한자어

한자	뜻	간체자	발음
時價	시가	时价	[shíjià]
價格	가격	价格	[jiàgé]
看病	간병	看病	[kànbìng]
甘味	감미	甘味	[gānweì]
甘草	감초	甘草	[gāncǎo]
減少	감소	减少	[jiǎnshǎo]
監視	감시	监视	[jiānshì]
改正	개정	改正	[gǎizhèng]
個別	개별	个别	[gèbié]
個性	개성	个性	[gèxìng]
擧手	거수 / 손을 들다	举手	[jǔshǒu]
擧行	거행	举行	[jǔxíng]
巨人	거인	巨人	[jùrén]
健實	건실	健实	[jiànshí]
健全	건전	健全	[jiànquán]
物件	물건	物件	[wùjiàn]
事件	사건	事件	[shìjiàn]
建國	건국	建国	[jiànguó]
建立	건립	建立	[jiànlì]
競技	경기	竞技	[jìngjì]
景致	경치	景致	[jǐngzhì]
季節	계절	季节	[jìjié]
固體	고체	固体	[gùtǐ]
固定	고정	固定	[gùdìng]
故國	고국	故国	[gǔguó]
事故	사고	事故	[shìgù]
骨格	골격	骨格	[gǔgé]
白骨	백골	白骨	[báigǔ]
課題	과제	课题	[kètí]
關心	관심	关心	[guānxīn]
相關	상관 / 관련되다	相关	[xiāngguān]

한자	뜻	간체자	발음
觀客	관객	观客	[guānkè]
外觀	외관	外观	[wàiguān]
廣告	광고	广告	[guǎnggào]
廣場	광장	广场	[guǎngchǎng]
廣大	광대	广大	[guǎngdà]
陸橋	육교	陆桥	[lùqiáo]
具備	구비	具备	[jùbèi]
救助	구조	救助	[jiùzhù]
救出	구출	救出	[jiùchū]
要求	요구	要求	[yāoqiú]
請求	청구	请求	[qǐngqiú]
舊式	구식	旧式	[jiùshì]
永久	영구	永久	[yǒngjiǔ]
局面	국면	局面	[júmiàn]
結局	결국	结局	[jiéjú]
君子	군자	君子	[jūnzǐ]
洋弓	양궁	洋弓	[yánggōng]
規則	규칙	规则	[guīzé]
北極	북극	北极	[běijí]
言及	언급	言及	[yánjí]
發給	발급	发给	[fāgěi]
給水	급수	给水	[jǐshuǐ]
樂器	악기	乐器	[yuèqì]
容器	용기	容器	[róngqì]
期待	기대	期待	[qīdài]
期間	기간	期间	[qījiān]
汽車	기차 ㊥ 자동차	汽车	[qìchē]
技術	기술	技术	[jìshù]
基本	기본	基本	[jīběn]
基地	기지, 근거지	基地	[jīdì]
信念	신념	信念	[xìnniàn]
集團	집단, *그룹(group)	集团	[jítuán]
團結	단결, 뭉치다	团结	[tuánjié]

한자	뜻	간체자	발음
會談	회담	会谈	[huìtán]
美談	미담	美谈	[měitán]
談話	담화	谈话	[tánhuà]
首都	수도	首都	[shǒudū]
半島	반도	半岛	[bàndǎo]
到處	도처	到处	[dàochù]
獨立	독립	独立	[dúlì]
獨特	독특	独特	[dútè]
綠豆	녹두	绿豆	[lǜdòu]
明朗	명랑	明朗	[mínglǎng]
朗讀	낭독	朗读	[lǎngdú]
冷水	냉수	冷水	[lěngshuǐ]
兩面	양면	两面	[liǎngmiàn]
熱量	열량	热量	[rèliàng]
旅行	여행	旅行	[lǚxíng]
練習	연습	练习	[liànxí]
領土	영토	领土	[lǐngtǔ]
命令	명령	命令	[mìnglìng]
材料	재료	材料	[cáiliào]
陸地	육지	陆地	[lùdì]
法律	법률	法律	[fǎlǜ]
希望	희망	希望	[xīwàng]
失望	실망	失望	[shīwàng]
姊妹	자매	姊妹	[zǐmèi]
沐浴	목욕	沐浴	[mùyù]
武術	무술	武术	[wǔshù]
口味	구미	口味	[kǒuwèi]
意味	의미	意味	[yìwèi]
未來	미래	未来	[wèilái]
伐木	벌목	伐木	[fámù]
平凡	평범	平凡	[píngfán]
變化	변화	变化	[biànhuà]
報答	보답	报答	[bàodá]

한자	뜻	간체자	발음
富農	부농	富农	[fùnóng]
夫婦	부부	夫妇	[fūfù]
備品	비품	备品	[bèipǐn]
對比	대비	对比	[duìbǐ]
費用	비용	费用	[fèiyòng]
比例	비례	比例	[bǐlì]
貧民	빈민	贫民	[pínmín]
寫本	사본	写本	[xiěběn]
感謝	감사	感谢	[gǎnxiè]
敎師	교사	教师	[jiàoshī]
調査	조사	调查	[diàochá]
財産	재산	财产	[cáichǎn]
生産	생산	生产	[shēngchǎn]
商業	상업	商业	[shāngyè]
選手	선수	选手	[xuǎnshǒu]
鮮明	선명	鲜明	[xiānmíng]
漁船	어선	渔船	[yúchuán]
神仙	신선	神仙	[shénxiān]
改善	개선	改善	[gǎishàn]
神聖	신성	神圣	[shénshèng]
盛行	성행	盛行	[shèngxíng]
誠實	성실	诚实	[chéngshí]
時勢	시세	时势	[shíshì]
年歲	연세	年岁	[niánsuì]
發送	발송	发送	[fāsòng]
固守	고수	固守	[gùshǒu]
視野	시야	视野	[shìyě]
是非	시비	是非	[shìfēi]
姓氏	성씨	姓氏	[xìngshì]
惡化	악화	恶化	[èhuà]
眼藥	안약	眼药	[yǎnyào]
答案	답안	答案	[dá'àn]
暗號	암호	暗号	[ànhào]

한자	뜻	간체자	발음
養育	양육	养育	[yǎngyù]
熱心	열심	热心	[rèxīn]
完成	완성	完成	[wánchéng]
往來	왕래	往来	[wǎnglái]
浴室	욕실	浴室	[yùshì]
英雄	영웅	英雄	[yīngxióng]
偉大	위대	伟大	[wěidà]
行爲	행위	行为	[xíngwéi]
報恩	보은	报恩	[bàoēn]
正義	정의	正义	[zhèngyì]
引力	인력	引力	[yǐnlì]
將軍	장군	将军	[jiāngjūn]
財物	재물	财物	[cáiwù]
災害	재해	灾害	[zāihài]
戰爭	전쟁	战争	[zhànzhēng]
低下	저하/떨어지다	低下	[dīxià]
敵手	적수	敌手	[díshǒu]
傳統	전통	传统	[chuántǒng]
節約	절약	节约	[jiéyuē]
書店	서점	书店	[shūdiàn]
情報	정보	情报	[qíngbào]
停止	정지	停止	[tíngzhǐ]
兵丁	병정	兵丁	[bīngdīng]
精讀	정독	精读	[jīngdú]
政治	정치	政治	[zhèngzhì]
調節	조절	调节	[tiáojié]
助手	조수	助手	[zhùshǒu]
鳥類	조류	鸟类	[niǎolèi]
存在	존재	存在	[cúnzài]
始終	시종	始终	[shǐzhōng]
種類	종류	种类	[zhǒnglèi]
坐視	좌시	坐视	[zuòshì]
競走	경주	竞走	[jìngzǒu]

한자	뜻	간체자	발음
週末	주말	周末	[zhōumò]
增加	증가	增加	[zēngjiā]
同志	동지	同志	[tóngzhì]
支店	지점	支店	[zhīdiàn]
進步	진보	进步	[jìnbù]
眞理	진리	真理	[zhēnlǐ]
質感	질감	质感	[zhìgǎn]
再次	재차	再次	[zàicì]
鐵道	철도	铁道	[tiědào]
最高	최고	最高	[zuìgāo]
祝願	축원	祝愿	[zhùyuàn]
害蟲	해충	害虫	[hàichóng]
忠實	충실	忠实	[chōngshí]
一致	일치	一致	[yízhì]
原則	원칙	原则	[yuánzé]
他國	타국	他国	[tāguó]
卓子	탁자	桌子	[zhuōzi]
住宅	주택	住宅	[zhùzhái]
統計	통계	统计	[tǒngjì]
後退	후퇴	后退	[hòutuì]
電波	전파	电波	[diànbō]
失敗	실패	失败	[shībài]
筆名	필명	笔名	[bǐmíng]
寒食	한식	寒食	[Hánshí]
公害	공해	公害	[gōnghài]
香氣	향기	香气	[xiāngqì]
恩惠	은혜	恩惠	[ēnhuì]
戶口	호구	户口	[hùkǒu]
湖水	호수	湖水	[húshuǐ]
患者	환자	患者	[huànzhě]
回答	회답	回答	[huídá]

HNK 4II급

모의고사 1~5회

모의고사 1회

HNK
汉字能力考试

중국교육부 국가한판

汉字能力考试

注意(수험생 유의사항)

1. 총 문항 수는 100문항(선택형 30, 단답형 70)이며, 시험 시간은 60분입니다.
2. 답은 답안지에 검정색 펜을 사용하여 또박또박 쓰세요.
3. 시험지에 수험번호와 성명을 쓰고 답안지와 함께 제출합니다.
4. 끝나는 신호가 있으면 필기도구를 내려놓고 감독관의 지시를 따르세요.

수험번호		–	
	–	–	
성명			

시행: (주)다락원
주관: (사)한중문자교류협회
国家汉办 汉考国际

선택형 [1~30]

※ 다음 물음에 맞는 답의 번호를 답안지의 해당 답란에 표시하시오.

[1~5]
한자의 훈과 음으로 바른 것을 고르시오.

1 健 (　　)

① 군사 병　② 굳셀 건
③ 세울 건　④ 있을 존

2 停 (　　)

① 살 주　② 이를 조
③ 머무를 정　④ 집 택

3 雄 (　　)

① 충성 충　② 다툴 경
③ 은혜 혜　④ 수컷 웅

4 進 (　　)

① 나아갈 진　② 근심 환
③ 재주 기　④ 가까울 근

5 寫 (　　)

① 누이 매　② 부자 부
③ 이를 도　④ 베낄 사

[6~10]
다음 훈과 음에 해당하는 한자를 고르시오.

6 어두울 암 (　　)

① 甘　② 暗　③ 明　④ 望

7 법 률 (　　)

① 將　② 寒　③ 律　④ 坐

8 임금 군 (　　)

① 君　② 香　③ 監　④ 王

9 조사할 사 (　　)

① 給　② 査　③ 謝　④ 師

10 잡을 조 (　　)

① 度　② 早　③ 操　④ 鐵

[11~15]
다음 훈과 음에 해당하는 한자와 그 간체자가 바르게 짝지어진 것을 고르시오.

11 다툴 경 (　　)

① 競 = 竞　② 黃 = 黄
③ 爭 = 争　④ 頭 = 头

12 줄 급 (　　)

① 調 = 调　② 練 = 练
③ 給 = 给　④ 災 = 灾

13 재물 재 (　　)

① 偉 = 伟　② 葉 = 叶
③ 費 = 费　④ 財 = 财

14 말씀 담 (　　)

① 語 = 语　② 談 = 谈
③ 記 = 记　④ 讀 = 读

15 새 조 (　　)

① 鳥 = 鸟　② 島 = 岛
③ 貯 = 贮　④ 風 = 风

[16~18]
뜻이 반대 또는 상대되는 한자를 고르시오.

16 新 (　　)

① 會　② 曲　③ 舊　④ 溫

17 輕 (　　)

① 園　② 發　③ 致　④ 重

18 冷 (　　)

① 好　② 溫　③ 惡　④ 速

[19~21]
뜻이 같거나 비슷한 한자를 고르시오.

19 說 (　　)

① 話　② 責　③ 訓　④ 活

20 存 (　　)

① 等　② 奉　③ 充　④ 在

21 增 (　　)

① 永　② 加　③ 書　④ 特

[22~24]
밑줄 친 낱말의 뜻을 가진 한자를 고르시오.

22 부모님이 <u>가장</u> 좋아하는 것을 조사해 봅시다. (　　)

① 最　② 好　③ 父　④ 親

23 스승의 <u>은혜</u>에 감사하는 마음을 갖자. (　　)

① 念　② 思　③ 伐　④ 恩

24 그녀는 <u>눈</u>을 마주칠 때마다 고개를 돌렸다. (　　)

① 落　② 味　③ 眼　④ 實

[25~27]
다음 뜻을 가진 한자어를 고르시오.

25 늘 하는 버릇. (　　)

① 自習　② 常習
③ 惡性　④ 人爲

26 나라를 세움. (　　)

① 建設　② 國民
③ 全國　④ 建國

27 조사하여 그릇된 것을 바로 잡음. (　　)

① 是非　② 査正
③ 早期　④ 義兵

[28~30]
밑줄 친 한자어의 뜻으로 알맞은 것을 고르시오.

28 <u>武器</u>. ( )

① 군사상의 힘
② 물건을 담는 그릇
③ 전쟁에 사용되는 기구
④ 제사 때에 쓰이는 그릇

29 한일 간의 외교 관계를 <u>改善</u>하다. ( )

① 정도나 수준이 나아지거나 높아짐
② 잘못된 것이나 부족한 것, 나쁜 것 따위를 고쳐 더 좋게 만듦
③ 묵은 풍속, 관습, 조직, 방법 따위를 완전히 바꾸어서 새롭게 함
④ 새로운 것이나 변화를 적극적으로 받아들이기보다는 전통적인 것을 옹호하며 유지하려 함

30 석유 <u>波動</u>으로 인하여 물건의 값이 올랐다. ( )

① 기운차게 움직임
② 수면에 이는 잔물결
③ 기온이 급작스레 내려가는 현상
④ 어떤 현상이 퍼져 커다란 영향을 미침

단답형 [31~100]

※ **다음 물음에 맞는 답을 답안지의 해당 답란에 쓰시오.**

[31~50]
한자의 훈과 음을 쓰시오. (31~40번은 간체자 표기임)

예시: 一 (한 일)

31 两 ( )

32 广 ( )

33 术 ( )

34 终 ( )

35 许 ( )

36 鲜 ( )

37 圣 ( )

38 恶 ( )

39 热 ( )

40 敌 ( )

41 星 ( )

42 球 ( )

43 具 ( )

44 東 (　　　　)

45 卓 (　　　　)

46 走 (　　　　)

47 惠 (　　　　)

48 回 (　　　　)

49 店 (　　　　)

50 歷 (　　　　)

[51~70]
한자어의 독음을 쓰시오. (51~60번은 간체자 표기임)

예시: 一二 (일이)

51 景观 (　　　　)

52 关门 (　　　　)

53 变形 (　　　　)

54 南极 (　　　　)

55 绿色 (　　　　)

56 传言 (　　　　)

57 年岁 (　　　　)

58 入试 (　　　　)

59 参拜 (　　　　)

60 师弟 (　　　　)

61 求人 (　　　　)

62 物量 (　　　　)

63 凶家 (　　　　)

64 非理 (　　　　)

65 古城 (　　　　)

66 退步 (　　　　)

67 戶口 (　　　　)

68 支出 (　　　　)

69 食飮 (　　　　)

70 宿命 (　　　　)

[71~75]
다음 한자의 간체자를 〈보기〉에서 찾아 쓰시오.

〈보기〉
处 养 价 真 劳 个 马

71 勞 (　　　　　)

72 養 (　　　　　)

73 處 (　　　　　)

74 眞 (　　　　　)

75 價 (　　　　　)

[76~80]
다음 한자의 번체자를 〈보기〉에서 찾아 쓰시오.

〈보기〉
發 產 現 規 筆 賞 車

76 赏 (　　　　　)

77 规 (　　　　　)

78 发 (　　　　　)

79 产 (　　　　　)

80 笔 (　　　　　)

[81~82]
다음 한자의 부수를 쓰시오.

예시: 漢 (氵 또는 水)

81 助 (　　　　　)

82 害 (　　　　　)

[83~85]
다음 뜻을 가진 사자성어를 〈보기〉에서 찾아 그 독음을 쓰시오.

〈보기〉
好衣好食 青雲之志
角者無齒 始終如一
種豆得豆 言語道斷

83 뿔이 있는 짐승은 이가 없다는 뜻으로, 한 사람이 모든 복을 겸하지는 못함.
(　　　　　)

84 청운의 뜻이라는 말로 높은 지위에 오르고자 하는 욕망.
(　　　　　)

85 좋은 옷을 입고 좋은 음식을 먹음.
(　　　　　)

[86~95]
밑줄 친 한자어의 독음을 쓰시오.

> 예시: 漢字를 익힐 때는 여러 가지의 훈과 음에 유의해야 합니다. (한자)

86 沐浴은 피로 해소에 좋다. (　　　)

87 모임에서 토론할 案件을 늘어놓았다. (　　　)

88 우리 회사는 商號를 바꾸기로 결정하였다. (　　　)

89 환자에게 患部의 사진을 보여 주었다. (　　　)

90 여전히 시골 마을에 草屋이 여러 채 있다. (　　　)

91 휴가를 즐기려는 旅行客으로 해수욕장은 발디딜 틈도 없다. (　　　)

92 풍부한 지식은 글쓰기의 기본적인 材料이다. (　　　)

93 고속도로에서 삼중 추돌 事故가 났다. (　　　)

94 각 나라마다 固有한 나라말이 있다. (　　　)

95 며칠 동안 뜬눈으로 아들을 看病하였다. (　　　)

[96~100]
다음 문장의 내용에 맞게 밑줄 친 한자어를 쓰시오.

> 예시: 한자를 쓸 때는 순서에 유의해야 합니다. (漢字)

96 경험 부족에도 기대 이상의 성과였다. (　　　)

97 자신의 의지를 마음껏 표현했다. (　　　)

98 꼭꼭 씹어 먹어야 소화가 잘된다. (　　　)

99 스포츠를 통해 두 나라의 우애를 확인했다. (　　　)

100 공과 사를 엄격히 구분한다. (　　　)

모의고사 2회

HNK
汉字能力考试

중국교육부 국가한판

汉字能力考试

注意(수험생 유의사항)

1. 총 문항 수는 100문항(선택형 30, 단답형 70)이며, 시험 시간은 60분입니다.
2. 답은 답안지에 검정색 펜을 사용하여 또박또박 쓰세요.
3. 시험지에 수험번호와 성명을 쓰고 답안지와 함께 제출합니다.
4. 끝나는 신호가 있으면 필기도구를 내려놓고 감독관의 지시를 따르세요.

수험번호	– – –
성명	

시행: (주)다락원
주관: (사)한중문자교류협회
国家汉办 汉考国际

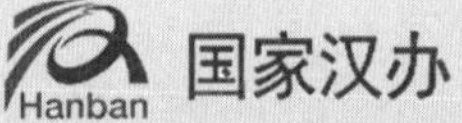

선택형 [1~30]

※ 다음 물음에 맞는 답의 번호를 답안지의 해당 답란에 표시하시오.

[1~5]
한자의 훈과 음으로 바른 것을 고르시오.

1 故 (　　)

① 예 구　② 끌 인
③ 낮을 저　④ 연고 고

2 存 (　　)

① 매울 신　② 있을 재
③ 이름 호　④ 있을 존

3 念 (　　)

① 생각 념　② 생각 사
③ 통할 통　④ 날쌜 용

4 他 (　　)

① 땅 지　② 다를 타
③ 사라질 소　④ 구할 요

5 望 (　　)

① 자리 석　② 바랄 망
③ 법 법　④ 망할 망

[6~10]
다음 훈과 음에 해당하는 한자를 고르시오.

6 버금 차 (　　)

① 流　② 集　③ 次　④ 陽

7 은혜 혜 (　　)

① 住　② 惠　③ 式　④ 庭

8 판 국 (　　)

① 根　② 郡　③ 局　④ 敬

9 물 하 (　　)

① 可　② 洋　③ 江　④ 河

10 이를 치 (　　)

① 致　② 至　③ 到　④ 仕

[11~15]
다음 훈과 음에 해당하는 한자와 그 간체자가 바르게 짝지어진 것을 고르시오.

11 공부할 과 (　　)

① 結 = 结　② 師 = 师
③ 實 = 实　④ 課 = 课

12 낱 개 (　　)

① 輕 = 轻　② 孫 = 孙
③ 個 = 个　④ 現 = 现

13 갖출 비 (　　)

① 費 = 费　② 備 = 备
③ 題 = 题　④ 線 = 线

14 형세 세 (　　)

① 親 = 亲　② 運 = 运
③ 戰 = 战　④ 勢 = 势

15 전할 전 (　　)

① 動 = 动　② 順 = 顺
③ 傳 = 传　④ 參 = 参

[16~18]
뜻이 반대 또는 상대되는 한자를 고르시오.

16 陸 (　　)

① 量　② 海　③ 末　④ 季

17 增 (　　)

① 減　② 價　③ 祝　④ 寒

18 文 (　　)

① 若　② 典　③ 武　④ 族

[19~21]
뜻이 같거나 비슷한 한자를 고르시오.

19 書 (　　)

① 冊　② 終　③ 送　④ 晝

20 家 (　　)

① 州　② 幸　③ 屋　④ 品

21 變 (　　)

① 公　② 昨　③ 任　④ 改

[22~24]
밑줄 친 낱말의 뜻을 가진 한자를 고르시오.

22 줄을 서서 다음 차례를 기다리고 있다. (　　)

① 祭　② 流　③ 例　④ 序

23 비바람이 그치고 해가 반짝 났다. (　　)

① 止　② 度　③ 史　④ 章

24 가을에 접어들면서 그녀는 외로움을 느꼈다. (　　)

① 過　② 波　③ 感　④ 知

[25~27]
다음 뜻을 가진 한자어를 고르시오.

25 기계 따위를 일정한 방식에 따라 다루어 움직임. (　　)

① 始作　② 風景
③ 操作　④ 骨材

26 얼마 되지 않은 지나간 날부터 현재 또는 바로 직전까지의 기간. (　　)

① 最近　② 雨期
③ 前後　④ 卓見

27 요청하는 일을 하도록 들어줌. (　　)

① 本質　② 最高
③ 原則　④ 許可

[28~30]
밑줄 친 한자어의 뜻으로 알맞은 것을 고르시오.

28 그녀는 삼촌의 明朗한 성격에 끌렸다. (　　)

① 반가운 소식
② 명백하고 확실함
③ 소리 내어 글을 욈
④ 밝고 맑고 낙천적인 모습

29 태아는 상태가 良好합니다. (　　)

① 매우 좋음
② 친절한 마음씨
③ 좋아하지 아니함
④ 여럿 중에서 가려서 좋아함

30 速步로 걸으면 5분 안에 도착한다. (　　)

① 빨리 알림
② 글을 빨리 읽음
③ 빠르게 걷는 걸음
④ 움직이는 사물의 빠르기

단답형 [31~100]

※ 다음 물음에 맞는 답을 답안지의 해당 답란에 쓰시오.

[31~50]
한자의 훈과 음을 쓰시오. (31~40번은 간체자 표기임)

예시: 一 (한 일)

31 统 (　　　　)
32 历 (　　　　)
33 贫 (　　　　)
34 实 (　　　　)
35 笔 (　　　　)
36 为 (　　　　)
37 败 (　　　　)
38 价 (　　　　)
39 真 (　　　　)
40 极 (　　　　)
41 眼 (　　　　)
42 害 (　　　　)
43 料 (　　　　)

44 仁 (　　　　　)

45 丹 (　　　　　)

46 弓 (　　　　　)

47 旅 (　　　　　)

48 要 (　　　　　)

49 固 (　　　　　)

50 比 (　　　　　)

[51~70]
한자어의 독음을 쓰시오. (51~60번은 간체자 표기임)

예시: 一二 (일이)

51 监视 (　　　　　)

52 胜利 (　　　　　)

53 变数 (　　　　　)

54 谢礼 (　　　　　)

55 铁桥 (　　　　　)

56 药局 (　　　　　)

57 举动 (　　　　　)

58 具现 (　　　　　)

59 赏金 (　　　　　)

60 盛业 (　　　　　)

61 商船 (　　　　　)

62 守兵 (　　　　　)

63 完全 (　　　　　)

64 助力 (　　　　　)

65 命令 (　　　　　)

66 夏至 (　　　　　)

67 湖水 (　　　　　)

68 回春 (　　　　　)

69 次男 (　　　　　)

70 坐席 (　　　　　)

[71~75]
다음 한자의 간체자를 〈보기〉에서 찾아 쓰시오.

〈보기〉
调 团 义 观 热 现 国

71 觀 (　　　　　　)

72 團 (　　　　　　)

73 調 (　　　　　　)

74 義 (　　　　　　)

75 熱 (　　　　　　)

[76~80]
다음 한자의 번체자를 〈보기〉에서 찾아 쓰시오.

〈보기〉
萬 買 爭 島 億 賣 時

76 争 (　　　　　　)

77 买 (　　　　　　)

78 亿 (　　　　　　)

79 岛 (　　　　　　)

80 万 (　　　　　　)

[81~82]
다음 한자의 부수를 쓰시오.

예시: 漢 (氵 또는 水)

81 政 (　　　　　　)

82 類 (　　　　　　)

[83~85]
다음 뜻을 가진 사자성어를 〈보기〉에서 찾아 그 독음을 쓰시오.

〈보기〉

讀書三到	天長地久
以心傳心	語不成說
是非之心	說往說來

83 하늘과 땅이 오래도록 변하지 않는다는 뜻으로, 사물이 오래오래 계속됨을 이르는 말. (　　　　　　)

84 독서를 하는 세 가지 방법. 구도, 안도, 심도. (　　　　　　)

85 말이 조금도 사리에 맞지 아니함. (　　　　　　)

[86~95]
밑줄 친 한자어의 독음을 쓰시오.

> 예시: 漢字를 익힐 때는 여러 가지의 훈과 음에 유의해야 합니다. (한자)

86 학생증을 잃어 버려서 다시 發給을 받았다. (　　　)

87 그는 미술계의 巨星으로 다수의 작품을 남겼다. (　　　)

88 소개시켜 준 사람은 나와는 이미 舊面이었다. (　　　)

89 미래 志向의 생활 태도를 지니자. (　　　)

90 어떤 기업들은 수지 打算이 많이 좋아졌다. (　　　)

91 종이 치기 무섭게 교내 賣店으로 달려간다. (　　　)

92 둘 사이의 관계 惡化의 원인은 금전 문제이다. (　　　)

93 내 제안을 無視라도 하듯 들은 척도 안 했다. (　　　)

94 외국 유력지의 보도를 引用하기도 한다. (　　　)

95 당장 천만 원 相當의 돈이 필요했다. (　　　)

[96~100]
다음 문장의 내용에 맞게 밑줄 친 한자어를 쓰시오.

> 예시: 한자를 쓸 때는 순서에 유의해야 합니다. (漢字)

96 익숙한 작업이 오늘따라 실수가 잦았다. (　　　)

97 필연과 우연 속에 우리는 살아간다. (　　　)

98 진열대에는 비싼 상품이 전시되어 있었다. (　　　)

99 학생들이 교복을 입고 지나간다. (　　　)

100 다양하고 개방적인 사고를 갖자. (　　　)

모의고사 3회

HNK
汉字能力考试

중국교육부 국가한판

汉字能力考试

注意(수험생 유의사항)

1. 총 문항 수는 100문항(선택형 30, 단답형 70)이며, 시험 시간은 60분입니다.
2. 답은 답안지에 검정색 펜을 사용하여 또박또박 쓰세요.
3. 시험지에 수험번호와 성명을 쓰고 답안지와 함께 제출합니다.
4. 끝나는 신호가 있으면 필기도구를 내려놓고 감독관의 지시를 따르세요.

수험번호		–	
	–		–
성명			

시행: (주)다락원
주관: (사)한중문자교류협회
国家汉办 汉考国际

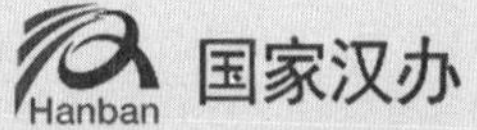

선택형 [1~30]

※ 다음 물음에 맞는 답의 번호를 답안지의 해당 답란에 표시하시오.

[1~5]
한자의 훈과 음으로 바른 것을 고르시오.

1 店 (　　)

① 군사 병　② 가게 점
③ 사랑 애　④ 신하 신

2 界 (　　)

① 값 가　② 밭 전
③ 물건 건　④ 지경 계

3 舌 (　　)

① 일천 천　② 살 활
③ 말씀 언　④ 혀 설

4 豆 (　　)

① 화할 화　② 머리 두
③ 콩 두　④ 짧을 단

5 救 (　　)

① 나눌 구　② 도울 구
③ 구할 구　④ 예 구

[6~10]
다음 훈과 음에 해당하는 한자를 고르시오.

6 법 규 (　　)

① 番　② 法　③ 規　④ 步

7 익힐 련 (　　)

① 成　② 練　③ 使　④ 再

8 가장 최 (　　)

① 高　② 因　③ 最　④ 美

9 물건 건 (　　)

① 宿　② 物　③ 始　④ 件

10 정사 정 (　　)

① 正　② 政　③ 庭　④ 定

[11～15]
다음 훈과 음에 해당하는 한자와 그 간체자가 바르게 짝지어진 것을 고르시오.

11 대적할 적 (　　)

① 訓 = 训　② 過 = 过
③ 戰 = 战　④ 敵 = 敌

12 악할 악 (　　)

① 買 = 买　② 惡 = 恶
③ 場 = 场　④ 園 = 园

13 고를 조 (　　)

① 時 = 时　② 調 = 调
③ 話 = 话　④ 對 = 对

14 마땅할 당 (　　)

① 舊 = 旧　② 當 = 当
③ 億 = 亿　④ 區 = 区

15 기를 양 (　　)

① 陽 = 阳　② 術 = 术
③ 養 = 养　④ 責 = 责

[16～18]
뜻이 반대 또는 상대되는 한자를 고르시오.

16 勝 (　　)

① 特　② 姓　③ 冷　④ 敗

17 進 (　　)

① 季　② 屋　③ 退　④ 上

18 是 (　　)

① 以　② 非　③ 史　④ 吉

[19～21]
뜻이 같거나 비슷한 한자를 고르시오.

19 停 (　　)

① 止　② 格　③ 要　④ 在

20 恩 (　　)

① 習　② 童　③ 思　④ 惠

21 技 (　　)

① 順　② 果　③ 術　④ 第

[22~24]
밑줄 친 낱말의 뜻을 가진 한자를 고르시오.

22 그는 <u>어진</u> 성격 덕에 남에게 화를 못 낸다. (　　)

① 良　② 凶　③ 任　④ 院

23 하늘을 바라보니 노을이 <u>붉게</u> 물들고 있었다. (　　)

① 必　② 赤　③ 如　④ 卒

24 그녀는 머리를 단아하게 뒤로 <u>묶었다</u>. (　　)

① 清　② 的　③ 束　④ 集

[25~27]
다음 뜻을 가진 한자어를 고르시오.

25 좋게 여기는 감정. (　　)

① 好感　② 監査
③ 減等　④ 最終

26 베끼어 씀. (　　)

① 增産　② 處地
③ 公約　④ 筆寫

27 위대한 사업이나 업적. (　　)

① 業體　② 偉業
③ 動力　④ 偉力

[28~30]
밑줄 친 한자어의 뜻으로 알맞은 것을 고르시오.

28 油田 탐사를 위해 러시아 지역으로 떠났다. ( )

① 석유의 가격
② 석유가 나는 곳
③ 콩에서 짜낸 기름
④ 땅을 일구어 새로 밭을 만듦

29 삼촌은 林野 오천 평을 갖고 있다. ( )

① 소나무 숲
② 나무가 무성한 들
③ 산림을 푸르게 만듦
④ 나뭇잎이 떨어져 공허한 숲

30 밤을 새워 책을 읽는 날이 許多하였다. ( )

① 매우 많음
② 듣고 허락함
③ 허락하지 아니함
④ 청하고 바라는 바를 들어 줌

단답형 [31~100]

※ 다음 물음에 맞는 답을 답안지의 해당 답란에 쓰시오.

[31~50]
한자의 훈과 음을 쓰시오. (31~40번은 간체자 표기임)

예시: 一 (한 일)

31 乐 ( )
32 桥 ( )
33 岁 ( )
34 医 ( )
35 选 ( )
36 竞 ( )
37 运 ( )
38 虫 ( )
39 愿 ( )
40 试 ( )
41 改 ( )
42 鼻 ( )
43 伐 ( )

44 器 (　　　　　)

45 題 (　　　　　)

46 戶 (　　　　　)

47 未 (　　　　　)

48 暗 (　　　　　)

49 患 (　　　　　)

50 志 (　　　　　)

[51~70]
한자어의 독음을 쓰시오. (51~60번은 간체자 표기임)

예시: 一二 (일이)

51 国歌 (　　　　　)

52 真谈 (　　　　　)

53 统长 (　　　　　)

54 亲笔 (　　　　　)

55 物价 (　　　　　)

56 给食 (　　　　　)

57 礼节 (　　　　　)

58 书类 (　　　　　)

59 绿末 (　　　　　)

60 变质 (　　　　　)

61 非凡 (　　　　　)

62 行星 (　　　　　)

63 道德 (　　　　　)

64 雨期 (　　　　　)

65 富者 (　　　　　)

66 處理 (　　　　　)

67 他意 (　　　　　)

68 貯金 (　　　　　)

69 許可 (　　　　　)

70 情報 (　　　　　)

[71~75]
다음 한자의 간체자를 〈보기〉에서 찾아 쓰시오.

〈보기〉
园 说 视 周 叶 团 话

71 說 (　　　　　)

72 團 (　　　　　)

73 週 (　　　　　)

74 葉 (　　　　　)

75 視 (　　　　　)

[76~80]
다음 한자의 번체자를 〈보기〉에서 찾아 쓰시오.

〈보기〉
號 壯 將 謝 齒 領 類

76 号 (　　　　　)

77 将 (　　　　　)

78 谢 (　　　　　)

79 齿 (　　　　　)

80 领 (　　　　　)

[81~82]
다음 한자의 부수를 쓰시오.

예시: 漢 (氵 또는 水)

81 財 (　　　　　)

82 期 (　　　　　)

[83~85]
다음 뜻을 가진 사자성어를 〈보기〉에서 찾아 그 독음을 쓰시오.

〈보기〉
獨不將軍　有備無患
明若觀火　望雲之情
至誠感天　溫故之情

83 미리 준비가 되어 있으면 걱정할 것이 없음. (　　　　　)

84 무슨 일이든 자기 생각대로 혼자서 처리하는 사람.(　　　　　)

85 불을 보듯 분명하고 뻔함. (　　　　　)

[86~95]
밑줄 친 한자어의 독음을 쓰시오.

> 예시: 漢字를 익힐 때는 여러 가지의 훈과 음에 유의해야 합니다. (한자)

86 이 支流는 낙동강에 근원을 두고 있다. (　　　)

87 창밖의 景致가 그림같이 아름답다. (　　　)

88 表決을 통해 우리의 건의가 통과되었다. (　　　)

89 희생과 奉仕를 실천하는 사람들이 많아지길 바란다. (　　　)

90 學歷보다는 능력 위주로 보는 사회로 변했으면 한다. (　　　)

91 反省이 없는 삶은 발전이 없다. (　　　)

92 선생님의 勞苦에 충심으로 감사드립니다. (　　　)

93 曲線을 사용한 공예 장식이 진열되어 있다. (　　　)

94 그녀는 平凡한 디자인의 옷도 개성을 살려 입는다. (　　　)

95 이 기계를 操作하려면 어떤 기술이 필요 한가요? (　　　)

[96~100]
다음 문장의 내용에 맞게 밑줄 친 한자어를 쓰시오.

> 예시: 한자를 쓸 때는 순서에 유의해야 합니다. (漢字)

96 욕구의 충족이 없으니 일에 흥미가 없다. (　　　)

97 우리는 차를 저속으로 몰았다. (　　　)

98 조언이 지나치면 간섭이 된다. (　　　)

99 이 골목은 사람들의 왕래가 많아 복잡하다. (　　　)

100 오빠는 전역 후에 완전 딴 사람이 되었다. (　　　)

모의고사 4회

HNK
汉字能力考试

중국교육부 국가한판

汉字能力考试

注意(수험생 유의사항)

1. 총 문항 수는 100문항(선택형 30, 단답형 70)이며, 시험 시간은 60분입니다.
2. 답은 답안지에 검정색 펜을 사용하여 또박또박 쓰세요.
3. 시험지에 수험번호와 성명을 쓰고 답안지와 함께 제출합니다.
4. 끝나는 신호가 있으면 필기도구를 내려놓고 감독관의 지시를 따르세요.

수험번호 [ ] – [ ] – [ ] – [ ]

성명 [ ]

시행: (주)다락원
주관: (사)한중문자교류협회
国家汉办 汉考国际

선택형 [1~30]

※ 다음 물음에 맞는 답의 번호를 답안지의 해당 답란에 표시하시오.

[1~5]
한자의 훈과 음으로 바른 것을 고르시오.

1 星 (　　)

① 별 성　② 날 생
③ 밝을 명　④ 살 활

2 精 (　　)

① 푸를 청　② 자세할 정
③ 맑을 청　④ 뜻 정

3 祭 (　　)

① 할아비 조　② 금할 금
③ 조상 조　④ 제사 제

4 個 (　　)

① 굳을 고　② 매길 과
③ 낱 개　④ 칠 벌

5 冷 (　　)

① 이제 금　② 찰 랭
③ 하여금 령　④ 목숨 명

[6~10]
다음 훈과 음에 해당하는 한자를 고르시오.

6 낮을 저 (　　)

① 幸　② 朴　③ 低　④ 可

7 성할 성 (　　)

① 性　② 盛　③ 成　④ 城

8 붉을 단 (　　)

① 赤　② 曲　③ 丹　④ 風

9 눈 안 (　　)

① 眼　② 目　③ 案　④ 安

10 이를 도 (　　)

① 道　② 到　③ 養　④ 度

[11~15]
다음 훈과 음에 해당하는 한자와 그 간체자가 바르게 짝지어진 것을 고르시오.

11 무리 류 (　　)

① 樹 = 树　② 晝 = 昼
③ 類 = 类　④ 遠 = 远

12 다리 교 (　　)

① 窓 = 窗　② 橋 = 桥
③ 藥 = 药　④ 視 = 视

13 관계할 관 (　　)

① 習 = 习　② 勝 = 胜
③ 關 = 关　④ 歷 = 历

14 씨 종 (　　)

① 終 = 终　② 畵 = 画
③ 級 = 级　④ 種 = 种

15 곳 처 (　　)

① 處 = 处　② 賣 = 卖
③ 農 = 农　④ 後 = 后

[16~18]
뜻이 반대 또는 상대되는 한자를 고르시오.

16 甘 (　　)

① 苦　② 字　③ 用　④ 舌

17 及 (　　)

① 交　② 意　③ 落　④ 化

18 班 (　　)

① 分　② 信　③ 反　④ 合

[19~21]
뜻이 같거나 비슷한 한자를 고르시오.

19 門 (　　)

① 開　② 吉　③ 戶　④ 間

20 年 (　　)

① 速　② 午　③ 路　④ 歲

21 生 (　　)

① 産　② 如　③ 昨　④ 旗

[22~24]
밑줄 친 낱말의 뜻을 가진 한자를 고르시오.

22 사람들은 누구나 행복을 원한다. ( )

① 界 ② 願 ③ 最 ④ 李

23 그는 이 시장의 상권을 꽉 잡고 있다. ( )

① 考 ② 亡 ③ 操 ④ 初

24 선인장은 거의 물을 주지 않는데도 잘 산다. ( )

① 注 ② 紙 ③ 兒 ④ 活

[25~27]
다음 뜻을 가진 한자어를 고르시오.

25 음식에 양념이나 식료품을 더 넣어 맛이 나게 함. ( )

① 意味 ② 香料
③ 風味 ④ 加味

26 일정한 규정에 들어맞는 격식. ( )

① 登場 ② 品格
③ 規格 ④ 退場

27 옛 제도나 풍습을 그대로 지키고 따름. ( )

① 固守 ② 進步
③ 極寒 ④ 完敗

[28~30]
밑줄 친 한자어의 뜻으로 알맞은 것을 고르시오.

28 막내는 집안에서 늘 <u>特別</u> 대우를 받는다. (　　)

① 보통과 다름
② 특별한 은혜
③ 특별히 베푸는 강의
④ 등급이 지게 나누어 가름

29 남에게 <u>責任</u>을 미룬 적이 없다. (　　)

① 직무에 있음
② 관직에서 물러남
③ 일을 나누어 맡음
④ 맡아서 행해야 할 의무나 임무

30 <u>勇氣</u>를 내어 친구에게 먼저 사과했다. (　　)

① 날래고 사나움
② 용맹스러운 사람
③ 씩씩하고 용감한 기운
④ 세상 사람의 좋은 평판

단답형 [31~100]

※ 다음 물음에 맞는 답을 답안지의 해당 답란에 쓰시오.

[31~50]
한자의 훈과 음을 쓰시오. (31~40번은 간체자 표기임)

예시: 一 (한 일)

31 业 (　　　　)
32 费 (　　　　)
33 调 (　　　　)
34 处 (　　　　)
35 旧 (　　　　)
36 团 (　　　　)
37 实 (　　　　)
38 独 (　　　　)
39 义 (　　　　)
40 课 (　　　　)
41 病 (　　　　)
42 巨 (　　　　)
43 具 (　　　　)

44 待 (　　　　)

45 妹 (　　　　)

46 律 (　　　　)

47 送 (　　　　)

48 早 (　　　　)

49 片 (　　　　)

50 倍 (　　　　)

[51~70]
한자어의 독음을 쓰시오. (51~60번은 간체자 표기임)

예시: 一二 (일이)

51 减速 (　　　　)

52 记念 (　　　　)

53 通读 (　　　　)

54 举动 (　　　　)

55 训练 (　　　　)

56 战争 (　　　　)

57 虫齿 (　　　　)

58 失败 (　　　　)

59 渔船 (　　　　)

60 贫农 (　　　　)

61 首都 (　　　　)

62 朝鮮 (　　　　)

63 萬若 (　　　　)

64 白馬 (　　　　)

65 精神 (　　　　)

66 美術 (　　　　)

67 增强 (　　　　)

68 書堂 (　　　　)

69 期間 (　　　　)

70 害蟲 (　　　　)

[71~75]
다음 한자의 간체자를 〈보기〉에서 찾아 쓰시오.

〈보기〉
统 铁 阳 则 绝 传 败

71 陽 (　　　　)

72 傳 (　　　　)

73 鐵 (　　　　)

74 則 (　　　　)

75 統 (　　　　)

[76~80]
다음 한자의 번체자를 〈보기〉에서 찾아 쓰시오.

〈보기〉
節 監 輕 談 體 話 盛

76 体 (　　　　)

77 轻 (　　　　)

78 监 (　　　　)

79 谈 (　　　　)

80 节 (　　　　)

[81~82]
다음 한자의 부수를 쓰시오.

예시: 漢 (氵 또는 水)

81 伐 (　　　　)

82 雄 (　　　　)

[83~85]
다음 뜻을 가진 사자성어를 〈보기〉에서 찾아 그 독음을 쓰시오.

〈보기〉
溫故知新　　天災地變
結草報恩　　百年河淸
起死回生　　走馬看山

83 옛것을 익히고 그것을 미루어서 새 것을 앎. (　　　　)

84 죽은 뒤에라도 은혜를 잊지 않고 갚음을 이르는 말. (　　　　)

85 거의 죽을 뻔하다가 도로 살아남. (　　　　)

[86~95]
밑줄 친 한자어의 독음을 쓰시오.

> 예시: <u>漢字</u>를 익힐 때는 여러 가지의 훈과 음에 유의해야 합니다. (한자)

86 그는 성화 봉송의 마지막 <u>走者</u>로 뽑혔다. (　　　)

87 경찰이 운전 <u>停止</u>의 신호를 보냈다. (　　　)

88 그분은 매사에 <u>利他</u>적인 태도를 보인다. (　　　)

89 직장 동료의 결혼식에 <u>參席</u>했다. (　　　)

90 선생님께 <u>再次</u> 질문을 했다. (　　　)

91 삼촌은 친구와 <u>事業</u>을 시작했다. (　　　)

92 할머니가 <u>米飮</u>을 숴 입에 떠 넣어 주셨다. (　　　)

93 <u>武臣</u>들은 군사력으로 천하를 얻으려 했다. (　　　)

94 사람들은 권세와 <u>富貴</u>를 누리고 싶어 한다. (　　　)

95 사회 정의를 실현함을 <u>使命</u>으로 한다. (　　　)

[96~100]
다음 문장의 내용에 맞게 밑줄 친 한자어를 쓰시오.

> 예시: <u>한자</u>를 쓸 때는 순서에 유의해야 합니다. (漢字)

96 집안에는 자손 대대로 물리는 <u>가훈</u>이 있다. (　　　)

97 인간은 결국 <u>자연</u>으로 돌아간다. (　　　)

98 아버지를 위해 <u>세차</u>를 해드렸다. (　　　)

99 어색해 보이는 <u>문장</u> 몇 개를 고쳤다. (　　　)

100 <u>친구</u>를 만나러 가기 위해 서둘러 집을 나섰다. (　　　)

모의고사 5회

HNK
汉字能力考试

중국교육부 국가한판

汉字能力考试

注意(수험생 유의사항)

1. 총 문항 수는 100문항(선택형 30, 단답형 70)이며, 시험 시간은 60분입니다.
2. 답은 답안지에 검정색 펜을 사용하여 또박또박 쓰세요.
3. 시험지에 수험번호와 성명을 쓰고 답안지와 함께 제출합니다.
4. 끝나는 신호가 있으면 필기도구를 내려놓고 감독관의 지시를 따르세요.

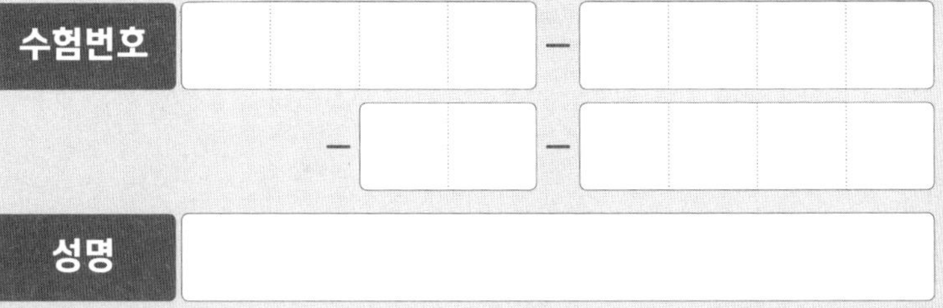

시행: (주)다락원
주관: (사)한중문자교류협회
国家汉办 汉考国际

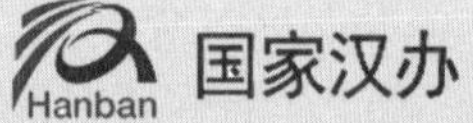

선택형 [1~30]

※ 다음 물음에 맞는 답의 번호를 답안지의 해당 답란에 표시하시오.

[1~5]
한자의 훈과 음으로 바른 것을 고르시오.

1 忠 (　　)

① 철 계 ② 이를 치
③ 충성 충 ④ 생각 상

2 富 (　　)

① 귀할 귀 ② 부자 부
③ 높을 고 ④ 복 복

3 志 (　　)

① 생각 사 ② 뜻 지
③ 선비 사 ④ 바탕 질

4 坐 (　　)

① 흙 토 ② 활 궁
③ 집 실 ④ 앉을 좌

5 商 (　　)

① 항상 상 ② 장사 상
③ 재물 재 ④ 별 성

[6~10]
다음 훈과 음에 해당하는 한자를 고르시오.

6 무릇 범 (　　)

① 師 ② 凡 ③ 令 ④ 祝

7 헤아릴 량 (　　)

① 宅 ② 貯 ③ 良 ④ 量

8 오랠 구 (　　)

① 守 ② 約 ③ 九 ④ 久

9 별 경 (　　)

① 景 ② 京 ③ 敬 ④ 送

10 목욕할 목 (　　)

① 浴 ② 洗 ③ 沐 ④ 流

[11~15]
다음 훈과 음에 해당하는 한자와 그 간체자가 바르게 짝지어진 것을 고르시오.

11 갖출 비 (　　)

① 愛 = 爱　② 數 = 数
③ 備 = 备　④ 費 = 费

12 볼 감 (　　)

① 減 = 减　② 監 = 监
③ 禮 = 礼　④ 銀 = 银

13 말씀 설 (　　)

① 線 = 线　② 說 = 说
③ 語 = 语　④ 親 = 亲

14 할 위 (　　)

① 韓 = 韩　② 偉 = 伟
③ 爲 = 为　④ 變 = 变

15 푸를 록 (　　)

① 業 = 业　② 勞 = 劳
③ 戰 = 战　④ 綠 = 绿

[16~18]
뜻이 반대 또는 상대되는 한자를 고르시오.

16 存 (　　)

① 使　② 實　③ 亡　④ 在

17 溫 (　　)

① 材　② 寒　③ 河　④ 消

18 高 (　　)

① 低　② 然　③ 李　④ 相

[19~21]
뜻이 같거나 비슷한 한자를 고르시오.

19 規 (　　)

① 告　② 充　③ 則　④ 星

20 思 (　　)

① 的　② 念　③ 章　④ 惡

21 競 (　　)

① 處　② 仙　③ 筆　④ 爭

모의고사 5회

[22~24]
밑줄 친 낱말의 뜻을 가진 한자를 고르시오.

22 관중들은 훌륭한 경기에 박수를 <u>쳤다</u>. (　　)

① 打 ② 兵 ③ 定 ④ 每

23 훈련병들은 <u>완전</u> 무장을 하고 집합하였다. (　　)

① 式 ② 朴 ③ 完 ④ 科

24 미모에 관련한 그녀와 <u>견줄</u> 사람이 없다. (　　)

① 化 ② 比 ③ 北 ④ 花

[25~27]
다음 뜻을 가진 한자어를 고르시오.

25 토의하거나 조사하여야 할 사실. (　　)

① 過熱 ② 序文
③ 案件 ④ 往來

26 서투르거나 어색한 데가 없이 능숙함. (　　)

① 視力 ② 洗練
③ 注油 ④ 盛大

27 처리하거나 해결해야 할 문제. (　　)

① 課題 ② 問題
③ 訓育 ④ 題目

[28~30]
밑줄 친 한자어의 뜻으로 알맞은 것을 고르시오.

28 아버지는 회사에서 <u>地位</u>가 높다. (　　)

① 임금의 자리
② 어느 방면의 땅
③ 일정한 땅의 구역
④ 개인이 차지하는 사회적 위치

29 <u>急性</u> 맹장염으로 응급차를 불렀다. (　　)

① 급한 성질
② 타고난 성품
③ 지혜로운 성품
④ 급하고 격렬함

30 한자를 몰라 <u>部首</u>를 이용해 찾았다. (　　)

① 맨 윗자리
② 중국어를 표기하는 문자
③ 한 부를 거느려 다스리는 직위
④ 자전을 찾을 때 길잡이가 되는 글자

단답형 [31~100]

※ **다음 물음에 맞는 답을 답안지의 해당 답란에 쓰시오.**

[31~50]
한자의 훈과 음을 쓰시오. (31~40번은 간체자 표기임)

예시: 一 (한 일)

31 类 (　　　　)
32 植 (　　　　)
33 劳 (　　　　)
34 进 (　　　　)
35 会 (　　　　)
36 将 (　　　　)
37 关 (　　　　)
38 岛 (　　　　)
39 质 (　　　　)
40 妇 (　　　　)
41 妹 (　　　　)
42 故 (　　　　)
43 場 (　　　　)

44 政 (　　　　)

45 屋 (　　　　)

46 登 (　　　　)

47 健 (　　　　)

48 尾 (　　　　)

49 坐 (　　　　)

50 辛 (　　　　)

[51~70]
한자어의 독음을 쓰시오. (51~60번은 간체자 표기임)

예시: 一二 (일이)

51 运动 (　　　　)

52 选举 (　　　　)

53 风光 (　　　　)

54 守势 (　　　　)

55 贵重 (　　　　)

56 写本 (　　　　)

57 到来 (　　　　)

58 结局 (　　　　)

59 技术 (　　　　)

60 热心 (　　　　)

61 孝誠 (　　　　)

62 先祖 (　　　　)

63 鼻音 (　　　　)

64 領海 (　　　　)

65 往年 (　　　　)

66 波及 (　　　　)

67 答案 (　　　　)

68 固定 (　　　　)

69 眼目 (　　　　)

70 救助 (　　　　)

[71~75]
다음 한자의 간체자를 〈보기〉에서 찾아 쓰시오.

〈보기〉
个 卖 昼 当 儿 价 画

71 個 (　　　　　)

72 兒 (　　　　　)

73 當 (　　　　　)

74 晝 (　　　　　)

75 賣 (　　　　　)

[76~80]
다음 한자의 번체자를 〈보기〉에서 찾아 쓰시오.

〈보기〉
獨 鳥 兩 廣 聖 葉 橋

76 两 (　　　　　)

77 叶 (　　　　　)

78 广 (　　　　　)

79 圣 (　　　　　)

80 鸟 (　　　　　)

[81~82]
다음 한자의 부수를 쓰시오.

예시: 漢 (氵 또는 水)

81 束 (　　　　　)

82 城 (　　　　　)

[83~85]
다음 뜻을 가진 사자성어를 〈보기〉에서 찾아 그 독음을 쓰시오.

〈보기〉
安貧樂道　　結草報恩
仁者無敵　　望雲之情
善男善女　　百戰老將

83 어진 사람은 널리 사람을 사랑하므로 천하에 적대할 사람이 없음.
(　　　　　)

84 가난한 생활을 하면서도 편안한 마음으로 도를 즐겨 지킴.
(　　　　　)

85 자식이 객지에서 고향에 계신 어버이를 생각하는 마음.
(　　　　　)

[86~95]
밑줄 친 한자어의 독음을 쓰시오.

> 예시: 漢字를 익힐 때는 여러 가지의 훈과 음에 유의해야 합니다. (한자)

86 설날 아침 일찍 부모님께 歲拜를 드렸다. (　　　)

87 입법, 사법, 행정의 분리는 견제 균형의 원리를 具現한 것이다. (　　　)

88 獨島는 우리 영토임에 틀림없다. (　　　)

89 나는 힘들 때도 항상 明朗한 표정을 잃지 않는다. (　　　)

90 最近 점점 많은 사람들이 우주를 여행하고 있습니다. (　　　)

91 사람은 성대를 진동시켜 여러 가지 音律이나 음성을 만든다. (　　　)

92 무더운 한여름 전기 사용량이 급증하여 停電이 되었다. (　　　)

93 여러분도 재미있는 방법으로 數學을 배워 보고 싶지 않나요? (　　　)

94 이상과 현실의 合致는 불가능한 것인가? (　　　)

95 65세 이상의 인구가 꾸준히 增加하고 있다. (　　　)

[96~100]
다음 문장의 내용에 맞게 밑줄 친 한자어를 쓰시오.

> 예시: 한자를 쓸 때는 순서에 유의해야 합니다. (漢字)

96 세상은 온통 백설로 뒤덮여 눈이 부셨다. (　　　)

97 우리는 필요로부터 욕망을 구별해야만 한다. (　　　)

98 모든 인간은 법 앞에 동등하다. (　　　)

99 그 학생은 유능한 의사가 되었다. (　　　)

100 집안 형편이 어려워 대학 진학을 포기했다. (　　　)

4II급 모의고사 1회 정답

단답형 (1~30)

번호	정답	번호	정답	번호	정답	번호	정답
1	②	9	②	17	④	25	②
2	③	10	③	18	②	26	④
3	④	11	①	19	①	27	②
4	①	12	③	20	④	28	③
5	④	13	④	21	②	29	②
6	②	14	②	22	①	30	④
7	③	15	①	23	④	-	
8	①	16	③	24	③	-	

단답형 (31~100)

번호	정답	번호	정답	번호	정답	번호	정답
31	두 량	49	가게 점	67	호구	85	호의호식
32	넓을 광	50	지낼 력	68	지출	86	목욕
33	재주 술	51	경관	69	식음	87	안건
34	마칠 종	52	관문	70	숙명	88	상호
35	허락할 허	53	변형	71	劳	89	환부
36	고울 선	54	남극	72	养	90	초옥
37	성스러울 성	55	녹색	73	处	91	여행객
38	악할 악/미워할 오	56	전언	74	真	92	재료
39	더울 열	57	연세	75	价	93	사고
40	원수 적	58	입시	76	賞	94	고유
41	별 성	59	참배	77	規	95	간병
42	공 구	60	사제	78	發	96	成果
43	갖출 구	61	구인	79	産	97	表現/表现
44	묶을 속	62	물량	80	筆	98	消化
45	높을 탁	63	흉가	81	力	99	友愛/友爱
46	달릴 주	64	비리	82	宀	100	區分/区分
47	은혜 혜	65	고성	83	각자무치		
48	돌 회	66	퇴보	84	청운지지		

HNK 한중상용한자능력시험

4II급 모의고사 2회 정답

단답형 (1~30)

번호	정답	번호	정답	번호	정답	번호	정답
1	④	9	④	17	①	25	③
2	④	10	①	18	③	26	①
3	①	11	④	19	①	27	④
4	②	12	③	20	③	28	④
5	②	13	②	21	④	29	①
6	③	14	④	22	④	30	③
7	②	15	③	23	①	-	
8	③	16	②	24	③	-	

단답형 (31~100)

번호	정답	번호	정답	번호	정답	번호	정답
31	거느릴 통	49	굳을 고	67	호수	85	어불성설
32	지낼 력	50	견줄 비	68	회춘	86	발급
33	가난할 빈	51	감시	69	차남	87	거성
34	열매 실	52	승리	70	좌석	88	구면
35	붓 필	53	변수	71	观	89	지향
36	할 위	54	사례	72	团	90	타산
37	패할 패	55	철교	73	调	91	매점
38	값 가	56	약국	74	义	92	악화
39	참 진	57	거동	75	热	93	무시
40	다할 극	58	구현	76	争	94	인용
41	눈 안	59	상금	77	買	95	상당
42	해할 해	60	성업	78	億	96	失手
43	헤아릴 료	61	상선	79	島	97	必然
44	어질 인	62	수병	80	萬	98	展示
45	붉을 단	63	완전	81	攴(攵)	99	校服
46	활 궁	64	조력	82	頁	100	思考
47	나그네 려	65	명령	83	천장지구		
48	구할 요	66	하지	84	독서삼도		

4II급 모의고사 3회 정답

단답형 (1~30)

번호	정답	번호	정답	번호	정답	번호	정답
1	②	9	④	17	③	25	①
2	④	10	②	18	②	26	④
3	④	11	④	19	①	27	②
4	③	12	②	20	④	28	②
5	②	13	②	21	③	29	②
6	③	14	②	22	①	30	①
7	②	15	③	23	②	-	
8	③	16	④	24	③	-	

단답형 (31~100)

번호	정답	번호	정답	번호	정답	번호	정답
31	즐길 락/풍류 악	49	근심 환	67	타의	85	명약관화
32	다리 교	50	뜻 지	68	저금	86	지류
33	해 세/나이 세	51	국가	69	허가	87	경치
34	의원 의	52	진담	70	정보	88	표결
35	가릴 선	53	통장	71	说	89	봉사
36	다툴 경	54	친필	72	团	90	학력
37	옮길 운	55	물가	73	周	91	반성
38	벌레 충	56	급식	74	叶	92	노고
39	원할 원	57	예절	75	视	93	곡선
40	시험 시	58	서류	76	號	94	평범
41	고칠 개	59	녹말	77	將	95	조작
42	코 비	60	변질	78	謝	96	充足
43	칠 벌	61	비범	79	齒	97	低速
44	그릇 기	62	행성	80	領	98	助言
45	제목 제	63	도덕	81	貝	99	往來
46	지게문 호	64	우기	82	月	100	完全
47	아닐 미	65	부자	83	유비무환		
48	어두울 암	66	처리	84	독불장군		

HNK 한중상용한자능력시험

4Ⅱ급 모의고사 4회 정답

단답형 (1~30)

번호	정답	번호	정답	번호	정답	번호	정답
1	①	9	①	17	③	25	④
2	②	10	②	18	④	26	③
3	④	11	③	19	③	27	①
4	③	12	②	20	④	28	①
5	②	13	③	21	①	29	④
6	③	14	④	22	②	30	③
7	②	15	①	23	③	-	
8	③	16	①	24	④	-	

단답형 (31~100)

번호	정답	번호	정답	번호	정답	번호	정답
31	일 업	49	조각 편	67	증강	85	기사회생
32	쓸 비	50	곱 배	68	서당	86	주자
33	고를 조	51	감속	69	기간	87	정지
34	곳 처	52	기념	70	해충	88	이타
35	예 구	53	통독	71	阳	89	참석
36	둥글 단	54	거동	72	传	90	재차
37	열매 실	55	훈련	73	铁	91	사업
38	홀로 독	56	전쟁	74	则	92	미음
39	옳을 의	57	충치	75	统	93	무신
40	공부할 과	58	실패	76	體	94	부귀
41	병 병	59	어선	77	輕	95	사명
42	클 거	60	빈농	78	監	96	家訓
43	갖출 구	61	수도	79	談	97	自然
44	기다릴 대	62	조선	80	節	98	洗車
45	손아래 누이 매	63	만약	81	人(亻)	99	文章
46	법률 률	64	백마	82	隹	100	親舊
47	보낼 송	65	정신	83	온고지신		
48	이를 조	66	미술	84	결초보은		

4II급 모의고사 5회 정답

단답형 (1~30)

번호	정답	번호	정답	번호	정답	번호	정답
1	③	9	①	17	②	25	③
2	②	10	③	18	①	26	②
3	②	11	③	19	③	27	①
4	④	12	②	20	②	28	④
5	②	13	②	21	④	29	①
6	②	14	③	22	①	30	④
7	④	15	④	23	③	-	
8	④	16	③	24	②	-	

단답형 (31~100)

번호	정답	번호	정답	번호	정답	번호	정답
31	무리 류	49	앉을 좌	67	답안	85	망운지정
32	심을 식	50	매울 신	68	고정	86	세배
33	일할 로	51	운동	69	안목	87	구현
34	나아갈 진	52	선거	70	구조	88	독도
35	모일 회	53	풍광	71	个	89	명랑
36	장수 장/장차 장	54	수세	72	儿	90	최근
37	관계할 관	55	귀중	73	当	91	음률
38	섬 도	56	사본	74	昼	92	정전
39	바탕 질	57	도래	75	卖	93	수학
40	아내 부	58	결국	76	兩	94	합치
41	손아래 누이 매	59	기술	77	葉	95	증가
42	연고 고	60	열심	78	廣	96	白雪
43	마당 장	61	효성	79	聖	97	區別
44	정사 정	62	선조	80	鳥	98	同等
45	십 옥	63	비음	81	木	99	有能
46	오를 등	64	영해	82	土	100	形便
47	굳셀 건	65	왕년	83	인자무적		
48	꼬리 미	66	파급	84	안빈낙도		

HNK 한자능력시험 답안지

응시급수	1급	2급	3급	3Ⅱ급	4급	4Ⅱ급	5급	5Ⅱ급	6급	7급	8급
	○	○	○	○	○	○	○	○	○	○	○

성　명

유의사항

1. 모든 표기 및 답안 작성은 지워지지 않는 검정색 필기구를 사용해야 합니다.
2. 바르지 못한 표기를 하였거나 불필요한 표기를 하였을 경우 불이익을 받을 수 있습니다.
3. 표기가 잘못되었을 경우는 수정테이프로 깨끗이 지운 후 다시 칠하거나 쓰십시오.
4. 수험번호를 바르게 쓰고 해당 '○' 안에 표기합니다.
5. 응시급수, 수험번호 및 선택형 답안의 '○' 안의 표기는 컴퓨터용 펜을 사용하여 〈보기〉와 같이 칠해야 합니다. 〈보기〉 ● ◐ ☑ ◑ / O X X X

수험번호

⓪	⓪	⓪	Ⓐ	⓪	⓪	⓪	⓪	⓪	⓪	⓪	⓪	⓪	⓪
①	①	①	Ⓑ	①	①	①	①	①	①	①	①	①	①
②	②	②		②	②	②	②	②	②	②	②	②	②
③	③	③		③	③	③	③	③	③	③	③	③	③
④	④	④		④	④	④	④	④	④	④	④	④	④
⑤	⑤	⑤		⑤	⑤	⑤	⑤	⑤	⑤	⑤	⑤	⑤	⑤
⑥	⑥	⑥		⑥	⑥	⑥	⑥	⑥	⑥	⑥	⑥	⑥	⑥
⑦	⑦	⑦		⑦	⑦	⑦	⑦	⑦	⑦	⑦	⑦	⑦	⑦
⑧	⑧	⑧		⑧	⑧	⑧	⑧	⑧	⑧	⑧	⑧	⑧	⑧
⑨	⑨	⑨		⑨	⑨	⑨	⑨	⑨	⑨	⑨	⑨	⑨	⑨

감독위원 확인란
(※수험생은 표기하지 말 것)

결시자 표기	결시자의 수험번호를 쓰고 아래에 표기
	○
감독위원 서명	성명, 수험번호 표기가 정확한지 확인 후 서명 또는 날인

채 점 위 원	
초심	재심

득 점 문 항 수

선택형 (1~30)

1	①	②	③	④
2	①	②	③	④
3	①	②	③	④
4	①	②	③	④
5	①	②	③	④
6	①	②	③	④
7	①	②	③	④
8	①	②	③	④
9	①	②	③	④
10	①	②	③	④
11	①	②	③	④
12	①	②	③	④
13	①	②	③	④
14	①	②	③	④
15	①	②	③	④
16	①	②	③	④
17	①	②	③	④
18	①	②	③	④
19	①	②	③	④
20	①	②	③	④
21	①	②	③	④
22	①	②	③	④
23	①	②	③	④
24	①	②	③	④
25	①	②	③	④
26	①	②	③	④
27	①	②	③	④
28	①	②	③	④
29	①	②	③	④
30	①	②	③	④

단답형 (31~50)

31		○	41		○
32		○	42		○
33		○	43		○
34		○	44		○
35		○	45		○
36		○	46		○
37		○	47		○
38		○	48		○
39		○	49		○
40		○	50		○

▸ 51번부터는 뒷면에 답안을 작성합니다.

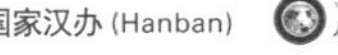

国家汉办 (Hanban)
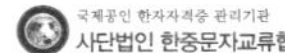
국제공인 한자자격증 관리기관
사단법인 한중문자교류협회
다락원

❖ 단답형 답안란의 'ㅇ'은 채점용이므로 수험생은 표기하지 않습니다.

단답형 (51~100)

51		○	61		○	71		○	81		○	91		○
52		○	62		○	72		○	82		○	92		○
53		○	63		○	73		○	83		○	93		○
54		○	64		○	74		○	84		○	94		○
55		○	65		○	75		○	85		○	95		○
56		○	66		○	76		○	86		○	96		○
57		○	67		○	77		○	87		○	97		○
58		○	68		○	78		○	88		○	98		○
59		○	69		○	79		○	89		○	99		○
60		○	70		○	80		○	90		○	100		○

HNK 한자능력시험 답안지

응시급수	1급	2급	3급	3Ⅱ급	4급	4Ⅱ급	5급	5Ⅱ급	6급	7급	8급
	○	○	○	○	○	○	○	○	○	○	○

성 명

유의사항

1. 모든 표기 및 답안 작성은 지워지지 않는 검정색 필기구를 사용해야 합니다.
2. 바르지 못한 표기를 하였거나 불필요한 표기를 하였을 경우 불이익을 받을 수 있습니다.
3. 표기가 잘못되었을 경우는 수정테이프로 깨끗이 지운 후 다시 칠하거나 쓰십시오.
4. 수험번호를 바르게 쓰고 해당 'ㅇ' 안에 표기합니다.
5. 응시급수, 수험번호 및 선택형 답안의 'ㅇ' 안의 표기는 컴퓨터용 펜을 사용하여 〈보기〉와 같이 칠해야 합니다. 〈보기〉 ● ◑ ✓ ◐ / o x x x

수 험 번 호

0	0	0	A	0	0	0	0	0	0	0	0	0	0
1	1	1	B	1	1	1	1	1	1	1	1	1	1
2	2	2		2	2	2	2	2	2	2	2	2	2
3	3	3		3	3	3	3	3	3	3	3	3	3
4	4	4		4	4	4	4	4	4	4	4	4	4
5	5	5		5	5	5	5	5	5	5	5	5	5
6	6	6		6	6	6	6	6	6	6	6	6	6
7	7	7		7	7	7	7	7	7	7	7	7	7
8	8	8		8	8	8	8	8	8	8	8	8	8
9	9	9		9	9	9	9	9	9	9	9	9	9

감독위원 확인란
(※수험생은 표기하지 말 것)

결시자 표기	결시자의 수험번호를 쓰고 아래에 표기	○
감독위원 서명	성명, 수험번호 표기가 정확한지 확인 후 서명 또는 날인	

채 점 위 원	
초심	재심

득 점 문 항 수

선택형 (1~30)

1	①	②	③	④
2	①	②	③	④
3	①	②	③	④
4	①	②	③	④
5	①	②	③	④
6	①	②	③	④
7	①	②	③	④
8	①	②	③	④
9	①	②	③	④
10	①	②	③	④
11	①	②	③	④
12	①	②	③	④
13	①	②	③	④
14	①	②	③	④
15	①	②	③	④
16	①	②	③	④
17	①	②	③	④
18	①	②	③	④
19	①	②	③	④
20	①	②	③	④
21	①	②	③	④
22	①	②	③	④
23	①	②	③	④
24	①	②	③	④
25	①	②	③	④
26	①	②	③	④
27	①	②	③	④
28	①	②	③	④
29	①	②	③	④
30	①	②	③	④

단답형 (31~50)

번호	답안		번호	답안	
31		○	41		○
32		○	42		○
33		○	43		○
34		○	44		○
35		○	45		○
36		○	46		○
37		○	47		○
38		○	48		○
39		○	49		○
40		○	50		○

▸ 51번부터는 뒷면에 답안을 작성합니다.

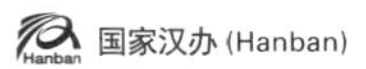
国家汉办 (Hanban)
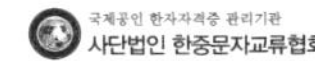
국제공인 한자자격증 관리기관 사단법인 한중문자교류협회
다락원

❖ 단답형 답안란의 'ㅇ'은 채점용이므로 수험생은 표기하지 않습니다.

단답형 (51~100)														
51		○	61		○	71		○	81		○	91		○
52		○	62		○	72		○	82		○	92		○
53		○	63		○	73		○	83		○	93		○
54		○	64		○	74		○	84		○	94		○
55		○	65		○	75		○	85		○	95		○
56		○	66		○	76		○	86		○	96		○
57		○	67		○	77		○	87		○	97		○
58		○	68		○	78		○	88		○	98		○
59		○	69		○	79		○	89		○	99		○
60		○	70		○	80		○	90		○	100		○

HNK 한자능력시험 답안지

응시급수	1급	2급	3급	3Ⅱ급	4급	4Ⅱ급	5급	5Ⅱ급	6급	7급	8급
	○	○	○	○	○	○	○	○	○	○	○

성 명

유의사항

1. 모든 표기 및 답안 작성은 지워지지 않는 검정색 필기구를 사용해야 합니다.
2. 바르지 못한 표기를 하였거나 불필요한 표기를 하였을 경우 불이익을 받을 수 있습니다.
3. 표기가 잘못되었을 경우는 수정테이프로 깨끗이 지운 후 다시 칠하거나 쓰십시오.
4. 수험번호를 바르게 쓰고 해당 'ㅇ' 안에 표기합니다.
5. 응시급수, 수험번호 및 선택형 답안의 'ㅇ' 안의 표기는 컴퓨터용 펜을 사용하여 〈보기〉와 같이 칠해야 합니다. 〈보기〉 ● ◑ ♡ ◑ (o x x x)

수 험 번 호

0	0	0	A	0	0	0	0	0	0	0	0	0	0
1	1	1	B	1	1	1	1	1	1	1	1	1	1
2	2	2		2	2	2	2	2	2	2	2	2	2
3	3	3		3	3	3	3	3	3	3	3	3	3
4	4	4		4	4	4	4	4	4	4	4	4	4
5	5	5		5	5	5	5	5	5	5	5	5	5
6	6	6		6	6	6	6	6	6	6	6	6	6
7	7	7		7	7	7	7	7	7	7	7	7	7
8	8	8		8	8	8	8	8	8	8	8	8	8
9	9	9		9	9	9	9	9	9	9	9	9	9

감독위원 확인란
(※수험생은 표기하지 말 것)

결시자 표기	결시자의 수험번호를 쓰고 아래에 표기
	○
감독위원 서명	성명, 수험번호 표기가 정확한지 확인 후 서명 또는 날인

채 점 위 원	
초심	재심

득 점 문 항 수

선택형 (1~30)

1	①	②	③	④
2	①	②	③	④
3	①	②	③	④
4	①	②	③	④
5	①	②	③	④
6	①	②	③	④
7	①	②	③	④
8	①	②	③	④
9	①	②	③	④
10	①	②	③	④
11	①	②	③	④
12	①	②	③	④
13	①	②	③	④
14	①	②	③	④
15	①	②	③	④
16	①	②	③	④
17	①	②	③	④
18	①	②	③	④
19	①	②	③	④
20	①	②	③	④
21	①	②	③	④
22	①	②	③	④
23	①	②	③	④
24	①	②	③	④
25	①	②	③	④
26	①	②	③	④
27	①	②	③	④
28	①	②	③	④
29	①	②	③	④
30	①	②	③	④

단답형 (31~50)

번호	답		번호	답	
31		○	41		○
32		○	42		○
33		○	43		○
34		○	44		○
35		○	45		○
36		○	46		○
37		○	47		○
38		○	48		○
39		○	49		○
40		○	50		○

▸ 51번부터는 뒷면에 답안을 작성합니다.

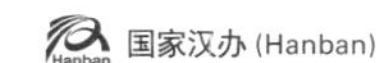
国家汉办 (Hanban)
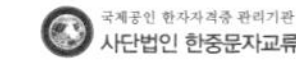
국제공인 한자자격증 관리기관 사단법인 한중문자교류협회
다락원

❖ 단답형 답안란의 'ㅇ'은 채점용이므로 수험생은 표기하지 않습니다.

단답형 (51~100)														
51		○	61		○	71		○	81		○	91		○
52		○	62		○	72		○	82		○	92		○
53		○	63		○	73		○	83		○	93		○
54		○	64		○	74		○	84		○	94		○
55		○	65		○	75		○	85		○	95		○
56		○	66		○	76		○	86		○	96		○
57		○	67		○	77		○	87		○	97		○
58		○	68		○	78		○	88		○	98		○
59		○	69		○	79		○	89		○	99		○
60		○	70		○	80		○	90		○	100		○

HNK 한자능력시험 답안지

응시급수	1급	2급	3급	3Ⅱ급	4급	4Ⅱ급	5급	5Ⅱ급	6급	7급	8급
	○	○	○	○	○	○	○	○	○	○	○

성 명

유의사항

1. 모든 표기 및 답안 작성은 지워지지 않는 검정색 필기구를 사용해야 합니다.
2. 바르지 못한 표기를 하였거나 불필요한 표기를 하였을 경우 불이익을 받을 수 있습니다.
3. 표기가 잘못되었을 경우는 수정테이프로 깨끗이 지운 후 다시 칠하거나 쓰십시오.
4. 수험번호를 바르게 쓰고 해당 'ㅇ' 안에 표기합니다.
5. 응시급수, 수험번호 및 선택형 답안의 'ㅇ' 안의 표기는 컴퓨터용 펜을 사용하여 〈보기〉와 같이 칠해야 합니다. 〈보기〉 ● O ◑ X ☑ X ◐ X

수 험 번 호

0	0	0	A	0	0	0	0	0	0	0	0	0	0
1	1	1	B	1	1	1	1	1	1	1	1	1	1
2	2	2		2	2	2	2	2	2	2	2	2	2
3	3	3		3	3	3	3	3	3	3	3	3	3
4	4	4		4	4	4	4	4	4	4	4	4	4
5	5	5		5	5	5	5	5	5	5	5	5	5
6	6	6		6	6	6	6	6	6	6	6	6	6
7	7	7		7	7	7	7	7	7	7	7	7	7
8	8	8		8	8	8	8	8	8	8	8	8	8
9	9	9		9	9	9	9	9	9	9	9	9	9

감독위원 확인란
(※수험생은 표기하지 말 것)

결시자 표기	결시자의 수험번호를 쓰고 아래에 표기	○
감독위원 서명	성명, 수험번호 표기가 정확한지 확인 후 서명 또는 날인	

채 점 위 원	
초심	재심

득 점 문 항 수

선택형 (1~30)

1	①	②	③	④
2	①	②	③	④
3	①	②	③	④
4	①	②	③	④
5	①	②	③	④
6	①	②	③	④
7	①	②	③	④
8	①	②	③	④
9	①	②	③	④
10	①	②	③	④
11	①	②	③	④
12	①	②	③	④
13	①	②	③	④
14	①	②	③	④
15	①	②	③	④
16	①	②	③	④
17	①	②	③	④
18	①	②	③	④
19	①	②	③	④
20	①	②	③	④
21	①	②	③	④
22	①	②	③	④
23	①	②	③	④
24	①	②	③	④
25	①	②	③	④
26	①	②	③	④
27	①	②	③	④
28	①	②	③	④
29	①	②	③	④
30	①	②	③	④

단답형 (31~50)

번호	답		번호	답	
31		○	41		○
32		○	42		○
33		○	43		○
34		○	44		○
35		○	45		○
36		○	46		○
37		○	47		○
38		○	48		○
39		○	49		○
40		○	50		○

▸ 51번부터는 뒷면에 답안을 작성합니다.

단답형 (51~100)

번호	답		번호	답		번호	답		번호	답		번호	답	
51		○	61		○	71		○	81		○	91		○
52		○	62		○	72		○	82		○	92		○
53		○	63		○	73		○	83		○	93		○
54		○	64		○	74		○	84		○	94		○
55		○	65		○	75		○	85		○	95		○
56		○	66		○	76		○	86		○	96		○
57		○	67		○	77		○	87		○	97		○
58		○	68		○	78		○	88		○	98		○
59		○	69		○	79		○	89		○	99		○
60		○	70		○	80		○	90		○	100		○

HNK 한자능력시험 답안지

응시급수	1급	2급	3급	3Ⅱ급	4급	4Ⅱ급	5급	5Ⅱ급	6급	7급	8급
	○	○	○	○	○	○	○	○	○	○	○

성 명

유의사항

1. 모든 표기 및 답안 작성은 지워지지 않는 검정색 필기구를 사용해야 합니다.
2. 바르지 못한 표기를 하였거나 불필요한 표기를 하였을 경우 불이익을 받을 수 있습니다.
3. 표기가 잘못되었을 경우는 수정테이프로 깨끗이 지운 후 다시 칠하거나 쓰십시오.
4. 수험번호를 바르게 쓰고 해당 'o' 안에 표기합니다.
5. 응시급수, 수험번호 및 선택형 답안의 'o' 안의 표기는 컴퓨터용 펜을 사용하여 〈보기〉와 같이 칠해야 합니다. 〈보기〉 ● O ◐ X ☑ X ◑ X

수 험 번 호

0	0	0	A	0	0	0	0	0	0	0	0	0	0
1	1	1	B	1	1	1	1	1	1	1	1	1	1
2	2	2		2	2	2	2	2	2	2	2	2	2
3	3	3		3	3	3	3	3	3	3	3	3	3
4	4	4		4	4	4	4	4	4	4	4	4	4
5	5	5		5	5	5	5	5	5	5	5	5	5
6	6	6		6	6	6	6	6	6	6	6	6	6
7	7	7		7	7	7	7	7	7	7	7	7	7
8	8	8		8	8	8	8	8	8	8	8	8	8
9	9	9		9	9	9	9	9	9	9	9	9	9

감독위원 확인란
(※수험생은 표기하지 말 것)

결시자 표기	결시자의 수험번호를 쓰고 아래에 표기 ○
감독위원 서명	성명, 수험번호 표기가 정확한지 확인 후 서명 또는 날인

채 점 위 원	
초심	재심

득 점 문 항 수

国家汉办 (Hanban) 국제공인 한자자격증 관리기관 사단법인 한중문자교류협회 다락원

선택형 (1~30)

1	①	②	③	④
2	①	②	③	④
3	①	②	③	④
4	①	②	③	④
5	①	②	③	④
6	①	②	③	④
7	①	②	③	④
8	①	②	③	④
9	①	②	③	④
10	①	②	③	④
11	①	②	③	④
12	①	②	③	④
13	①	②	③	④
14	①	②	③	④
15	①	②	③	④
16	①	②	③	④
17	①	②	③	④
18	①	②	③	④
19	①	②	③	④
20	①	②	③	④
21	①	②	③	④
22	①	②	③	④
23	①	②	③	④
24	①	②	③	④
25	①	②	③	④
26	①	②	③	④
27	①	②	③	④
28	①	②	③	④
29	①	②	③	④
30	①	②	③	④

단답형 (31~50)

번호			번호		
31		○	41		○
32		○	42		○
33		○	43		○
34		○	44		○
35		○	45		○
36		○	46		○
37		○	47		○
38		○	48		○
39		○	49		○
40		○	50		○

▸ 51번부터는 뒷면에 답안을 작성합니다.

단답형 (51~100)														
51		○	61		○	71		○	81		○	91		○
52		○	62		○	72		○	82		○	92		○
53		○	63		○	73		○	83		○	93		○
54		○	64		○	74		○	84		○	94		○
55		○	65		○	75		○	85		○	95		○
56		○	66		○	76		○	86		○	96		○
57		○	67		○	77		○	87		○	97		○
58		○	68		○	78		○	88		○	98		○
59		○	69		○	79		○	89		○	99		○
60		○	70		○	80		○	90		○	100		○

HNK 한자능력시험 답안지

응시급수	1급	2급	3급	3Ⅱ급	4급	4Ⅱ급	5급	5Ⅱ급	6급	7급	8급
	○	○	○	○	○	○	○	○	○	○	○

성 명

유의사항

1. 모든 표기 및 답안 작성은 지워지지 않는 검정색 필기구를 사용해야 합니다.
2. 바르지 못한 표기를 하였거나 불필요한 표기를 하였을 경우 불이익을 받을 수 있습니다.
3. 표기가 잘못되었을 경우는 수정테이프로 깨끗이 지운 후 다시 칠하거나 쓰십시오.
4. 수험번호를 바르게 쓰고 해당 'ㅇ' 안에 표기합니다.
5. 응시급수, 수험번호 및 선택형 답안의 'ㅇ' 안의 표기는 컴퓨터용 펜을 사용하여 〈보기〉와 같이 칠해야 합니다. 〈보기〉 ● ◐ ⊻ ◑ / O X X X

수 험 번 호

0	0	0	A	0	0	0	0	0	0	0	0	0	0
1	1	1	B	1	1	1	1	1	1	1	1	1	1
2	2	2		2	2	2	2	2	2	2	2	2	2
3	3	3		3	3	3	3	3	3	3	3	3	3
4	4	4		4	4	4	4	4	4	4	4	4	4
5	5	5		5	5	5	5	5	5	5	5	5	5
6	6	6		6	6	6	6	6	6	6	6	6	6
7	7	7		7	7	7	7	7	7	7	7	7	7
8	8	8		8	8	8	8	8	8	8	8	8	8
9	9	9		9	9	9	9	9	9	9	9	9	9

감독위원 확인란 (※수험생은 표기하지 말 것)

결시자 표기	결시자의 수험번호를 쓰고 아래에 표기 / ○
감독위원 서명	성명, 수험번호 표기가 정확한지 확인 후 서명 또는 날인

채 점 위 원	
초심	재심

득 점 문 항 수

国家汉办 (Hanban)

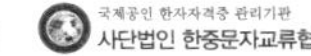
국제공인 한자자격증 관리기관 사단법인 한중문자교류협회

다락원

선택형 (1~30)

1	①	②	③	④
2	①	②	③	④
3	①	②	③	④
4	①	②	③	④
5	①	②	③	④
6	①	②	③	④
7	①	②	③	④
8	①	②	③	④
9	①	②	③	④
10	①	②	③	④
11	①	②	③	④
12	①	②	③	④
13	①	②	③	④
14	①	②	③	④
15	①	②	③	④
16	①	②	③	④
17	①	②	③	④
18	①	②	③	④
19	①	②	③	④
20	①	②	③	④
21	①	②	③	④
22	①	②	③	④
23	①	②	③	④
24	①	②	③	④
25	①	②	③	④
26	①	②	③	④
27	①	②	③	④
28	①	②	③	④
29	①	②	③	④
30	①	②	③	④

단답형 (31~50)

번호			번호		
31		○	41		○
32		○	42		○
33		○	43		○
34		○	44		○
35		○	45		○
36		○	46		○
37		○	47		○
38		○	48		○
39		○	49		○
40		○	50		○

▸ 51번부터는 뒷면에 답안을 작성합니다.

❖ 단답형 답안란의 'ㅇ'은 채점용이므로 수험생은 표기하지 않습니다.

단답형 (51~100)														
51		○	61		○	71		○	81		○	91		○
52		○	62		○	72		○	82		○	92		○
53		○	63		○	73		○	83		○	93		○
54		○	64		○	74		○	84		○	94		○
55		○	65		○	75		○	85		○	95		○
56		○	66		○	76		○	86		○	96		○
57		○	67		○	77		○	87		○	97		○
58		○	68		○	78		○	88		○	98		○
59		○	69		○	79		○	89		○	99		○
60		○	70		○	80		○	90		○	100		○

HNK 한자능력시험 답안지

응시급수	1급	2급	3급	3Ⅱ급	4급	4Ⅱ급	5급	5Ⅱ급	6급	7급	8급
	○	○	○	○	○	○	○	○	○	○	○

성 명

유의사항

1. 모든 표기 및 답안 작성은 지워지지 않는 검정색 필기구를 사용해야 합니다.
2. 바르지 못한 표기를 하였거나 불필요한 표기를 하였을 경우 불이익을 받을 수 있습니다.
3. 표기가 잘못되었을 경우는 수정테이프로 깨끗이 지운 후 다시 칠하거나 쓰십시오.
4. 수험번호를 바르게 쓰고 해당 'ㅇ' 안에 표기합니다.
5. 응시급수, 수험번호 및 선택형 답안의 'ㅇ' 안의 표기는 컴퓨터용 펜을 사용하여 〈보기〉와 같이 칠해야 합니다. 〈보기〉 ● ◐ ☑ ◑ / O X X X

수 험 번 호

0	0	0	A	0	0	0	0	0	0	0	0	0	0
1	1	1	B	1	1	1	1	1	1	1	1	1	1
2	2	2		2	2	2	2	2	2	2	2	2	2
3	3	3		3	3	3	3	3	3	3	3	3	3
4	4	4		4	4	4	4	4	4	4	4	4	4
5	5	5		5	5	5	5	5	5	5	5	5	5
6	6	6		6	6	6	6	6	6	6	6	6	6
7	7	7		7	7	7	7	7	7	7	7	7	7
8	8	8		8	8	8	8	8	8	8	8	8	8
9	9	9		9	9	9	9	9	9	9	9	9	9

감독위원 확인란
(※수험생은 표기하지 말 것)

결시자 표기	결시자의 수험번호를 쓰고 아래에 표기 ○
감독위원 서명	성명, 수험번호 표기가 정확한지 확인 후 서명 또는 날인

채 점 위 원	
초심	재심

득 점 문 항 수

선택형 (1~30)

1	①	②	③	④
2	①	②	③	④
3	①	②	③	④
4	①	②	③	④
5	①	②	③	④
6	①	②	③	④
7	①	②	③	④
8	①	②	③	④
9	①	②	③	④
10	①	②	③	④
11	①	②	③	④
12	①	②	③	④
13	①	②	③	④
14	①	②	③	④
15	①	②	③	④
16	①	②	③	④
17	①	②	③	④
18	①	②	③	④
19	①	②	③	④
20	①	②	③	④
21	①	②	③	④
22	①	②	③	④
23	①	②	③	④
24	①	②	③	④
25	①	②	③	④
26	①	②	③	④
27	①	②	③	④
28	①	②	③	④
29	①	②	③	④
30	①	②	③	④

단답형 (31~50)

31		○	41		○
32		○	42		○
33		○	43		○
34		○	44		○
35		○	45		○
36		○	46		○
37		○	47		○
38		○	48		○
39		○	49		○
40		○	50		○

▸ 51번부터는 뒷면에 답안을 작성합니다.

国家汉办 (Hanban) 국제공인 한자자격증 관리기관 사단법인 한중문자교류협회 다락원

❖ 단답형 답안란의 'ㅇ'은 채점용이므로 수험생은 표기하지 않습니다.

단답형 (51～100)														
51		○	61		○	71		○	81		○	91		○
52		○	62		○	72		○	82		○	92		○
53		○	63		○	73		○	83		○	93		○
54		○	64		○	74		○	84		○	94		○
55		○	65		○	75		○	85		○	95		○
56		○	66		○	76		○	86		○	96		○
57		○	67		○	77		○	87		○	97		○
58		○	68		○	78		○	88		○	98		○
59		○	69		○	79		○	89		○	99		○
60		○	70		○	80		○	90		○	100		○